编 写 组

总顾问：范 利
总策划：朱 跃　王 旭
总统筹：邹文开　李彬选

副主编：陆杰华　王 旭　张 晋

顾问委员会
王敏清　陈 功　许晓东　宋敬武　孙宏斌　杨月洁
曾 琦　台恩普　毛大庆　凌先有　毛 勇　张国力
韩如意　刘 红　黄润平　郭 威　孙钰林　黄丽婷
李迎笑　钱培鑫　张 军

学术委员会
主 任：陆杰华
成 员：（按各章指导老师顺序）
陆杰华　顾 严　张航空　吕学静　张 晋　窦 勇
元利兴　王 旭　谷中原　左美云　王金营　冯文猛

编辑委员会
主 任：王 旭
副主任：张 晋
成 员：（按各章编写组成员顺序）
张福顺　王深远　刘鹏程　于泽浩　张 斐　王 旭
贾雪华　张坤昱　武雨晴　马丹妮　李立新　黄开斌
屠其雷　刘 洋　姜 筠　张 晋　王天军　黄旭杰
谭文静　屈振辉　李浩平　陆杰华　陈迎港　陈继华
郭芳慈

中国新养老

王深远　主编

人民出版社

责任编辑：宰艳红

责任校对：白　玥

装帧设计：汪　莹

图书在版编目（CIP）数据

中国新养老／王深远　主编 . — 北京：人民出版社，2022.1

ISBN 978 - 7 - 01 - 024364 - 1

Ⅰ.①中…　Ⅱ.①王…　Ⅲ.①养老 - 研究 - 中国　Ⅳ.① D669.68

中国版本图书馆 CIP 数据核字（2021）第 262711 号

中国新养老

ZHONGGUO XIN YANGLAO

王深远　主编

人民出版社 出版发行

（100706　北京市东城区隆福寺街 99 号）

北京中科印刷有限公司印刷　新华书店经销

2022 年 1 月第 1 版　2022 年 1 月北京第 1 次印刷

开本：710 毫米 ×1000 毫米 1/16　印张：24.25

字数：300 千字

ISBN 978 - 7 - 01 - 024364 - 1　定价：118.00 元

邮购地址 100706　北京市东城区隆福寺街 99 号

人民东方图书销售中心　电话（010）65250042　65289539

序

　　今年是中国共产党建党 100 周年，也是"十四五"开局之年。如何在这重要的历史交汇点上总结经验、谋划未来，做好养老这篇文章，对于适应新发展阶段、贯彻新发展理念、构建新发展格局，搞好亿万老年人的养老，具有十分重要的意义。

　　前段时间国家统计局公布的"七普"数据，引起了社会各界的反响。特别是涉及老年人口数量、比例、区域分布等数据，尤其得到了专家学者的关注。从公布的数据来看，60 岁及以上老年人口达到了 2.64 亿，占总人口的 18.7%。全国除西藏外所有省份都进入了老龄化社会，其中有 10 个省份老年人口比例超过了 20%，先行进入中度老龄化社会。而与此同时，我们每个家庭户的人口数量平均却只有 2.62 人，家庭规模进一步缩小。这其中释放的直接信号是——传统的"养儿防老""家庭养老"遇到了极大挑战。

　　在这种背景下，作为研究型、智库型、产研融合型机构的中国小康建设研究会养老发展分会，携手中国康养集团健康养老研究院，秉承"普惠、扶众、公益"的宗旨理念，组织有关方面的专家学者，围绕我国经济社会发展现状，以养老模式、养老政策等"新养老"为主题进行分析研究，编写这样一本面向大众、面向广大老年人的养老科普书，深入浅出地阐释中国养老发展的新面貌、新变化和新趋势，为更多的读者解养老之疑，释养老之惑，是一件很有意义的事。

　　本书优点和亮点很多，诸如对"备养、乐养、孝养、助养"的分析

和阐释，对"多元养老新业态"的探索和讨论，对农村养老的分析和关注，都体现了编写者对中国养老发展趋势的深刻理解和精准把握。特别是本书在站位、理念和内容方面，也给我留下了深刻的印象。

一是站位高。在我看来，如今的养老，既不同于中国的传统养老，也不同于改革开放以来的家庭和社会养老。在新时代，养老已经具有了全新的内涵。当前，养老已经成为党和国家高度关注的民生大事。我们党的宗旨是"全心全意为人民服务"，执政为民，民生大事就是政治大事。养老也成为"实施积极应对人口老龄化国家战略"的重要组成部分，在统筹"中华民族伟大复兴战略全局"的历史进程中，党和国家将养老纳入了经济社会发展的全局。特别是深入贯彻习近平总书记提出的"把积极老龄观、健康老龄化理念融入经济社会发展全过程"。这是我们思考养老、探讨养老、阐释养老理应具有的站位。本书的编写做到了这一点，紧扣积极应对人口老龄化和广泛动员全社会力量这一主题。

二是理念好。在快速发展的信息化时代，编写一本适合读者"口味"，能够吸引读者"想看""能看""愿看"，用纸质书"科普"养老并不容易，本书做了积极探索和尝试。本书没有把养老作为一个孤立的、单纯的物质生活和服务内容来进行讨论和分析，而是将养老与世情、国情、民情广泛联系，将其作为一种新文明、新文化、新生活来加以分析和阐释，这就超越了"就养老谈养老"，从坚持人性的自觉中，分析和讨论如何发挥老年人的正能量，使广大老年人积极主动地拥抱新生活，把老年期的生活过得更快乐、更健康，更有尊严、更有质量。这些养老的新观点、新理念值得全社会积极践行和弘扬。

三是内容新。对于一本科普书来说，内容直接决定着书的品质和价值。我认为，本书在策划、编写和修改完善的过程中，确实下了很大功夫，有决心在深入挖掘、全面提炼，适应更多读者、服务更多老年人上下功夫。从框架来看，紧紧围绕"新养老"谋篇布局，通过"新探究""新展现""新定位""新突破"等篇章，把广大读者最想了解、最想知道的中国养老的新变化、新趋向生动地展现出来。在数据、事例、素材的选取上，不畏所谓的"定论"，只为真、只为实，难能可贵。

当然，限于篇幅和其他原因，书中还有一些内容没能完全展开，还没有分析透彻。像健康养老、智慧养老、特殊人群养老、农村养老等，都值得用更大的篇幅、更多的笔墨，去全面分析、深入探讨。希望编者将这项事业持续开展下去，不断推陈出新，在推动中国养老事业和产业协同发展、助力亿万老年人追求新生活的过程中，编写更多好的作品，更好地服务亿万老年人和老龄社会。

中央保健委员会办公室原主任兼国家卫生部保健局局长

《健康第一　中南海保健医生谈保健》作者

2021 年 10 月 14 日（农历重阳节）

目　录

前　言

　　人口老龄化是我国未来社会发展长期面临的基本国情。作为拥有2.64亿老年人的人口大国，在"十四五"起步和实施积极应对人口老龄化国家战略之年，如何广泛动员全社会力量应对人口老龄化，为养老和应对即将到来的快速老龄化社会建设做准备，是构建新发展格局的需要，是建设和谐、包容、美好老龄社会的需要。

　　我国进入人口老龄化社会时间短，对老龄社会的认知还有限，且老龄问题与经济社会发展多种矛盾交织叠加。因此，应对具有综合性、复杂性和艰巨性。如何让更多的人了解老年人、尊重老年人、帮助老年人；让更多的人走进养老、理性看待养老、正确选择养老；让更多的人全面认知老龄社会、积极适应老龄社会、主动建设老龄社会，需要有个科普性的、通识类的小册子，打开知"老"、为"老"、敬"老"之门。具有普惠公益性质的中国小康建设研究会养老发展分会，正是围绕这一选题，进行探索、尝试，这也是《中国新养老》编撰的初衷。

　　党的十九大指出：中国特色社会主义进入了新时代。新时代昭示着我国亿万老年人对养老服务寄予新需求，反映在养老供给服务上将不断涌现新模式、新变化。"中国新养老"，重点词是养老，关键词是"新"。何谓新养老，简单说，就是新时代的中国养老。是指在习近平新时代中国特色社会主义思想指引下，以十九大确定的新时代为研究起点，立足我国社会主要矛盾发生的新变化，着眼"把握新发展阶段，贯彻新发展理念，构建新发展格局"，反映养老发展内容、方式、理念等方面发生

的新变化。围绕这些"新"的探索、挖掘、梳理和提炼，全新展示我国养老发展的新面貌、新趋势，为满足亿万老年人丰富多彩的养老新生活提供服务和参考，即为本书的基本出发点和立意。

愿望虽好，可目标宏大，无从切入。首先面对的是"写什么"？如何切入！框架宏观，篇幅太大，精力财力难以承担；入口太小，包不住主要内容，勾画不出基本线条和轮廓，也达不到科普的目的和倡导者意愿。因此编者在选择体例、主题和呈现风格上多次研讨，广泛听取意见，可以说是在不断摸索、不断争论中逐渐达成一致的。甚至书名、结构、内容、总篇幅都经过了几次大的反复和调整。最终聚焦在"以积极应对人口老龄化的视角说养老，增强更多人对未来养老备老的紧迫认识"。围绕这样一个主题，呈现中国新养老的基本画像，唤起更多人对养老的理性认知和自觉准备。

编写中遇到的另一个难题是"给谁看"。在大众的阅读习惯已由纸质向"刷屏"转变（2020年成年国民人均纸质书阅读量仅为4.7本），我国远远低于世界人均阅读量的当下，怎样确定阅读对象，也是编者争论的话题之一。况且，"精准"也是时下的"共识"。好在，在明确了本书的主题和目的意义后，大家对阅读对象的认识很快得到了统一。因为既然是养老通识类的、为养老做准备和谈如何养老的读物，那就严格意义上是面向所有成年人的。因此，有了这样的定位，在这个家家有老人、人人都会老、人人谈养老的时代，如果这本小册子能够帮助不同年龄的成年人，以及养老从业者、养老研究人员从只言片语中得到些关于养老的思考和启发，也算本书为养老事业做了点贡献。

最后是"怎么写"。其实，面对这样宏观、庞杂的内容，编者已充分考虑到了编写最终的结果——有可能会成为既非学术专著、又非科普读物的"四不像"。但还是上文所述，只要紧紧围绕本书的主题和目的意义展开，"像"什么已经不太重要了，重点落在养老"是什么""怎么办"上，并坚持开门编书。在编写力量的组织上，吸收了高校、研究机构、新闻媒体人员、行业协会和广大养老从业者，甚至是一线护理员。并通过每章增设"指导老师"和"观察员"，从不同专业身份和视角投入力量。同时，还通过多种方式征求了农村老年人代表、社会工作专业人士和老干部代表的意见建议。力求贯通养老在不同人群、不同组织和机构、不同价值理念之间的壁垒。在体例选择上，紧紧围绕"服务老年人、服务更广人群、服务老龄社会"的目标价值，注重体现人性化、有温度、有生命力，着力在"怎么办"上着墨。以专业的视角和方法，讲述、观察和思考老年人、从事养老的人和养老的那些事。在增强可读性上，在每章前增加了"导语"，在每章后增加了"延伸阅读"，层层提炼、概括各节、各章的核心内容。同时还遴选大量案例，并通过三段式展开来帮助阅读和分析。在丰富内容上，将有关编写过程中的研究成果、脉络梳理、资料积累和媒体资讯等内容，以及本书以外更广泛的养老素材信息、各个参编者的长期研究成果和积累，都收入了书中。在呈现方式上，根据不同章节内容精心设计栏目的同时，在每章增加了插图，还设置了二维码。可以说，它展现的不仅仅是这本纸质书所容纳的仅仅二十多万字的内容，其"背后"呈现的是五六十万字的分析研究成果。体现了学术性与大众性并存、专业性与通俗性兼容，具有"N个斜杠"的"画像版""手册类"功能，是养老"万花筒""小百科"。力求一册在手，基本知晓养老现状，为不同读者"各取所需"。

这里需要解释的是，如果从学理和养老的内涵外延上讲，探讨"如何养老"，首先得说清楚什么是"养老"，"哪些人需要养老"，以及"新养老"的内涵外延，如果按这样的逻辑关系展开将会面面俱到，就又回到开头说的过于宏观的问题，也就可能"收不住"。因此，由于展不开，

从着手编写到后期的修改完善，都始终存在"想说的说不清""已说的没说透""分析不解渴"的困惑，在此希望读者谅解。除此之外，在有些篇章的构思和撰写中，也很难做到着眼现实与立足发展趋势的兼顾。例如在健康养老一章，编者尽管在动笔前参阅了汤钊猷院士的《西学中，创中国新医学——西医院士的中西医结合观》、韩启德编著的《医学的温度》，以及宋福印编著的《气血精神——辩证理论与临床应用》，但仍觉该章对"老年健康"和"健康养老"理解肤浅，没理出个"头绪"，满足不了读者的期望。

由于能力和水平所限，也由于最初目标宏观，付梓伊始，已见瑕疵。例如雷同重复较多，体例风格不尽一致，有的观点论述不够透彻，对有些趋势和方向性问题分析不透，有的术语和专业知识表述不够精准，等等。恳请专家学者、广大读者不吝教正，或就不同观点和看法与我们交流。

王深远

2021 年 10 月 14 日

第一章

多维聚力养老新探索

长寿时代，每个成年人都要积极备老。在享受长寿带来幸福快乐的同时，也要思考长寿可能带来的养老『成本』压力和风险挑战。

我的养老谁来管？

2020 年，党中央将积极应对人口老龄化上升为国家战略，展现了大国应对人口老龄化的重大举措，同时也唤起了人们对"如何养老"的深刻思考。着眼新发展阶段，立足我国经济社会发展实际，实现亿万老年人生活得更幸福、更有价值、更有尊严，必须从积极应对人口老龄化的大视角，调动各方面力量，形成多方共解养老难题的共识。这就是，从推动老有所养是新时代老年人价值和社会文明的重要体现、提倡积极老龄化是每个公民新的生活方式、发展"银发经济"是新发展格局下经济发展新动能的高度来认识和把握。把养老升华为一种新文化方式、新生活方式、新经济发展方式。这就是本章提出的养老核心理念——多维聚力养老新探索，"四养联动"谱新篇。

第一节　新中国养老服务事业简要回顾

让亿万老年人和家庭未来可期，是党和政府的庄严承诺，也是"人民至上"理念在民生领域的鲜明写照。一部中国养老事业发展史，始终伴随着这样的命题和探索：老吾老，以及人之老，让每一位老年人老有所养、老有所乐、老有所依、老有所享。时代车轮飞速向前，在国家经济社会快速发展的不同时期和历史阶段，"老有所养"也被烙上了深深的时代印记，并具有各自不可替代的社会价值和历史功绩。

第一个阶段从新中国成立到改革开放初期（1992 年），机构养老和

单位养老弥补了传统家庭养老的短板。新中国成立初期，我国平均预期寿命不足 40 岁。新中国成立后的前 25 年，我国家庭户平均规模一直处于 4.3—4.6 人之间，而且 1949—1958 年以及 1962—1973 年出现了两次生育高峰，1963 年的总和生育率达到 7 以上。多子女模式推动了家庭养老抚幼功能的结合，让延续了数千年的家庭养老模式仍旧占据绝对主导地位。

与这一时期我国计划经济和单位管理体制相关联的是，政府着力通过举办城市福利院和农村敬老院，面向鳏寡孤独等政府兜底保障对象提供福利性服务，同时通过单位管理服务体制向退休职工提供相关福利救助服务。1950 年，我国开始建立社会福利制度。在财力紧张的情况下，形成了国家负责、政府包办的救济型、低水平福利制度，国家仅负责城乡孤寡老人的赡养。随后，在计划经济体制下，福利对象不断增加，形成了由单位职工福利、城镇孤寡救济、农村五保供养共同构成的福利制度框架。城乡各板块分割、国家—单位运作模式、救济性保障成为当时福利制度的明显特征。

第二个阶段自 1993 年社会主义市场经济加速发展完善，"养老服务"首次被提出至 2012 年，居家和社区养老因时而生、因势而兴，与机构养老和单位养老并行发展。这 20 年间，国家正式迈入老龄化社会，谈"老"色变在社会各界悄悄蔓延，应对人口老龄化问题逐步上升为国家议题，社会主要矛盾集中于人民群众日益增长的物质文化需要同落后的社会生产之间的矛盾，养老服务需求与供给的矛盾成为社会热议的话题。其间，第一部老年人权益保障法诞生，重申家庭养老的重要作用；国家多部门倡导大力发展社区服务业，提供集中居住、生活照料等服务，并逐步向居家服务延伸，来满足老年人的多元化养老服务需求。这一时期，我国社会主义市场经济加快发展完善，单位管理体制向社区管理体制转型，数以千万计的"单位人"向"社区人"转变，在上海等东部沿海地区，政府尝试以购买居家上门服务满足老年人多样化诉求，社会化养老的呼声和浪潮也在全国逐步成为主流。与此同时，各级政府在持续强化对特困老年群体兜底保障基础上，逐步由单位养老、家庭养老向居家和社区养老拓展。"以居家为基础、社区为依托、机构为支撑"的社会养老服务体系建设理念上升为国家顶层设计，被写入国民经济和社会发展总体规划，成为引领养老服务事业发展的重要潮流。

第三个阶段从 2013 年延续至今，具有中国特色的居家、社区、机构、医养、智慧等多位一体养老服务模式全面构建。党的十八大以来，以习近平同志为核心的党中央高瞻远瞩、深谋远虑，及时、科学、综合应对人口老龄化带来的挑战，站在党和国家事业发展全局的战略高度重视和谋划推动养老服务工作。特别是国家应对人口老龄化中长期规划作出系统安排，2020 年实施积极应对人口老龄化上升为国家战略。这一时期，中国特色养老事业迈入高速发展快车道，以 2013 年——养老服务业改革元年为起点，国家层面持续加强养老事业顶层设计和深化供给侧改革创新，逐步构建起养老政策法规体系的"四梁八柱"，搅动养老服务事业和产业的"一池春水"。以居家和社区养老为例，仅国家政府层面，就陆续出台了《关于加快发展养老服务业的若干意见》《关于全面放开养老服务市场提升养老服务质量的若干意见》《关于制定和实施老年人照顾服务项目的意见》《关于推进养老服务发展的意见》为主体的上百部法律、法规、规章、政策、规范性文件，对养老服务体系建设作出了新部署、提出了新要求，推动养老服务进入高质量发展的新时代，连同地方政府发布的与养老服务有关的地方法规规章、政策文件多达 300 余部。我国养老服务模式从针对特殊困难老年人的补缺型福利服务，向面向所有老年人民生服务转变；服务形式从以机构集中照料为

主，向居家社区机构相协调、医养康养相结合的多层次养老服务体系化发展转变；发展机制从以政府举办为主向夯实基本养老服务和普惠型养老服务体系，民间资本、社会力量广泛参与、竞相发展转变。值得特别说明的是，尽管国家政策不断精进完善，事关绝大多数老年人切身利益的居家养老，始终被置于基础性地位，而社区养老的重要功能和独特社会价值，也越来越受到学界、业界和政府的推崇和肯定。当前，在高质量发展理念引领下，"居家＋社区＋机构"的融合发展潮流已经不可阻挡，这不仅仅是养老服务空间的机械搭配，三者融合催生的"生物化学反应"正激发出无限的潜能和力量。

新中国成立以来，包括养老在内的各项民生事业迈入快速发展阶段。70 多年来我国养老服务事业伴随经济社会变迁不断发展完善，与人口结构的变化、社会文化的变迁、市场经济的发展以及政策体系的推进休戚相关，发展模式逐步从补缺型到适度普惠型，从福利性质到消费性质并走向融合，在逐步适应我国经济社会发展特点中不断探索和完善。

第二节　当前养老面临的主要矛盾和挑战

根据全国第七次人口普查统计数据，我国 60 岁及以上人口总量为 2.64 亿，占总人口的 18.7%；其中 65 岁及以上人口为 1.90 亿，占13.5%。预计 2025 年将超过 3 亿，2033 年达到 4 亿，2053 年将接近 5 亿。2020 年乡村 60 岁、65 岁及以上老年人比重分别为 23.81%、17.72%，高出城镇 7.99、6.61 个百分点。80 岁及以上人口为 3580 万，占总人口的 2.54%。与第六次人口普查相比，十年间 60 岁及以上人口增加了8600 万人，占总人口比重从 13.26% 上升到 18.70%，增长了 5.44 个百分点。平均家庭户人口为 2.62 人，比 2010 年 3.10 人减少了 0.48 人，家庭结构正经历前所未有的变化。我国面临着老年人口增加带来的巨大压力。

人口老龄化是一个动态发展的过程，但持续增加的老年人口数量势必将给社会和谐发展带来重大挑战。党的十九届五中全会通过的《中共中央关于制定国民经济和社会发展第十四个五年规划和二〇三五年远景目标的建议》明确提出"实施积极应对人口老龄化国家战略"。在此背景下，理清我国当下面临的养老问题，明确未来发展的路径适时且必要。

一、家庭养老功能弱化

子女数量快速减少，家庭规模逐渐变小并趋向核心化，城镇化使家庭成员的工作地点远离家庭和家庭所在城市，是造成家庭养老功能不可持续的主要原因。我国家庭户人口规模持续下降，分别为 1990 年的 3.96 人、2000 年的 3.44 人、2010 年的 3.10 人、2020 年的 2.62 人。生育率下降、住房条件改善、人口流动活跃使得家庭结构日益小型化。"十四五"期间，我国将从轻度老龄化迈入中度老龄化，随着第二次生育高峰出生的"60 后"步入退休年龄，老年人口增速明显加快。根据第四次中国城乡老年人生活状况抽样调查结果显示，2015 年老年人平均子女数为 3.0 人，城镇为 2.7 人，农村为 3.3 人。与 2000 年相比，老年人平均子女数减少 1.0 人，其平均子女数呈递减趋势。家庭子女数量的减少，意味着家庭内提供照料的潜在人力资源在减少。

而现实是，当下我国绝大多数的养老照料主要由家庭承担，来自社会化的居家养老支持十分有限。家庭规模缩小和子女数量的减少与养老

负担的加重同步存在，成为当前和今后一个时期养老的主要矛盾。

二、预期寿命延长带来养老压力

医学及医疗科技的进步，以及生活水平的提高使得我国人口预期寿命在不断提高。根据国家统计局的资料显示，我国人口预期寿命从1953 年的 40.3 岁增长到 1963 年的 61.2 岁、1981 年的 67.7 岁、2000 年的 71.4 岁、2010 年的 74.8 岁，2018 年达到 77 岁，可见人口预期寿命在不断提高，由此也进入长寿时代。长寿在体现人类社会发展进步的同时，也会带来养老、家庭和社会保障等压力。两代老人（即六七十岁的"小老人"与九十岁甚至上百岁的"老老人"）相伴，"小老人"照顾"老老人"也应是长寿时代的新常态。

长寿意味着退出劳动力市场的个体消费时限的延长及整体消费规模的增加，通俗点说就是"人活着，钱够不够花"的问题。首先考验的是社会保障中养老保险储备与支付能力，城乡养老保障水平差异问题的解决，以及养老保险储备机制是否适应老龄社会建设。其次就是假设钱够花，谁来服务的问题，快速增长的老年人口及人口寿命的延长，会使得老年人口中患慢性病及需要照料的人数增加，这会对医疗资源，包括医疗卫生人员、护理人员、其他服务人员形成巨大需求。

三、居家养老缺乏社会化依托

当前家庭养老、居家养老、社区养老、机构养老等各种名词屡屡出现于大众视野。2000 年 2 月 13 日，为满足迅速增长的社会化养老需求，国务院转发了民政部、国家计委等 11 部门的《关于加快实现社会福利社会化的意见》，进一步明确推进社会福利社会化的指导思想是："在供养方式上坚持以居家为基础、以社区为依托、以社会福利机构为补充的发展方向"，这是我国"三位一体"养老服务模式的雏形。2008 年 1 月 29 日，全国老龄工作委员会办公室等 10 部委联合下发了《关于全面推进居家养老服务工作的意见》，这是我国首次专门针对居家养老服务出台的具体政策，具有里程碑意义。不难看出，就近便捷化的社区依托功能是居家养老与单纯家庭养老的本质区别。不管居住在硬件环境多么高端的社区，如果没有便捷、全面的社会养老资源支撑，这样的养老仍然是家庭养老。随着社会服务水平的提高，需要具有资本、内涵和专业性优势的服务企业冲破区域资源的壁垒，在国内形成连锁化运营，进行更加科学化、高效化、人性化的整合，进而将嵌入式养老发展成为整合式养老，不断建强社区养老进而为居家养老提供有效支撑。

四、机构养老还不适应老年人对老年生活的多元需求

除了居家养老，我们最熟悉的养老模式就是机构养老，也就是通常说的去养老院养老。当前养老机构存在的突出问题是机构服务床位缺口与失衡。根据养老意愿的分布，约有 4% 的老年人会选择机构养老，机构养老的群体往往需要高密度专业化服务。21 世纪特别是 2013 年以来，我国机构养老服务迅速发展，尤其是公办民营和公建民营的民办非企业机构发展迅速。截至 2018 年末，全国养老服务机构 3 万个，养老服务床位 746.3 万张。我国养老服务设施发展虽快，但无论从结构、功能及服务上还有待调整和完善。当前，面临的主要问题有两个，一个是动态变化的老年人口对机构养老床位需求的增加，床位缺口增大；另一个是机构养老床位区域分布不平衡的问题，具有资源优势的机构出现排队，资

源不足的机构出现空床，养老床位动态而科学的布局将是必然的要求。

五、困境老年人群体保障任务艰巨

独居、失能、失智、失独、低收入、高龄老年人往往被认为是一个社会的困境老年人群。尤其失能老年人照料问题，是一个国家社会文明进步和家庭伦理道德的体现，因其具有刚性需求，因此是养老服务的重中之重。整体来看，我国困境老年人福利保障还处于满足其基本生活的较低供给水平。针对不同困境人群分类的保障与服务体系建设还在不断完善中，基于老年人失能风险的长期照护保险还处于试点阶段。综合来看，困境老年人基本的养老保障和服务水平还需持续不断提高。

六、市场化养老驱动力不足

养老服务业的发展离不开机制要素各角色的科学定位和有效互动。加快养老服务业的发展，满足广大老年人日益增长的多元化、多层次养老服务需求，迫切需要理清养老服务政策推进的着力点，我国养老服务业整体规模小，还未形成集群效应，服务供给能力弱，还不能满足日益增长的老年人服务需求，与发达国家相比还有较大差距。如何推动政府、社会、企业之间的有效联动，加快市场化发展是我国养老服务建设的急迫任务。我国老年人口基数大，靠政府补贴助力发展的模式不可持续，最终还要回归到养老服务市场上来。市场化发展可以带来养老服务竞争，进而实现服务价格下降，避免垄断。挖掘市场化驱动力来源，建立市场化养老的动力机制，可以大大完善养老服务体系实现其特有的功能。

1999 年我国进入老龄化社会，在仅仅 20 多年的时间里，我国即将跨入中度人口老龄化社会，发展速度是已进入老龄化国家中少有的。况且，在我们全面建设社会主义现代化国家的进程中，人口老龄化持续加深的态势将始终伴随。因此，在当前我国面临经济、文化、社会发展诸多新情况的背景下，科学应对人口老龄化，破解养老难题，就必须找准问题、对症下药，以利综合施策。

第三节　"四养"的内涵及其现实意义

在"百年未有之大变局"的历史大背景下，"三年一小变，五年一大变"，是这个时代最为显著的发展规律和特征。在快速变迁的现代社会中，中国大地上的养老，也同样发生着快速的变化，甚至正发生着从内涵到外延无法完全用文字来表达的丰富内容。用一群老人、一组家庭、一个机构、一个区域、一个模式的养老，都无法代表现在和未来将要发生的养老新变化、新趋势。过去，养老就是照顾好老人的日常生活，现在用一个养老服务的概念都还觉得难以表达；过去，照顾老人无非是提供衣食住行服务，现在加上医、娱、康、游、学都显得还不够丰富，用养老事业、养老产业、银发经济、康养产业、幸福产业、健康产业都不能全包含。它正像我们正在经历的生活方式、经济发展方式和社会文化方式的变化一样，养老内容、养老方式和养老需求在每个个体、每个家庭和社会各个领域或直接、或间接地，正在悄然发生着深刻的变化。未来，随着老年人口数量的激增以及人口结构的深刻变化，这是一个必须要面对的现实。虽然满足亿万老年人对美好生活的向往，是摆在我们面前巨大的挑战和考验，但是也应该从乐观和有利因素的角度正视——要看到养老需求能够激发、吸引、凝聚着无限创造力和无数新业

态，也一定是创新服务模式和催生科技进步的"富矿"，同时也无疑将会为无数个体和组织创造无限的发展空间，绘制中国式养老美好画卷。因此，回答"未来的养老怎么办"，上到国家社会，下到每一个家庭和个人都在思考，不仅是全社会共同面对的宏大课题，而且是每个人和每个家庭都需要面对的现实问题。

在此，我们提出包括"备养、乐养、孝养、助养"在内的"四养"联动，与大家共同探讨"十四五"以及未来一个时期中国养老的图景。这里提出的"备养、乐养、孝养、助养"，是指从个体动态养老生活保障的视角出发，以青壮年备养、老年人乐养、家庭孝养、社会助养为内容的"四养"联动新养老。

一、"四养"的内涵

所谓青壮年备养，是指完成学业、完成工作准备期，进入社会能够创造价值的年轻人，即开始为自己的老年期生活进行养老准备。当然也包括中年人退休前为养老所作的各种准备。

所谓老年人乐养，是除少数失能和高龄老年人外，针对较大基数低龄健康活力老年人的自我养老，主要指对老年生活的科学、有序、有目的、有价值的积极主动筹划和谋划。其中包括三方面含义：一是指活力老人主动、积极适应老年期生活，克服退休综合征，通过自我教育、自我管理，甚至志愿服务和价值再现，在老年自理阶段实现的自我养老；二是指通过"时间银行"等方式为自己高龄失能期开展的养老储备；三是指低龄、活力老人为其他需要帮助的老年人提供的志愿和有偿服务。

所谓家庭孝养，是指家庭以弘扬中华传统孝老文化为核心，为父母提供的精神和物质帮助，也包括动员家庭成员对其他老人的帮助，体现

"老吾老以及人之老"的传统孝老文化精神。

所谓社会助养，从广义上讲，是指在党委领导、政府主导、社会参与、全民行动的工作机制下，除个人和家庭外各种社会力量共同推动的为老服务形态。这种由党委领导、政府主导，全社会积极参与的社会助养，体现了我国应对人口老龄化的举国体制治理模式和治理潜能。这里的社会助养，主要指党委、政府引领和推动，全社会共同参与的工作格局。

二、"四养"联动的内在联系及其意义

青壮年备养、老年人乐养、家庭孝养、社会助养，能够更广泛地调动和整合每个公民个体自身力量和全社会资源，为每个人的老年期提供全面服务，是老龄社会文明进步的重要体现，是适应新时代和老龄社会发展要求的新养老。其中，青壮年备养，为自己将来进入老年期获得高质量的老年生活，赢得主动。老年人乐养，能够减轻家庭和社会压力，体现自身价值，为社会创造生机和活力。家庭孝养，是体现我国孝文化的重要方式和实践载体，为老年人提供必要帮助和精神抚慰，更是老年人享有高质量精神文化生活的重要源泉和渠道。社会助养，是实现青壮年备养、老年人乐养、家庭孝养的重要支撑，是实现由家庭养老向家庭养老与社会养老相结合转变的重要基础和条件。

搞好青壮年备养，将个体生命的老年期保障前置，不但有利于自我备老、尽早储备养老财富、树立养老危机意识，而且有利于身体力行弘扬养老文化，形成"人人备老"氛围和老龄社会新风尚。

搞好老年人乐养，培育和创造有利于老年人自养、颐养、乐养的氛围和条件，对于创新养老具有重要意义，能够更好地体现老年人在老龄

社会的主体地位。从老年人生命意义的角度来看，搞好老年人乐养是老年人自我价值的体现，是原有年轻时工作、生活场景的更新和延续，是老年人社会尊严和社会地位的再现，更是老年人立足新时代实现新养老的生动表现。从老龄社会治理的角度看，有利于体现老年人在社会中的主体地位，通过活力老人广泛参与社会事务，减少"被边缘化""被遗忘""被无用"，有利于激发老年人的潜能和作用，为加强和改善社会治理和社会建设贡献力量。

搞好家庭孝养，有利于孝文化的弘扬和家庭养老功能的发挥。无论社会怎样变化，家庭总人口规模怎样变动，也无论子女、年轻人生活的压力有多大，家庭孝养是每个老年人第一位的养老需求，且只能通过家庭实现，没有其他的方式可以替代。因此，就个体养老而言，家庭孝养是最为重要的一环。无非是物质供养、生活照料和精神慰藉在老年人不同时期、阶段下各占多大比重的问题。因此，家庭孝养是老年人永恒的精神寄托，是养老品质生活的重要体现。

搞好社会助养，是现代社会各级政府和社会为老年人提供高质量物质、精神文化生活的重要方式和手段，是社会治理体系的重要内容。未来社会，对养老的服务、支撑和保障，将更加依靠各级政府和社会组织，也包括市场的推动，从制度机制设计到社会保障的完善、资源的全面整合，再到老龄社会文明建设、养老文化再塑、新养老氛围营造等，方方面面都离不开政府、社会的推动和促进。

青壮年备养、老年人乐养、家庭孝养、社会助养，是一种涵盖了养老主客体，通过"人人参与""纵横联动"，实现全社会动员、全要素聚集、全人群参与的新养老；也是着眼于"把握新发展阶段、贯彻新发展理念、构建新发展格局"，立足"十四五"和2035年我国社会发展蓝图，对新时期新养老发展方向、发展路径的思考和探索。

三、"四养"联动所处的时代背景和实现条件

自 1999 年我国进入老龄社会以来，"9073""9064"就已成为体现老年人居家养老意愿的金科玉律，即 90% 的老年人选择居家养老，这也成为我国养老服务体系描述"以居家为基础"的主要依据和理论来源。这里需要强调的是，长久以来，绝大多数人，当然也包括很多老年人，在对养老模式的认识上忽视了"居家"和"家庭"的差别和含义，一味用"绝大多数人希望在家养老"，来模糊地概括居家养老的比例和意愿。其实，我国养老服务体系提出的"居家养老"，本质含义是指社会力量支撑条件下的"在家养老"，和传统意义上的以家庭成员和家庭资源为主要支撑条件的家庭养老显然有着巨大的区别。

在探讨养老时，分清"居家养老"和"家庭养老"的区别，目的是让大家认清目前家庭在养老功能发挥上遇到了很多现实的问题，正经历着前所未有的挑战。就养老地点来说，是在家、社区，还是在机构；就养老支持方式来说，是家庭支撑，还是社会支撑；就养老模式来说，是居家养老、社区养老还是机构养老，都体现了养老需求的多元化、个性化，这其中面临的一个共同问题是——当前和未来很多需求单纯依靠家庭是无法获得和满足的。

近十年来的家庭规模不断缩小，使我们的家庭正面临着"无人"养老的困境。每个家庭户规模的持续缩小，反映出我们的风险家庭、"残缺"家庭、无子女家庭、一人户家庭、独居家庭和"空巢"家庭在不断增加，家庭成员意义上的"完整"家庭在不断减少。这种现状和趋势，显然给过去主要依靠家庭为主要力量的养老带来巨大挑战。未来，别说无法依靠子女、家庭成员养老，就是想找家人说说话、解解闷，可能有时都难。因为现代生活方式造成了大家都在"忙"，都在永动机上。由

于城市化的快速推进，家庭成员居住和工作条件不断发生变化，造成了客观的家庭分离、亲人分居。因此，面对亿万老年人对美好生活的向往，解决养老问题，实行社会力量支撑下的家庭养老与社会养老相结合是必由之路，也是必然选择。必须从全面、充分挖掘政府和社会支撑力量上找出路、找突破口，并与不断完善家庭建设相结合。整合各种力量，就得从国家、社会、家庭、个人等各个层面、各个领域，全方位、全要素地系统挖掘和整合。

养老，说到底归结到三件事，即三个有：有人有钱有健康。有人，无论对家庭还是社会，就是有足够、充足的人力投入到养老服务中去，这也是我们传统意义上"养儿防老"观念根深蒂固的原因。有钱，则是有充足的财富积累应对老年人晚年经济上的意外和风险。有健康，则是指老年人有个好身体，目标是不得病、少得病或是晚得病。实现有人，是个长周期的事件，人口的再生周期至少20年的时间。即便是已经实施了"三孩"政策，最快也得2041年"用"得上。实现有钱，晚年一般是"净消耗"，多数人无法再创造财富。有个好身体，这是一个相对概念。长寿时代，检测手段先进，因此现代社会很难做到"无疾而终"。显然"有个好身体"也是幻想，健不健康只是相对而言。老年人与器官衰老、功能退化、疾病相伴是常态，是生命的自然规律。人口再生产的长周期性、老年期财富的净消耗性、老年人身体的自然衰退性，决定了现代社会个体的品质养老，必须系于国家社会的有力支撑、家庭功能的健全和公民个体的共同努力。

无论从先行进入老龄化国家的应对情况看，还是从我国未来人口老龄化特点分析，满足亿万老年人高质量的养老需求，都是应对老龄化的重要内容。况且，随着人们生活水平的不断提高和时代的变迁，未来，养老显然不仅仅是满足老年人生活照料这么简单。无论是从作为养老主体的老年人对养老生活的高品质需求来看，还是从政府社会供养、服务、保障的方式、能力、渠道来说，都是涉及文化理念、代际和谐、全龄共享、技术创新的新时代老龄社会新内容、新景象、新问题。因此说，未来的养老，是社会转型背景下的新孝老文化的体现，是基于每个公民现代素养的新生活方式，是基于老龄经济重要组成部分的新经济发展方式，是基于老龄社会特征的新社会治理内容。此外，这也是基于新时代的家庭建设、社会建设的系统工程。

因此，在现代社会养老不仅仅是传统意义上的家庭对老人的照料，还将体现在社会、家庭和个人生活的方方面面。所以，必须从全体国民到每个老年人个体，从国家、社会到家庭、个人，从思想观念到制度机制，进行全面动员、系统设计和整体规划。必须是全面、综合、系统、联动的谋划、布局和推进，不是仅仅发多少养老金、建多少养老院的事，这是一个兼顾各群体的社会资源再分配过程，是一个社会各种力量的再动员过程，是一个老龄社会建设的再塑造过程。换个角度说，只有保证了少儿人口的数量和健康成长，后继有人，将来国家才有活力，养老才有年轻力量支撑；只有保证了年轻人的基本生活工作条件，保证了结构合理的劳动力数量的供给，才能有更多年轻人为老年人养老提供服务；只有制度设计上从当下的年轻人"备老"抓起，才能为将来奠定"不怕老"的基础。因此，当今社会，无论国家、社会，还是家庭、个人，解决好养老问题，是一项全民动员工程，是一个全社会资源整合的系统工程，更是一个既要考虑到眼前问题的解决，还要着眼长远的历史性艰巨任务。

因此，随着我国人口结构变化、城镇化、家庭"聚核化"的变化，以及人们生产、生活、生存方式的改变，也包括社会、文化形态的转型，以家庭为主要支撑力量独立承担老年人养老功能的局面正在经历着深刻的变化。家庭养老与社会养老相结合是必然趋势。特别是"十四五"时期

及未来的十年、二十年，家庭养老功能的发挥将遇到种种挑战，充分发挥、利用、挖掘、依靠社会力量，实行家庭养老与社会养老相结合的养老方式更显得重要和必然。这就为及早统领好"四养"，稳步实施"四养"联动创造了机遇和条件。从这个意义上说，"四养"联动，是实施积极应对人口老龄化战略的具体行动，体现了大国战略、全民动员的制度优势。

第四节　"四养"联动的实践路径和举措

我们面临的时代，是富于创新和创造的时代；我们身处的国家，是亿万人民不断创造新美好生活的国家。在未来养老方面，虽然存在很多挑战和困难，但从我们国家经济、社会发展走过的道路和克服的各种困难看，我们应该有足够的信心，相信国家有能力、有办法为亿万老年人提供一个"踏实"、幸福的晚年。这就需要在大老龄、大健康中思考大养老，在"四养"联动中整体谋划、系统设计、全面推动。

一、全力抓好青壮年备养

搞好青壮年的备养，主要是备观念、备健康、备财富。对于每个生命个体来讲，有生必有死。万事利弊相辅，长寿时代，人们在尽享人生美好生活的同时，也一定会面临更多的风险和挑战。活得长，又想活得好，少"受罪"少"折腾"，就得提前对人生进行规划和设计，也就是把养老准备提前到进入社会开始工作时，不能"车到山前必有路"。因为长寿了，想活得精细、活得有意义，就得及早规划、提前谋划。未来，随着医疗技术的发展，长寿越来越普遍，不提前筹划，不提前准备养老，就一定难有高质量的晚年生活。

备观念，就是树立与现代社会发展规律和我国老龄社会特点相适应的理念。这既是对每个公民提出的与新时代生活相适应的必备素养要求，也是老龄社会文明和养老文化的重要体现。树立与现代社会和我国老龄社会相适应的理念，首先是应该学习和掌握新时代的基本知识，熟知我国人口老龄化的基本国情，把握国家应对人口老龄化的基本策略。对国家实施人口老龄化战略和政策举措的总体要求，有客观理性的认识，并能积极、主动地体现在自觉行动中。这是人人备老、全民行动，最大限度地减少应对人口老龄化成本的前提和基础。其次是增强家庭观念、亲情观念。无论社会怎样发展变化，家庭都是每个人生活、生存最重要的支点和港湾，是生命富于意义、人生更有价值、生活更富激情和动力的源泉。要注意克服个人主义、自我为中心等观念影响而带来的晚婚、不婚、不育，以及强调个人自由生活空间而造成的家庭"分裂"。这些都影响着家庭建设的完美和谐，进而会导致"不完整"家庭、"无子女"家庭、"亲人如邻里"家庭，也必然会成为严重的社会问题。最后是要克服不合时宜的思想观念。比如"养儿防老""靠退休金养老""抵制在养老院养老"等。存在这些认识和观念，就会产生依赖思想，就不可能积极、自觉、主动对自己和父辈的老年生活进行规划和设计，就不可能建立与时代发展相匹配的老年生活新思想、新理念。

备健康，就是从年轻开始就树立良好的健康管理意识。进入 21 世纪以来，我国居民疾病谱发生了明显变化，即由过去的传染性疾病为主转变为现在的由于缺乏基本的健康素养、不良生活习惯和饮食方式导致的慢性病为主，大量出现严重危及生命的中风和缺血性心脏病等心脑血管疾病。这些吃出来、喝出来、坐出来的健康风险，必然导致慢性病高发。个体层面的老年人过早结束健康状态，将会提前进入失能、半失能

状态。带病生存，不仅大大降低了老年人的生活质量，而且也使医疗支出直线上升，消耗大量社会财富。据国家卫生健康委公布的数据显示，我国居民健康素养水平2020年为33.15%，比2019年提升3.98个百分点，且"传染病防治素养"提高最大，这显然是受疫情影响，存在"被动"提高的因素。不过，总体来看，我们的健康素养水平还比较低。不良饮食习惯和生活习惯给身体带来的影响，是经过很长时间才能显现的，有的长达几十年。因此，要想老年不是疾病缠身、在病床上度过更长的时间，甚至承受严重疾病的折磨，就得早防早治。从年轻开始，甚至提早到青少年时期，就要上好健康教育第一课，提高健康素养，并能自觉坚持和控制。有研究表明，3—6岁是健康卫生习惯的最佳养成期，也就是说，提前到这一关键期抓好健康行为养成，可提高一代人的健康水平。因此，每一个人的健康必须从年轻，甚至从少年儿童抓起。备健康，既是保证老年期生活品质的重要途径，也是低成本应对人口老龄化的重要举措，同时还是老龄社会每个公民应有的基本素养，更是弘扬老龄社会文明和养老文化的应有之意。

备财富，就是从完成学业，完成工作准备期，进入社会开始就对晚年生活的必备费用支出进行科学的、有计划的储备，做到手里有充裕的财富，养老不慌。当然，年轻人要养家糊口，收入低，多方用钱，从财富上备老需要从多方面入手。大家知道，老龄社会养老保障主要包括：养老金、医疗保险和长期照护保险，其中养老金中的商业养老保险直接决定着老年期的幸福感。目前，我们实行的三支柱养老保障办法，第一支柱即基本养老保险，覆盖近10亿人，承担着主要保障功能，但国家支付压力日益加大。而第二支柱企业（职业）年金仅覆盖5600万人；第三支柱个人商业养老保险仅仅处于起步阶段，占比过低。问题的根本是，个人商业养老保险的突出特点是针对工作期人员，一旦进入60岁就没机会了，所以必须提前筹划。做个不精准的推算，如果从大学、研究生毕业 25 岁算起，缴纳 20 年，待 60 岁或 65 岁退休时，这一比例已经很大了。有研究者测算过，从 25 岁开始缴纳商业养老保险，连续缴纳 20 年到 45 岁，相对来说缴费数额不大，也就是越年轻缴纳的数额相对越小，而 65 岁退休时可领取的金额几乎等于第一支柱的数额，相当于使养老金翻了一倍。如果这样，再加上国家实施的长护险保障，还会有现在老年人支付不起养老费用的现象吗？也不会有养老产业不赚钱、不发达的问题。因此，备财富养老，商业养老保险迫在眉睫，是从年轻开始就为老年期准备充裕养老金的主要途径。

二、全力抓好老年人乐养

开展老年人乐养，具有很强的开创性和探索性，内容和方式也极为丰富。从"七普"看，60—69 岁的低龄老年人口占 55.83%。未来十年，也就是"60 后"，有 2.2 亿人进入老年人行列，平均每年都有约 2000 万人的数量。这些低龄活力老人有别于以往任何时代的老人，他们的突出特点是，大多具有知识、经验、技能的优势。丰富老年人乐养内容、开拓乐养渠道，重在顺应低龄活力老人的内在需求和期望，把握他们的特点，创新、开发、创造"乐养"的方式、方法。

第一是延，就是提倡、鼓励老年人延续和保持退休前的工作状态，使身体和生活习惯退休后不至于与此前有大的冲突和反差。对于广大低龄活力老年群体而言，这样做是有基础、有条件，也是有能力的。这些老年人健康素养普遍较高，多数身体状况较好。正如 2015 年中国综合社会调查数据所显示的那样，这些老年人自评选择"比较健康"和"很健康"的比例很高。从该群体的职业分布来看，国家机关、党群组织、

企业、事业单位负责人所占比例为 5.3%，这个群体具有丰富的政策知识和管理经验。专业技术人员占比接近一成（9.7%），他们具有不同领域的、较高的专业技能，是国家各项专业技术工作中不可或缺的人力资源。按照延迟退休的制度设计，低龄活力老年群体可成为我国激活人口二次红利的重要载体，发挥他们的潜能，继续在国家建设和社会发展中创造价值。当然，这需要在充分考虑年轻人就业的同时，依据老年人特点，由政府创造有利于老年人力资源开发利用的空间和环境。总之，最大限度地延续、顺应与退休前基本一致的环境、习惯、人际关系，一定意义上就是保养、滋养，也是乐养的重要内容和方式。

第二是融，就是主动融入社会，不脱离社会，是最好的健身。当今社会中的低龄老年群体曾是改革开放经济社会发展建功立业的一代，在我国快速发展的进程中，他们曾是领航人、开拓者，所以刚步入老年期的他们对于国家社会发展是极为宝贵的财富。虽然他们进入老年期，但不意味着完全退出工作领域和社会生活，在各个领域依旧可以发挥自身的光和热。他们不应该是人们刻板印象中需要别人照护的老年人，而应该是新时代的活力老人。对个体来讲，更应该积极主动融入社会，更加注重追求自我价值的实现。

第三是学，就是善于主动学习。这时的学不是为了工作学、不是为了名利学，主要是为了兴趣而学，为了价值学、为了愉悦心情和保持健康学。从目前 50 年代出生的老年人结构看，相当一部分老年人受教育程度比较高，具备较好的学习基础和较强的学习能力。再从正在进入老年期的"60 后"分析看，其中达到高中文化程度人数为 3439 万人，达到大学专科人数为 1046 万人，达到大学本科人数为 598 万人，达到大学研究生人数为 62 万人，接受过教育人数为 2.25 亿人，文盲（从未上学）人数仅为 501 万人，占该群体总人口的 2.18%。接受过高等教育，即学历程度达到大学专科／本科及以上的人数为 1707 万人，占该群体总人口比例为 7.41%。这些低龄活力老人完全有基础、有能力继续学习。老年人根据兴趣爱好、自身需要、身心状况等，有选择有针对性地开展广泛的兴趣学习，甚至是学习新的技术和技能，不仅可以增长知识、开阔视野、丰富生活，还有利于老年人融入社会，更加顺利地适应退休后的生活和新的社会角色。

第四是做，就是做义工、做志愿者，为高龄老人和社会服务。低龄活力老年群体也是社会公益力量的重要来源，他们还可以继续发挥作用，产生巨大的社会效益。2017 年的调查数据显示，在过去的两年，5.8% 的"60 后"参加了政府、单位或学校组织的志愿者活动；在参加自发组织的社会公益活动方面，该群体的参与率达到 13.4%。低龄活力老年群体不仅在参与率上高于其他老年群体，在参与意愿上也占据优势。近些年，老年志愿活动蓬勃发展，一些由老党员、老干部、老军人、老专家、老劳模等组成的老年志愿者队伍活跃在脱贫攻坚、社会治安、民事调解、公益慈善、文教卫生等各行各业、各条战线，他们通过结对帮扶、邻里互助，低龄老年人帮扶高龄老年人、健康老年人帮扶失能及残疾老年人等各种志愿服务活动，不断拓宽人生的宽度，展现人生的意义和价值，更"让这个社会闪耀着正能量的光芒"。随着社会的文明进步，老年人志愿服务一定会焕发出更多光彩，这也有利于老年人地位、价值的再现，因此也是养的重要方式，是更有意义的人生。

第五是教，就是承担起教育、教化的职能。老年人与年轻人相比，有很多优势，其中丰富的工作生活经验、深厚的传统文化积淀是典型标志。在加快建设社会主义现代化国家的进程中，社会、家庭都需要老年人这些优势的发挥。把亿万老年人转化为弘扬中国传统文化的导师，践行社会主义核心价值观、引领年轻人塑造文明和谐社会新风尚的教师。

低龄活力老年群体中有相当一部分是新中国成立后出生和成长起来的，特殊的经济社会条件和成长历程给予了这一群体特有的精神面貌和社会文化心理，也造就了他们不同一般的文化品格。正如一些研究成果和文学作品所呈现的那样：这些老年人中，有很大一部分人"是经历过苦难的最后一代人""是改革开放时期的第一代年轻人""是具有坚定信仰的理想主义者""他们没有过多的旧思想束缚，是全新思潮的第一代接受者""他们全力投入现代社会体系、经济体系的建设之中，成为现代社会体系和经济体系建设的中流砥柱"。如今，这些人进入"老年期"这一人生的新阶段，在历经一生的职业生涯的风风雨雨之后，他们已经成为老年群体中更为开放、更为务实，也更为自信的力量。因此，这些特殊时期成长起来的老年人必将和整个老年群体一起重新塑造新的社会文明，引领新的社会风尚。

这些低龄活力老年人也必将成为老年人自养的榜样。信息时代、长寿时代，学习、工作、奋斗伴随终生，年龄平等、代际共享时代，必将重塑"新型老年人"形象。新时代的新老年人，在创造丰富多彩的新养老生活的同时，也在为老龄社会贡献新智慧、新价值，并探索形成由老年人参与的，以乐养为特色的中国养老之路。

三、全力抓好家庭孝养

搞好新时代的家庭孝养，重在对老年人进行精神慰藉与心灵关爱。新的时代，必须立足于新的孝道可能实现的方法和途径，赋予"孝"新的内涵和方式。在家庭养老功能不断弱化的当下，必须对家庭孝道、养老功能的实现进行现实、可能的研究和探索，以对社会起到正面的引导和引领，做到有取有舍，有坚守有扬弃；有不断完善加强，有逐步淡化和顺应。随着社会的发展变化，当下和今后年轻人将面临家庭和社会更大的压力，如何尽孝？随着国家不断富强，物质生活的提高也相对容易。但体现在子女对老年人情感、精神等层面的关爱，是无论社会如何变迁，用钱、用其他人、用其他方式和手段都无法替代和解决的。因此，这里讨论的家庭孝养，主要集中在精神文化生活和情感交流的层面。

（一）高度重视对父母的精神慰藉。两千多年前的孔子已对我们的孝道、孝文化、尽孝的原则和方法作了精辟的论述，强调子女要有发自内心的敬意，在父母面前和颜悦色才是真正懂得了尽孝的方法。大家都熟知"今之孝者，是谓能养。至于犬马，皆能有养。不敬，何以别乎？"孔子的意思是"现在所谓孝顺，以为能养父母则可。可是人也都能做到饲养狗与马。如无敬意，那和饲养狗马有何区别呢？"在物质相对匮乏的古代，孔子即明确提出了物质、生活照料和精神抚慰以及从内心对老人的敬养的辩证关系，足见先贤对孝道本质的洞察和对实现孝道的方法探究。作为"四养"之一——家庭孝养，已经在开篇明确提出了"必须坚守对父母的精神慰藉和心灵关爱"。这个必须坚守，是孝养最重要的内容，无论哪个家庭和个人，都不应该有任何理由或借口，是必须首要提倡和坚决做到的。

（二）支持、帮助父母实现梦想。人的一生跌宕起伏，有如愿辉煌的灿烂高光，也可能有失意低谷的坎坷消沉，但走过的路、跨过的桥多了，自有内心的感受和感悟。60岁退休，只是工作生涯的句号，但不代表梦想、心愿的停止。甚至年轻时没有实现的，退休后"放飞"的冲动有时会更加强烈，有的由于自己的能力、财力所限，可能难以实现，但可能也会"跃跃欲试"。况且时代飞速发展，交通便捷通畅，信息沟通方便，也给老年人实现梦想带来了无限期盼。什么是孝道，先贤都说了，孝道就是"顺"。顺着老人、满足意愿就是尽孝。因此，家庭孝养，帮助父母、

老人实现心中的愿望，也是重要内容。只要老人这些愿望、梦想，不是违反法律的、道德的，不是极端挑战身体的（比如有些老年人有极限运动、登山等梦想），不是"太出格的"，原则上子女都应该帮助、鼓励、支持去实现，且尽早实现。还有的老人，由于怕给子女添负担等种种原因，可能难于开口表露。因此，需要子女善于"察言观色"，"于细微处"观心愿，并积极主动引导付诸行动。因为老年人特殊的生理规律，有时衰老得很快。只有身体条件允许，愿望和梦想才有可能实现。

（三）积极帮助老人融入社会。一方面，对于任何老人来讲，退休都是重要的工作方式、生活方式的转场，社会地位、价值尊严的"打折"，其在心灵和心理上发生的变化甚至冲击，可能只有老年人自己能感受到，这也是"退休综合征"的由来。退休了，大多数老人的能力、资源都打折扣，容易边缘化。另一方面，自身想融入社会又"力不从心"，或存在很多顾虑。"过闲""独处"必然会带来心理和身体断崖式的变化，进而导致一系列问题。子女最熟悉父母的身体和心理、爱好和兴趣。在帮助父母融入社会的能力方面，子女也肯定比父母更有优势，适应社会的能力更强，有更多现代社会的方式和手段等，有些甚至是很多父母所不能及的，比如信息智能手段。退休后仍能融入社会，不但有利于老年人适应晚年生活，而且有利于身心健康，重拾人生尊严和价值。因此，支持、帮助父母融入社会、进"圈"入"群"，是家庭孝养的重要内容，也是子女新型孝老的最好体现。

（四）尊重父母的个人生活选择。随着时代的变迁，家庭结构和生活方式的变化，老年人的婚姻生活也会面临很多特殊的境遇。如有的丧偶需要再续，有的喜欢个人独立生活，以及其他各种新情况。这些现象随着人类长寿和社会发展，不断涌现，也是无法回避的。这些问题，具体到每个家庭，可能情况各有不同，解决的办法也肯定没有"标准答案"，但作为子女来讲，应该具体问题具体看待，客观地理解、尊重老年人的选择和需求。因为相对于子女而言，父母有更多"顾虑"。应该在严守法律、伦理道德、传统习俗风尚的前提下，合情、合理地帮助老人解决好这类问题。只有提升到家庭孝养的层面，提升到新养老的高度，赋予家庭孝养与时俱进的新内涵，才能为老年人创造更加幸福的晚年生活。

四、全力抓好社会助养

老年人曾经为社会和国家建设奉献了毕生精力和智慧，进入老年阶段，理应得到社会的充分尊重，并得到全面保障。搞好社会助养，不仅体现在政府和社会对老年人养老的支撑和保障上，同时也是实现备养、乐养、孝养的基础和条件。在未来以社会支撑为基本和前提，家庭养老与社会养老相结合为主要模式的养老大背景下，政府和社会的助养必须从人口老龄化认知教育、养老制度设计安排、代际共享和谐发展等，进行系统谋划和整体推进，方能发挥综合效益，才能实现与经济社会发展同步的养老目标。重点应抓好以下六个方面。

（一）深入开展老龄国情教育。面向所有国民，全面开展老龄社会国情教育，树立与老龄社会和现代社会建设相适应的生活、工作、生存理念，是老龄国情教育的目标和要求。未来，由过去我国人口政策带来的人口结构性矛盾与未来老龄社会发展中固有新的矛盾叠加，将会集中显现。因此，对老龄社会基本国情的认知、对养老保障的理性看待、对养老预期的客观认识，是每位公民都必须要接受的"早教"和应该修的"学分"。这个"早教"，就是人人都要接受老龄社会基本知识的教育、我国人口老龄化基本国情的教育、全龄共享和谐发展的教育，而不仅仅是老龄工作者、老年人的事。这个"学分"就是作为老龄社会的现代

公民应具备的基本素养，是人人都要"过关"，为更好地适应老龄社会、做"合格"的老年人打好认知基础、知识基础。老龄国情，养老教育，本质上是养老文化氛围的营造和形成。所谓养老文化，是指适应我国现代化建设规律特点、体现我国孝老文化特质、有利于调动全员参与积极性的现代养老模式认知、和谐养老氛围营造、孝老文化弘扬和新型养老理念塑造。现代社会、长寿时代、老龄社会，必须弘扬人人参与、人人共担、人人共治、人人共享的养老文化。

（二）加强制度设计。搞好养老，必须注重社会保障制度的设计、建构，为未来养老铺就稳定、连续、可持续的保障，也就是社会保障制度的顶层设计。无论发达国家还是发展中国家，应对人口老龄化，根本目的在于使社会发展均衡和低成本，避免潮汐起伏和波浪式发展，实现全龄兼顾、各个年龄段人群共享。面对我国所处的经济、文化、社会发展阶段，当前和未来一个时期，首先要从战略上做好养老规划。人口老龄化是一个综合性问题，随着老年人口的不断增加，势必会冲击我国的社会养老保障体系，加剧社会供养压力，甚至引发一系列社会问题。常言道，凡事预则立，必须前瞻性、战略性地做好规划设计。既要立足解决当前老年群体养老迫切需求的同时，更要根据我国国情以及人口老龄化发展规律，以及经济社会不同发展阶段的特点，提早谋划，搞好顶层设计，为未来更为严峻的老龄化社会做好充足准备。其次要着眼全局统筹推进。人口老龄化问题的综合性、全面性、复杂性，决定其对经济、社会发展等多个方面带来的影响是深刻、全面和持久的，对老龄社会保障体系和养老服务体系建设带来的影响也是最显著的。因此，必须树立综合性和全局性的理念，站在中国特色社会主义事业的全局高度进行总体设计，建构更加全面、更具统筹性的养老政策体系。最后要坚持积极科学应对。人口老龄化是人类社会发展的大趋势和客观规律，它源于历史并面向未来。"十四五"及未来一个时期，我国将迎来人口老龄化更为严峻的时期。因此，必须抓紧完善医疗卫生、社会保障、长期照护等制度建设，强化推动社保筹资、大幅提升退休金、调整生育政策等，统筹考虑制度碎片化、制度起效期等因素带来的影响，注重长远、注重长效，系统持久推动。

（三）加强特殊老年人群体的服务保障。养老，哪些人需要"养"？重点是重残、失能、失智、留守、空巢、贫困、计划生育特殊家庭老人，也可以统称为特殊困难老年群体。对这一群体的养老，是检验我国养老制度设计成功与否的试金石，是国家文明价值的体现，是我国养老社会保障的核心和重点。党和国家高度重视这一群体的保障，但随着这一群体的数量不断加大，以及未来养老支持保障方式和手段的不断变化，实现对这一群体的更高品质和更高要求的养老，需要下更大功夫。要着力织牢织密兜底养老保障网，不让一名特殊困难老年人掉队，不断增加特殊困难老年人的幸福感、安全感、获得感，这对于新时代的中国养老有着特殊的价值和意义，更能彰显党和国家尊重和保障人民权利、为全体民众谋幸福的价值追求。为此，按照规划设计，在"十四五"乃至更长的时期内，要加强基本养老服务，逐步丰富发展服务项目，通过建立和完善动态调整机制，进一步提高经济困难的高龄老年人、失能老年人补贴制度的精准性和有效性，不断强化与残疾人"两项补贴"、社会救助等政策的衔接。要加快发展长期照护保障，稳妥推进长期护理保险制度试点，通过互助共济方式筹集资金，为长期失能老年人的基本生活照料和相关医疗护理提供服务和资金保障。加强对长期护理失能等级评估标准的实施应用，逐步扩大长期护理保险参保群体范围，推动建立健全满足老年人多元需求的多层次长期护理保障制度。要广泛实施居家和社区适老化改造，聚焦高龄、失能、残疾人等特殊困难老年人需求，

通过施工改造、设施配备、老年用品配置、康复辅助器具配备等，提高特殊困难老年人生活环境的安全性和舒适性。加快推进互联网应用适老化及无障碍改造，切实解决老年人运用智能技术困难，提升特殊困难老年人的自主生活能力，改善生活质量。要建立健全特殊困难老年人关爱服务机制，着力完善关爱服务网络，组织调动党员志愿者、居家养老服务人员、社区工作者、社会爱心企业等对农村留守、独居空巢、失能失智等老年人进行入户巡访和定期探访，营造敬老孝老爱老的良好氛围，确保让特殊困难老年群体能够安享晚年。

（四）做实社区养老。伴随我国经济社会发生的新变化，社区在我国养老服务体系建设中的作用愈加凸显。社区是老年人及其家庭生活的小社会，社会化养老服务只有在广大农村和城市社区实现了家庭养老的功能互补、并为之赋能，90%的老年人及其家庭才真正有了依托。服务需求的差异性和多元多样性决定了服务供给的多元化，因此必须基于社区老年人需求与供给进行精准化分类，必须加强多元优质服务的标准化和专业化，实现其整合联动供给效应的机制建设。政府必须加强顶层设计，协调各方资源加强对社区可持续发展服务资源有效供给主体的监管和标准化服务的供给主体资源库建设。社区不仅是居家养老的重要支撑，更是养老服务体系中的支点、中继站和枢纽。因此，做实社区养老意义重大。要激发并整合政府、社会、市场、家庭养老服务功能，有效打通并融合居家、社区、机构养老服务，形成养老服务合力。要让社区成为养老服务资源的链接、供给、反馈、提升的末端平台，这样老年人在社区中可以同时便捷化地获得助餐、家政、康复护理、卫生保健、社会参与等社会支持服务；只有以社区养老功能支撑为核心，整合资源、形成机制，实现社区养老功能优化与突破，才能为老年人提供踏实、可及的养老生活保障，居家养老也才能真正成为现实。

（五）加快发展智慧养老。在我国快速老龄化进程中，养老资源供给相对不足，难以满足人民群众对养老日益增长的需求，但随着现代信息技术的快速发展，赋予了破解养老难题的金钥匙——智慧技术。利用大数据、物联网、云计算、智能硬件等智慧技术和产品，可以实现个人、家庭、社区、机构养老资源的有效对接和优化配置，为促进养老服务便捷化、灵活化、安全化，增强养老可及性提供重要的支撑。未来应在以下方面大力发展智慧养老。一是运用智慧技术提升养老服务质量。现阶段养老人才队伍严重不足，成为制约行业发展的重要因素。智慧化技术在养老领域的应用可极大地节省人力资源，由智能技术支持的标准化机器人可以有效代替部分人工服务，缓解照护服务人员的照护强度和人才资源不足。通过重点发展智能服务型机器人技术，满足老年人家庭家居、残障辅助、情感陪护、娱乐休闲、安防监控等多样化需求，提供舒适便利、轻松愉快、健康安全的现代家庭生活，从而不断提高老年人生活质量。二是运用智慧技术促进养老资源整合联动。部门管理分化及养老资源分散化是现阶段养老的一大特点。要通过智能化技术改善现有资源碎片化分布现状，实现资源互通共享，促进不同领域的服务、工作、资源和设施的良性互动。要引导前沿智慧助老技术在广大农村地区的应用，扩大养老供给主体与资源在农村开展养老服务，缩短城乡养老服务水平差距。三是运用智慧技术促进健康养老服务。由于医疗健康资源的地区间分布不均衡，促进医疗健康资源均衡发展成为养老的一大难题。为此，要加快发展智能化技术，通过互联网医院和技术，为优化健康养老资源分布提供技术条件，从而为广大老年人提供更加高效、优质、便捷的医疗健康服务。同时，要大力发展自助式健康检测设备、便携式健康监测设备、健康管理类可穿戴设备、智能养老监护设备，满足老年人个性化、多样化的健康养老需求。

（六）努力构建老龄社会价值体系。老年人个体、家庭、社会、文化是密切影响老年人养老生活的四大圈层。老年人个体是养老生活的主体、源头，是养老圈层的内核。家庭是影响老年人养老的重要场域，在这个场域较集中地体现了来自社会保障支持、长期的孝老文化积淀对老年人个体的影响。社会对养老的影响主要体现在保障性支持、社会服务功能、社会敬老氛围等多个方面。文化是处于老年人养老生态系统的最外圈层，但由于孝老文化和家庭观念在我国拥有深厚的基础，对社会、家庭、个体都有着重要影响。不难看出，个体、家庭、社会、文化，越是外围圈层结构的特质形成时间越长，由外及内的影响总体上大于由内及外的影响。因此，着眼老年人养老需求与社会发展良性运行，要注重老龄社会建设四维价值营造和运行机制的建立。一是经济基础是应对养老困境的根本保障。只有将国家"大富"与个体、家庭的"小富"有机统一，才能使每一个国民都享受有尊严的养老。因此，必须基于内循环和经济发展内在规律，促进国家经济发展，打牢应对人口老龄化的物质基础，并促进和实现共同富裕，塑造从创富到以"富"自养的养老基础和条件。二是树立健康是养老品质生活重要体现的认识。将国家健康战略、健康中国 2030 规划纲要作为全民行动指南，把健康建立、提升和保持作为终身必修课。将养生、运动、认知有机结合，将个体健康意识与社会健康服务体系建设紧密结合，将便捷健康和养老服务有效地输送到家庭与个体，使个体健康与集体健康相互融合和有力促进，建立符合新时代要求的大健康氛围。三是建立老年人价值体系。广泛促进老年人社会参与，发挥正能量。充分调动老年人的社会参与积极性，最大限度地减少老年人孤独、落寞，鼓励老年人发挥生命价值，积极主动地参与社会、融入社会，在奉献中发挥老年人正能量，增强老年人独立性和尊严价值。四是大力营造快乐老年环境氛围。本质上说，老年人为社会、家庭奉献了一生，享受成果、快乐生活，天经地义，是老年生活的标配和体现。因此，快乐而又有尊严地养老是意义非凡的价值维度。快乐生活是老年人生存价值的重要体现，是积极乐观心态的土壤，也是健康的重要保障。所以，每一个家庭、全社会都有义务和责任，开创、提供有利于老年人拥有快乐、实现快乐、满足快乐的条件和氛围，为亿万老年人创造幸福老年、快乐老年，实现与国家社会发展同步的美好养老生活。

"十四五"和我们全面实施的社会主义现代化新征程，将始终面临人口老龄化持续加深的现实，这将给我国的经济社会发展带来深刻影响。因此，必须树立及时、科学、综合应对的思想和观念，从加强人口老龄化国情教育、加强制度安排和机制建立等多方面入手，形成与我国经济社会发展相适应的应对人口老龄化观念理念、制度机制和社会保障体系，探索形成全民参与、积极准备，低成本、可持续，具有中国特色的大国养老之路。

延伸阅读

　　在对"四养"联动系统阐述的基础上，为了使广大读者能够更多地了解中国养老的过去、现在和未来，更多地认识中国养老的发展历程、发展阶段、取得的成就和存在的不足，帮助读者更加宏观、更加丰富地认识和理解中国养老发展变化的内在逻辑和规律，我们结合本章实际撰写了"延伸阅读"的内容。为了方便读者更加便捷高效地实现电子化阅读，我们把这些篇章内容制作成电子书，广大读者可以通过扫描本书二维码延伸阅读。

未来养老必须坚持多元主体共承担！

居家社区养老新展现

第 二 章

居家养老是多数老人的期盼和向往，但需要完善的社会条件支撑。

居家养老担忧多

西方有谚云：老年人是对老年一无所知的孩子。在社会养老面对诸多矛盾和困惑的新时期，如何规划好晚年生活，如何帮父母养老做好物质和精神准备，政府和社会如何解决好养老问题，这是每个家庭乃至全社会都无法回避的话题。是选择居家安老，在社区康养，或是选择入住养老机构，相信每个家庭都有自己眼光独到的选项。这里所倡导的居家和社区养老理念，肯定不是最完美的，但或许是"最中国"的；这里分享和传递的社区居家养老模式，或许不是最时髦抢眼的方式，也不是最"高大上"的范式，但是可能是比较"接地气"的。希望读到此书的老年人、为人子女者和养老从业者，可以从中读懂中国居家和社区养老的过去时、现在进行时乃至于将来时，让未来的养老选项更丰富、更多元、更有品质。

第一节　"国之大者"的必然选择

2019 年，我国人均国内生产总值达到 1 万美元，标志着我国经济社会发展水平跃上新的台阶。让人民生活幸福是"国之大者"的必然选择。一百年来，中国共产党带领人民历经艰难险阻，跨越惊涛骇浪，开天辟地醒过来，改天换地站起来，翻天覆地富起来，惊天动地强起来。一部新中国经济社会发展史，见证了党和政府始终厚植人民情怀，在祖国的大地上书写了"人民就是江山，江山就是人民"的豪迈誓言。

积极应对人口老龄化，事关国家发展全局、事关亿万百姓福祉。2021年5月31日召开的中共中央政治局会议，全面聚焦"十四五"时期积极应对人口老龄化的国家战略，系统部署加快建立健全相关政策体系和制度框架，对"加快建设居家社区机构相协调、医养康养相结合的养老服务体系和健康支撑体系"作出周密安排。这为今后一个时期，养老服务事业和产业高质量发展提供了根本遵循。

让亿万老年人共享改革发展成果，是各级党政部门一以贯之的重要民生课题。然而，大国养老，如烹小鲜。居家养老如何打通服务老年人的"最后一公里"，社区养老如何构建便捷可及的"十五分钟养老服务圈"，机构养老如何托起老年人有尊严有品质的服务需求，如何实现三者有机协调融合发展，这些都是养老服务理论、政策实务工作者亟须破题的硬任务。这也为本章节的论述，划出了一条逻辑主线。

日日行，不怕千万里；常常做，不怕千万事。时至今日，社会各界对于居家和社区养老的概念已然了然于心。但时代在飞速发展，本书认为现有的居家和社区养老内涵外延仍需突破思想藩篱，以更宏观的视角来解析，以更精准的定位来谋划。

居家养老，顾名思义即是以家庭为服务照顾单元，区别于在家自给自足的养老方式，以社会化的上门服务为主要形式，涵盖生活照料、家政服务、康复护理、医疗保健、精神慰藉等方面，具体服务项目包括家务劳动、家庭保健、辅具配置、送饭上门、无障碍改造、紧急呼叫和安全援助等服务，功能是让老年人在社会服务支援下，提升在家养老的品质。

而社区养老区别于居家养老，以社区这一场域为服务照顾平台，以专业化的服务设施的日间服务为主要形式，涵盖社区日间照料、社区医疗康复、社区文化娱乐、社区精神慰藉、社区社会活动等方面，具有社区照顾和支撑居家养老服务两项功能，主要面向家庭日间暂时无人或者无力照护的社区老年人提供服务。具体类型包括老年人日间照料中心、嵌入式微型养老院、社区卫生服务中心、护理站、老年人活动中心、老年餐桌、农村互助幸福院等，也包括在社区为老年人提供的各类志愿活动及老年人互助服务。

为了阐述中国特色的居家社区养老服务体系由何而来、现居何处、去往何方，在"实施积极应对人口老龄化""健康中国""乡村振兴"等国家战略布局之下如何定位，在国家养老服务体系中的独特功能和重要价值，本章在推介中国居家和社区养老发展改革探索实践的基础上，也不吝与读者重新梳理一下中国养老事业发展历史脉络，以利于读者朋友在时空中精准定位，有利于有识之士科学预判和展望居家社区养老在"十四五"及 2035 年远景目标中的历史方位和发展前景、着力方向。

第二节　为中国式养老强本固基

解决中国人的养老问题，务必站在中国的大地上，植根于中国的乡土民情，赓续中华传统孝养文化，依靠中国百姓的生存智慧，制定养老的中国范本和中国方案。本节所呈现的是中国式居家养老的文化根脉、历史传承和现实逻辑，试图为读者构建一个鲜活的中国百姓养老方案，力争为中国养老服务夯实根基。

一、家庭是天然养老单元

在绵延数千年的中国传统文化中，孝文化扮演着极为重要的角色，

孝亲敬老是儒家文化的根脉源流。《礼记·礼运》有云："大道之行也，天下为公，选贤与能，讲信修睦。故人不独亲其亲，不独子其子，使老有所终，壮有所用，幼有所长，鳏、寡、孤、独、废疾者皆有所养……是谓大同。"可见，在古代圣贤关于治国理政的宏愿中，孝行天下，匹夫有责，这既是社会宗法纲常，也是家国责任使然。

在中国社会的演进过程中，家庭始终是老年人颐养天年的自然单元。这是由中国传统农耕文明以家庭为生产劳动、生活单元所决定的，是由民族文化基因所决定的。当然，家庭供养也是最符合国情、最具人情味和最为现实的养老模式。百善孝为先，"二十四孝"的典故口口相传、历久弥新，深入到中国家庭成员的骨子里，便是显著的例子。而"家有一老、如有一宝"，更是反映出人民群众朴素而真挚的心声。

新中国成立至今，国家根据经济社会发展大局，大力兴办养老服务事业，社会养老服务事业突飞猛进，但家庭养老一直发挥着不可替代的作用，是我们引以为傲的独特养老优势，值得在全社会大力弘扬。2015年2月17日，习近平总书记在春节团拜会上的讲话中要求，"要重视家庭建设，发扬光大中华民族传统家庭美德，促进家庭和睦，促进亲人相亲相爱，促进老年人老有所养"。2017年6月23日，习近平总书记在深度贫困地区脱贫攻坚座谈会上要求，"要发扬中华民族孝亲敬老的传统美德，强化家庭成员赡养、扶养老年人的责任意识，促进家庭老少和顺"。

当代中国社会中，家庭赡养与扶养不仅仅是伦理约束，更是国家法定的公民义务。最新修订的《中华人民共和国老年人权益保障法》列出专章强化家庭养老的功能。明确要求，"老年人养老以居家为基础，家庭成员应当尊重、关心和照料老年人""赡养人应当履行对老年人经济上供养、生活上照料和精神上慰藉的义务，照顾老年人的特殊需要""赡养人不得以放弃继承权或者其他理由，拒绝履行赡养义务"。社会文明提升引领和法治强力捍卫，为家庭养老奠定了牢固的法治根基。孝亲敬老、尊老爱老受到社会尊崇，欺老虐老弃养被公众所不齿，甚至要受到法律的严惩，这一理念在国人心中已然根深蒂固、不可撼动。

进入新时代，实施积极应对人口老龄化上升为国家战略。随着人口老龄化进程不断加快，家庭小型化与空巢化并存，家庭赡养能力下降，但是这绝不意味着家庭养老的作用可有可无、正在消亡，甚至会退出历史舞台。恰恰相反，作为积极应对人口老龄化的重要力量源泉，弘扬优秀传统文化，支持家庭承担养老功能，发挥家庭养老基础作用，比过去任何时候都更为重要，这是适应我国实际、顺应广大老年人意愿的必然选择。天下之本在国，国之本在家。家庭乃和谐社会的基本细胞，居家安养符合绝大多数老年人的情感认同和真实意愿，尤其是精神慰藉和亲情关爱具有难以替代的优势。党的十九届五中全会强调，要"加强家庭、家教、家风建设""支持家庭承担养老功能""健全老年人、残疾人关爱服务体系和设施"，这为更好发挥家庭养老的基础作用，为新时代中国养老健康发展提供了行动指南。

二、让居家养老回归基础地位

伴随着中国人口老龄国情教育的普及深化，居家养老的重要性、必要性已经毋庸置疑。近 20 年来，我们见证了：居家养老服务从东南沿海地区率先小步试水，到在国家养老服务体系中占据基础地位，到国家实施五年规划和居家社区改革试点步步为营，再到国家战略部署居家社区机构养老协同发展，社会各界赋予居家养老的期待值和其自身的含金量均不断水涨船高。

　　这种共识历经磨合，实属不易，是在各地多年改革实践中不断"试错"得来的，也是在养老理论圈和实务界不断碰撞出的火花。但是目前对居家养老停留在朴素认知阶段的仍然大有人在，认为居家养老就是家庭养老的代名词，就是打扫卫生等家政物业服务，居家养老没有专业门槛，居家养老可有可无……这些观点在实践中比比皆是，甚至在不少基层政策执行者脑海里仍旧占据着主导地位。显然，在工作实践中难免跑偏，浪费了国家有限的养老资源不说，还容易误导公众，在应对人口老龄化有限的"窗口期"贻误战机。

　　笔者认为，"以居家养老为基础"并非无源之水，绝非无本之木，而是有着深厚的现实基础和理论基础。直观来讲，居家养老是政府和社会为身居家庭的老年人提供的公共服务产品，服务的主要形式是提供上门服务，旨在弥补家庭养老的不足和缺失。为此，学界逐步形成共识，居家养老＝家庭养老＋社会保障和社会养老服务，强调着力实施社会化的家庭养老支持政策，进一步涵养家庭养老功能，不断巩固家庭养老的基础性地位。

　　如果从需求侧来定位，居家养老的基础性地位突出表现在如下几个维度。一是老年人绝对数量占比大。居家养老人数（家庭）占据老年人群体的绝对主体，上海、北京等地细分为90%以上，据此构架了"9073"或"9064"的养老服务格局，实际生活中因社区养老的缺位，这一比例可能会更高。二是老年家庭小型化、空巢化。根据历次人口普查统计数据显示，"三普"时户均4.41人，"五普"时约为3.44人，"六普"时下降至3.10人，最新的"七普"数据显示这一数字降为2.62人，65岁及以上老年人为1.90亿人，占总人口比重为13.50%，上升4.63个百分点，相应的独居空巢老人比例大幅升高。三是失能老年人数量上升。据不完全统计，我国失能老年人（含失智）数量约为4000多万人，同期与之相对应的养老机构服务床位约为 823.8 万张，区位、结构、价格和功能还不尽合理，难以支撑庞大的专业照护需求。四是老年健康养老服务需求高度集中。进入老年期，绝大多数老年人都面临健康问题，需要长期带病生活，对慢病管理、基础护理、康复护理等健康管理服务变为刚需，对居家社区服务提出专业化多样化需求。五是精神慰藉和文化需求旺盛。"七普"统计显示，与"六普"相比，我国每 10 万人中拥有大学文化程度的由 8930 人上升为 15467 人，居民含老年居民受教育程度显著提升，对精神文化产品的需求客观上大幅增长。加之，老年人对家庭成员的依恋和精神慰藉需求，随着年龄增长不断强化。这些群体特征，构成了中国应对人口老龄化的基本国情，对居家社区养老服务的高质量供给也提出深刻的挑战。我们还可与周边国家和地区的情况进行横向比照。以日本为例，作为全世界人口老龄化程度最高的国家，养老服务业高度发达，其居家养老占 96%，社区养老占 1.08%，机构养老占 2.92%。再以我国台湾地区为例，其人口老龄化程度高于大陆，养老服务业也比大陆发达，居家养老占 98.25%，社区养老占 0.12%，机构养老占 1.63%。

基础不牢，地动山摇。当前我国社会的主要矛盾已经转化为人民群众日益增长的美好生活需要与不平衡不充分的发展之间的矛盾。这一矛盾在养老服务领域突出表现为，数量占绝大多数的居家老年人，健康养老服务需求日益多元，却面临供给不平衡、不充分的现状。有效破解居家社区养老服务难题，务必从中国实际出发，将居家养老摆在养老服务体系的重中之重来推进，凝聚各方共识合力，夯实居家养老的基础性地位，聚焦以家庭为核心、以社区为依托、以专业化服务为依靠，为居家的空巢、高龄、失能老年人提供更加多样化、社会化、精准化服务，充分保障和满足居家老年人对美好生活的期待。

三、居家养老服务面面观

而今，在国家养老政策顶层设计强力推动下，居家养老服务已经在全国各地落地生根、枝繁叶茂。下面以几个城市和乡村为例来进行分析。

以超大型城市——首都北京为例。在破解大城市养老难题路上，每一步改革都牵动着行业目光。北京市在发展理念上探索从以机构为中心到以老年人为中心的转变，在全国率先出台地方版《北京市居家养老服务条例》（2015 年 5 月 1 日施行），牢固树立居家社区机构养老"三位一体"发展理念，紧扣老年人"就近养老"服务需求，围绕老年人周边、身边、床边，出台了养老服务设施专项规划、养老照料中心建设三年行动计划、社区养老服务驿站建设规划，构建起了完备的"三边四级"就近养老服务体系，促进了不同养老服务的有效衔接。尤其是在社区层面独树一帜，夯实社区养老服务驿站，加大建设运营扶持力度，鼓励社会力量就近为居家老年人提供便捷高效的服务，打通了养老服务的"最后一公里"。在北京，上千家社区养老服务驿站囊括了日间照料、助餐服务、健康指导、文化娱乐、呼叫服务、心理慰藉六大类服务，为低龄老人解决社交、娱乐、精神服务的需求，为高龄老人解决日常生活照料、功能退化康复、短期托养等需求。在此平台上，驿站运营商可以链接衣、食、住、行、游、购、娱等各类为老服务资源，成为社区老年人家门口的"服务管家"。

同样是超级大都市的上海，既是居家养老服务的发轫之地，也是居家社区养老的改革高地。近年来，上海积极倡导建立符合国情市情、有利于城市老年人安享晚年的养老服务发展模式，让其在熟悉的环境、亲情的陪伴和丰富的资源围绕下养老，实现"在地老化"和"原居安老"，让老年人生活得更有亲情、更有尊严。养老连续多年被列入上海市政府民生实事项目、人大重点督办建议。"十三五"期间，全市陆续有 8 个区入围"全国居家和社区养老服务改革试点"创建，部署实施了一系列引领方向、接满地气的改革措施，在国家有关部委验收评比中均名列前茅。在促进居家社区机构养老服务融合发展方面，最新颁布实施的《上海市养老服务条例》（2021 年 3 月 20 日施行）明确了各类型服务的功能——养老服务机构发挥专业支撑作用，鼓励养老机构开展居家和社区养老服务，支持养老服务机构在老年人住所设立家庭照护床位；居家社区养老服务机构为家庭提供专业服务，并就"支持家庭承担养老功能"作出一系列制度性安排。

素有"天府之国"美誉的四川省成都市，绘制集老年人动态管理数据库、老年人能力评估等级档案、养老服务需求、养老服务设施于一体的养老"关爱地图"。一方面，政府部门全面摸清 60 岁及以上低保老人、80 岁及以上高龄老人、空巢（留守）老人、低收入家庭中的残疾老人、计划生育特殊困难家庭老人等特殊群体的分布情况及老年人身体状况、经济来源、养老服务需求。只需"按图索骥"，即可及时为居家老年人提供生活照料、医疗护理、精神慰藉、文化娱乐等服务，关爱援助精准快速。另一方面，搭建供需精准对接平台，老年人可以通过"关爱地图"搜索就近的养老服务组织或企业、社区日间照料中心、老年大学、就餐服务点、养老机构、医院、超市等分布信息，可以快速查询养老服务设施的收费、服务等情况，结合自身需求，有针对性地选择养老服务，解决了以往养老服务机构布局与老年人实际人数不匹配，服务内容与老年人实际需求不匹配的问题。

在江苏省太仓市沙溪镇中荷新村，高龄老人自 2013 年开始收到一份"福利包"。太仓市政府通过购买服务，为居家老年人每月送上 4—48 小时的上门服务，服务内容涵盖助医、助康、助洁等 10 项内容。

155 个城乡村居社区实现全覆盖，6 年累计投入资金 8235 万元，提供居家服务累计 480 余万小时。当地每季度委托第三方力量开展满意度监测，使老年人满意度、获得感和幸福感与日俱增。这是一座小康城市的现实养老图景，居家养老的基础性作用，在城市养老服务体系中正在切实而有效地发挥着。

以上章节所呈现的居家养老服务模式，只是全国层面改革实践的几个剪影，既有"大城养老"的宏观布局，也有"小城养老"的解决方案。应该说，与全国各地火热的改革实践相比，这仅仅是以管窥豹、沧海一粟。放眼大江南北，纵览时代发展历程，我们可以自豪地说，这些案例所描绘的生动图景，这些城市所展现的发展力量，这些养老服务模式所蕴藏的改革逻辑，无不折射出居家养老在中国大地的天然优势和生机活力，无不印证了中国特色养老服务体系的独特优势和光明前景。

四、期待居家养老"星火燎原"

习近平总书记指出，要让所有老年人都能有一个幸福美满的晚年。李克强总理在全国两会上强调，"让老年人拥有幸福的晚年，后来人就有可期的未来"。这是 2.6 亿多老年人和家庭的"中国梦"，也是实现第二个百年目标不可逾越的民生课题。回望 20 年前，居家养老是适应我国人口老龄化形势而兴起的，随着大量"单位人"向"社会人"转型，城市社区的快速发展，在我国东部沿海地区率先引入这一形式。彼时，居家养老还是新生事物，知之者甚少，仅在少数地方财力雄厚的试验田精耕细作。谁能预料到，仅仅用了十年有余，"以居家养老为基础、社区服务为依托、机构养老为补充"的中国特色养老服务体系被正式写入国家法规和五年行动计划，以国家顶层设计的形态高位部署推进。尽管这一理念中，各界各层级对"居家为基础"的认识不尽相同。但是，与时代同频共振，这把"燎原之火"在改革春风吹拂下，已经在实践熔炉中烧得正旺，从需求评估、供给模式、投入体量、社会化程度到服务监管，逐步形成完整的闭环。党的十八大以来，国家经济社会改革迎来新一轮飞跃。站在新发展阶段，贯彻实施积极应对人口老龄化国家战略，实施《国家积极应对人口老龄化中长期规划》，为中国养老提供了根本遵循，指明了前行道路。"居家社区机构相协调、医养康养相结合"的发展坐标已经蔚然树立，为家庭养老（老年人、照护者）赋能，为居家养老提质，推动居家社区机构融合发展，助力构建适应新时代发展的中国特色的养老服务体系被寄予前所未有的厚望。

第三节　中国特色的就近养老选择

人属于社会性物种，每个人既生活在家庭，也确切地生活在社区。家庭是养老的港湾和天然屏障，社区是个体无法脱离的小型"命运共同体"。聚焦到养老服务的话语体系，社区就是一个有形或无形的服务圈。这个圈子，可以提供给老年人衣、食、住、行、医、护、娱等一切赖以生存的服务和保障。根据获取养老服务的场景特征，实践中习惯性表述为就近养老，表现为居家养老、社区养老、社区邻里汇、嵌入式养老、原居安老、在地享老等。根据获取服务的距离远近，我们习惯性地称之为"一碗汤的距离"或者"一刻钟服务圈"。这里是我们共同生活的家园，在养老服务的供需链条中，有着无法比拟和无法替代的作用。本节将着重为读者集中介绍社区养老的现实需求和潜在价值。

一、熟人社会的养老优势

中国有句俗语，故土难离、叶落归根。描述的是一种生存状态，也是一种生活哲学。在熟悉的环境里恬淡生活，赋予老年人自然而然的稳定感、安全感和踏实感。

社区是熟人社会，对于广大老年群体来说，如果退休赋闲在家，社区广场舞合唱团是绝佳舞台，琴棋书画花鸟鱼虫是贴心玩伴，含饴弄孙隔代照看是天伦之乐，三五知己觥筹交错难得糊涂，抬腿就到立马可待随心随性，都不失为一种享受。

对于部分低收入、高龄、独居或失能、失智、失独老年人来说，社区养老能够为家庭养老充分赋能，能够兼顾家庭看护和社区专业服务支持，满足老年人"原居安老"的心愿。

这是集中式的机构养老难以比拟的优势。突出表现为：一是养老离家不离社区，符合我国老年人心理诉求和情感诉求；二是资源调配便利，一刻钟生活服务圈，可上门服务也可就近获取；三是专业度可信赖，解决了专业照护和子女探望的诉求；四是社会力量可动员，各地以社区为平台，社区、社会组织、社工、志愿者、慈善组织"五社联动"，广泛探索"时间银行""幸福大院"等互助式养老模式，营造老年宜居"命运共同体"。

为此，还有不少学者建议，积极应对人口老龄化要借鉴国际经验，立足中国传统和实际，勠力强化家庭养老和社区支持。比如，可以借鉴日本经验，鼓励子女与父母就近居住或同住，在购买住房的贷款利息、贷款首付或契税上给予优惠，实现"一碗汤的距离"；借鉴韩国、德国等国家做法，在政府开发的公益性住宅中，设计"多代屋"，鼓励多代同住；借鉴新加坡"三代同堂花红"的做法，对与父母同住的子女发放补助；还可以借鉴其他国家的做法，长期护理保险向居家养老倾斜，调整个人所得税征收办法，对赡养老人的子女可以适当少纳税，对家有住院老人的在职职工，给予照料老人带薪假期，探索建立为老志愿服务"时间银行"制度等。

二、就近养老恩惠万家

当前，在主流养老改革实践中，对社区居家养老的可及性、便利性、丰富性和专业性均表现出前所未有的热切期待。如何让老年人就近享受到多样化养老服务，社区养老和居家养老应该配置多少资源，这需要对老年人的真实需求进行"问诊"和"把脉"。

2019年，中国老龄协会开展的《需求侧视角下老年人消费及需求意愿研究报告》显示：老年消费具有日常支出占比高、健康养老需求高、对品牌忠诚度高、网络消费发展快、享受型消费持续增长等特点，其消费行为也受到求实心理、焦虑心理、融入心理、补偿心理、趋利心理等影响。

这份报告通过数据分析得出结论：随着社区服务体系的日趋完善，社区养老已成为养老模式的重要方式。总体来看，在社区养老服务项目中，需要上门看病服务的比例最高，为38.08%；其次是上门做家务，为12.04%；康复护理、心理咨询/聊天解闷、健康教育服务、日间照料、助餐服务的比例均在10%左右；助浴服务、老年辅助用品租赁比例最低，分别为4.48%和3.68%。由此可见，社区就医服务应是今后社区养老服务建设的重点。

通过城乡、区域老年人需求状况分别来解读，可以看到从城乡来看，农村老年人需要上门看病服务的比例较高，为47.82%，比城市老年人高出18.66个百分点。需要其他社区养老服务项目基本一致，其中城市老年人需要上门做家务、助餐服务的比例高于农村老年人，农村老

年人需要其他服务项目的比例均高于城市老年人。

从不同地区来看，各地区的老年人需要上门看病、上门做家务、康复护理等服务的比例普遍较高。西部地区的老年人需要上门看病的比例最高，为 45.0%；西部地区的老年人需要康复护理、辅助用品租赁、健康教育、心理咨询等服务的比例均明显高于其他地区，分别为 13.5%、4.6%、13.1% 和 13.9%。与其他地区相比，东部地区的老年人需要上门做家务和助餐服务的比例较高，分别为 12.8% 和 8.8%，中部地区的老年人需要助浴服务和日间照料的比例较高，分别为 5.0% 和 10.7%。

我们不妨再分年龄来解读老年人需求状况。目前来看，老年人需要社区养老服务的比例随着年龄增长而上升。60—74 岁的老年人需要上门看病、康复护理、健康教育服务与上门做家务比例较高，75 岁及以上老年人除了以上四项服务外，需要日间照料和助餐服务的比例也较高。

从受教育程度来看，老年人需要助餐服务和上门做家务的比例随着受教育程度升高而上升。相反，需要上门看病、日间照料、康复护理与心理咨询／聊天解闷的比例随着受教育程度升高而降低。可见，学历低的老年人对健康和康复护理的需求较大，学历高的老年人则对助餐、上门做家务需求较大。

从婚姻状况来看，未婚老年人相比其他婚姻状况老年人，对社区服务需求较大，其中，需要上门看病服务、上门做家务、日间照料的比例居于前三位；有配偶的老年人、丧偶的老年人、离婚的老年人需要社区养老服务的比例差别不大。

从收入水平来看，与宽裕和够用的老年人相比，困难的老年人需要社区养老服务的比例更高，除助浴服务、老年辅助用品租赁外，需要其他服务的比例均超过 10%。其中，需要上门看病服务的比例为 49.78%，其次是康复护理，为 16.04%。

从自理能力来看，完全失能、半失能老年人需要社区养老服务的比例相对较高，比例均超过了 10%，其中，上门看病服务、康复护理、日间照料的比例居于前三位；能自理的老年人，除上门看病服务的比例为 36.98% 外，其余服务的比例均较低。

综上所述，老年人目前对社区养老服务的主要需求集中于上门看病，特别是农村老年人、生活困难老年人、完全失能老年人。完全失能、半失能的老年人是社区养老服务的主要需求对象。生活困难的老年人对康复护理服务的需求较大，未婚的老年人相比其他婚姻状况的老年人更倾向于社区养老服务，高龄老年人对助餐服务、上门做家务、日间照料、康复护理与心理咨询 / 聊天解闷的需求较大，高学历的老年人对助餐服务、上门做家务的需求较高，学历低的老年人对日间照料、康复护理与心理咨询 / 聊天解闷的需求较大。

切实提高居家社区养老服务供给能力，已成为国家养老服务高质量发展的重要前提。老年人需求就是各级政府施政的攻坚方向，我们看到，不少地区聚焦社区养老服务能力提升，开展了卓有成效的改革尝试，本节仅以上海市和南京市为例。

近年来，上海市持续打造 "9073" 养老服务供给体系，社区养老成为发展的重点和主角。日托、全托、助餐、辅具推广、生活照料、精神慰藉、医养康养结合等服务应有尽有，帮助社区居家老年人实现原居安老的愿望。截至 2020 年底，上海市有社区综合为老服务中心 320 家、社区老年人日间服务中心 758 家、长者照护之家 204 家、社区老年人助餐服务场所 1232 个，社区养老服务设施网络已实现街镇乡全覆盖。与此同时，养老床位增加到 16.12 万张，实现了占户籍老年人数 3% 的目标。最新实施的《上海市养老服务条例》要求，养老服务设施建设正从以养老机构为主向养老机构与社区嵌入式养老服务设施并重转变，"全

市社区养老服务设施建筑面积应当不低于常住人口每千人 40 平方米，并根据经济社会发展及时优化调整"。为此，上海市通过实施 2021 年市政府 10 件民生实事，对社区居家养老服务设施建设作出了系统安排。

再以江苏省南京市为例，当地不断在社区层面实现基层养老服务设施整合，提出"两无偿一优先"发展养老设施：社区 40% 以上用房无偿用于养老服务，公建配套的养老服务设施无偿提供给非营利性社会养老机构运营，明确提出"行政事业单位的闲置用房优先用于养老设施"。各街道社区综合服务中心均设养老服务专区，开展助餐、助浴等服务，在全市打造 15 分钟"为老服务便民圈"。

三、互助养老让未来可期

"十三五"时期，互助式养老在国家和各地养老政策中频频亮相，这种服务形式采取"政府搭台、社会组织唱戏、志愿者互助服务"的模式，将社会和社区志愿服务力量汇集在一起，提供力所能及的为老服务，让社区成为爱心汇集之地，让老年人感到满满的安全感和获得感。这一模式也得到社会广泛关注和学界的大力推崇。

上海市奉贤区让互助养老在农村地区"开花结果"

基本情况 奉贤区结合城市郊区"远、散、弱"特点和农民实际需求，自 2015 年起充分利用农民闲置的宅基房屋，通过基础设施"适老化"改造，以"政府牵头、社会赞助、村委负责、老人自愿"的机制，为本宅基独居、高龄、困难等老年人提供"饭堂、客堂、学堂、厅堂"的"四堂间"服务，打造农村老年人的幸福生活驿站。

主要特点 奉贤区积极探索以村民自治、志愿服务为特征的"四堂间"睦邻养老服务模式，从 1.0 版的粗放式管理逐步向 3.0 版精细化管理不断发展，走出了一条农村互助式养老的新路子。1.0版：发挥"四堂"功能，满足老年人基本需求。便民"饭堂"，实现小圈子用餐。"四堂间"设置厨房、用餐间，为农村老年人提供荤素搭配、营养美味的午餐，老人们自掏 3—5 元，就能吃到 10 元标准的可口饭菜，而且对卧床、行动不便或临时有突发情况的老年人还提供上门送餐服务。休闲"客堂"，实现小邻里联系。2.0 版：打星评价，驶入规范化运作轨道。2018 年起，奉贤区着重加强对"四堂间"服务标准的探索，研究出台《奉贤区扶持农村宅基睦邻"四堂间"发展实施方案》，明确新创建点位一次性补贴 5 万元，运营点位每年补贴 5 万元，经费纳入区、镇两级财政预算，"四堂间"的建设和发展得到了一定的经济保障；同年，奉贤区携手华东理工大学共同研究出台《奉贤区农村宅基睦邻"四堂间"创建和运营评估办法》，明确"四堂间"创建和运营的基本标准，进一步规范了"四堂间"的标准化建设和日常运营管理。3.0 版：引入社会组织，实现服务自主性多样性。截至"十三五"末，奉贤区已创建 500 家农村宅基睦邻"四堂间"，覆盖了全区所有的村委。面对运营过程中不少"四堂间"人气高但活动不够丰富的情况，奉贤区坚持问题导向，以推进"互联网＋三社联动"工作为契机，试点引入专业的社会组织，2019 年起对 150 家"四堂间"进行试点运营。

简要评析 2019 年，奉贤区农村宅基睦邻"四堂间"被评为首批全国农村公共服务典型案例。这种模式立足满足农村老年人

"最后一公里"的养老服务需求，以熟人社会的志愿互助为抓手，让拥有宅基地的老人"不离乡土、不离乡邻、不离乡音、不离乡愁"，获得感、幸福感和安全感充分满足。

"要把老有所为同老有所养结合起来，研究完善政策措施，鼓励老年人继续发光发热，充分发挥年纪较轻的老年人作用，推动志愿者在社区治理中有更多作为。"2021年8月24日，习近平总书记在河北省承德市高新区滨河社区居家养老服务中心视察时充分肯定社区老年志愿服务工作，为社区互助式养老服务指明了方向。他指出，满足老年人多方面需求，让老年人能有一个幸福美满的晚年，是各级党委和政府的重要责任。

四、互联网赋能社区养老

"十三五"期间，围绕社区养老服务资源集成利用，各地深入探索互联网技术赋能，尝试利用人工智能、物联网、云计算、大数据等新一代信息技术和智能硬件等产品在养老服务领域深度应用。让社区养老更智能、更高效，这种科学技术的创新利用，也带动了养老服务领域的深刻变革。以安徽省滁州市为例。

安徽省滁州市互联网赋能社区养老

基本情况　滁州市自2018年起，积极探索"5G＋大数据"在社区居家养老服务领域的实践运用，加快构建覆盖城乡的智慧养老生态链，成为全市养老服务体系建设的重要推动力。该市制定了打造智慧养老滁州模式的"三步走"发展战略。第一步，研发一套集供给方、需求方、监管方于一体的养老信息软件系统和与之匹配的适老智能产品；第二步，孵化智慧养老科技企业，开展智慧养老模式试点以及适老智能产品应用试点；第三步，全市范围使用一套系统，全面向机构以及居家老年人推广适老智能产品应用。该市政府将养老服务信息平台建设列入2019年滁州市信息化重点项目，由市信息化建设专项资金支持，采取"校地合作"的形式建设。

主要特点　滁州智慧养老样板内容和功能可概括为"1＋1＋4＋N"：即一个数据中心；一个可视化系统；四种接入方式和N种养老服务监管功能。"一个数据中心"主要包括养老服务政策数据、老年人数据和为老服务主体数据等。"一个可视化系统"可对相关数据实现多层级、多维度集成，自动进行智能分析和汇总，为行业主管部门提供决策支持。"四种接入方式"包括信息门户接入、微信公众号接入、微信小程序接入和APP接入。"N种养老服务监管功能"主要包括老年人基本信息管理、养老服务需求评估、为老服务主体管理、养老服务政策宣传、养老服务质量监管、养老服务等级评价、受理服务投诉建议等。平台一期项目已于2019年底完成，2020年完成全市特殊困难老年人基础数据采集，市、县、乡镇（街道）、村（社区）分配端口，组织专题系统培训，在全市范围内全面推广应用。同时，还同步开发了智慧养老院信息管理系统和智慧养老社区信息管理系统，分别开展相关工作试点，取得了一定成效后，进一步扩大试点规划。

简要评析　此举可以全面准确掌握老年人信息和养老服务需求，通过对接相关养老产品及服务的生产、销售、供应方，让老人

或其子女通过一部手机就可以满足个性化养老服务需求，政府（市、县、乡三级）、为老服务主体（养老机构、社区养老服务设施、其他养老服务或产品供给方等）、老年人（或其子女等）通过平台互通供需信息，优化供给模式，加强行业监管，形成便捷、高效的智慧养老服务模式。

第四节　居家社区养老生机勃发

2013 年，国务院发布《关于加快发展养老服务业的若干意见》，标志着中国养老服务业迈入加速发展期。各种社会力量如沐春风，中国特色的养老服务业迎来了生机勃发、万紫千红的春天。国家层面持续发力，先后部署实施多项政策文件，推动养老服务业改革创新。2016 年以来，民政部、财政部联合启动五批次"全国居家和社区养老服务改革试点"创建行动，先后遴选并支持 203 个地级城市开展改革试点创新工作，国家投入中央福利彩票公益金 50 亿元，带动整合了试点地区数以百亿元计的资金投入，强力引领，着力夯实居家社区养老的基础性地位，合力补齐养老服务体系建设的短板弱项，倾力孵化培育老年人身边和周边的社会服务力量。

5 年间，一大批优秀试点城市脱颖而出，一大批居家社区养老服务组织落地生根，一系列居家社区养老服务的经验模式在实践中打磨完善，形成了一批可复制、可推广、可借鉴的改革实践、创新举措，书写了"十三五"时期养老服务业发展的壮丽篇章。本章所分享的 6 个城市案例，均在居家社区养老改革的道路上辛勤耕耘、不懈探索，深度聚焦养老服务的多元需求，深入破解老年人身边的"急难愁盼"问题，深化改革谋求养老事业高质量发展，开辟了富有中国特色和时代气息的居家社区养老本土解决方案。

一、暖心行动，"食"在广州

民以食为天。根据一项针对老年人的服务需求调研，助餐配餐服务位居广州市老年人需求首位。该报告显示，老年人群体希望借助助餐配餐服务，从繁杂的体力劳动中解放出来，并拓展朋辈群体，加强与外界的沟通交流，摆脱寂寞感孤独感，提升晚年幸福指数。

（一）为民实事解难题

广州市将长者饭堂建设纳入市委全会报告、政府工作报告和 10 件民生实事，与全市中心工作一同部署推进。市委、市政府主要领导多次对养老服务工作作出指示批示，对长者饭堂工作作出部署。分管市领导定期主持召开全市社区居家养老服务现场会，通报情况、部署工作，推动"大配餐"有序开展。多部门通力合作，各区、街镇党政主要领导亲自过问、狠抓落实，协调解决助餐企业遇到的困难和问题，支持优秀助餐企业拓展连锁化服务，通过通报督办、绩效考核等措施压实责任，推动"大配餐"有序开展。

综合考虑老年人居住或活动集中度及步行通达等条件，广州市按照"中心城区 10—15 分钟、外围城区 20—25 分钟"的距离半径，科学选择布点位置，确保长者饭堂易及性。以盘活利用为主的原则，充分利用老年人活动中心等社区现有物业进行适老化改造，积极推动 23 个高校、企事业单位等餐厅向老年人开放，避免大拆大建和大幅增加财政负担。目前，全市长者饭堂 1036 家，实现了镇街、村居全覆盖。

（二）多元筹资可持续

广州市出台《老年人助餐配餐服务管理办法》等政策文件，坚持广覆盖、保基本、可持续的原则，实行"4个一点"（政府补一点、企业让一点、慈善捐一点、个人掏一点）的办法，探索建立政府、企业、社会组织、慈善、家庭和个人等共同推进"大配餐"的合作机制，建立健全符合广州实际的"大配餐"服务体系，实现多方支撑、广泛参与，长者饭堂普遍实现保本微利，申请参与运营的企业持续增加。每年安排项目资金，对老年人就餐、企业和志愿者送餐、长者饭堂运营等3个环节给予补贴。市、区慈善会设置"长者饭堂爱心餐"项目，街道、社区积极发动公益慈善、志愿服务，发起设立社区基金，多方投入长者饭堂建设运营。

（三）社会化运营显实效

充分发挥市场对资源配置的决定性作用，运用市场化机制推行"大配餐"服务，找到企业保本赢利、财政可承受、老人能负担的平衡点，通过规模化经营、有效成本控制、科学定价和合理助餐补贴，实现自我造血功能，促进助餐配餐服务专业化、市场化、规模化和可持续发展。采取政府购买服务的方式，委托专业化企业和社会组织运营长者饭堂，链接互联网送餐平台为老年人提供网上点餐、送餐上门等服务，建立起安全可靠、服务多元的餐食供应和配送服务链，实现政府、餐饮企业、服务平台等多方信息对接和协同服务，全部长者饭堂实现刷社保卡就餐。积极引入公益慈善、志愿服务资源，如市慈善会发起"爱心午餐"计划、南沙区借力"南沙时间银行平台"发动志愿者参与服务、花都区根据农村特点探索邻里互助等，探索行之有效的公益慈善助老模式，打造特色鲜明的助餐品牌。目前，全市175个企业、社会组织参与助餐配餐服务，993 家长者饭堂由社会力量运营，占总数的 95.8%，社会力量成为提供助餐配餐服务的主体。

（四）"小饭堂"书写大文章

广州市坚持政府监管与社会监督相并重、行业自律与第三方评估相结合，实现对长者饭堂多方位、全链条监管，保证助餐配餐安全可靠、运营服务标准规范。健全民政、市场监管和各区政府之间的协同合作机制，切实加强食品安全管理，强化日常巡查、执法检查和明察暗访，开展对食品从业人员的培训和膳食安全质量的抽样检测，建立助餐配餐服务准入退出机制。积极引导助餐配餐企业（机构）加强行业自律，建立安全可靠的餐食供应和配送服务链，完善餐食溯源机制，从原料供应、制作加工到物流配送全程把好质量关。统一长者饭堂标识，公布服务地图，公示食品安全管理制度、投诉电话，等等，定期听取意见建议，自觉接受监督。五年来，全市长者饭堂持续保持零事故安全运营。

全覆盖、多层次、多支撑、多主体的助餐配餐服务体系基本形成。目前，全市共有长者饭堂 1036 个，比 2016 年底增长了 4.6 倍，全覆盖服务网络基本形成，多层次的服务内涵不断拓展，多支撑的服务载体持续强化，多主体的服务格局基本形成，社会力量运营占比 95.8%，成为提供助餐配餐服务的主体力量。

目前，长者饭堂"广州品牌"初步形成。根据第三方民调显示，超过 93.15% 的受访市民对广州养老服务表示满意。以助餐配餐服务为特色的中央财政支持居家和社区养老服务改革试点绩效考核被民政部、财政部评为优秀。"广州市建立'长者饭堂'提升社区居家养老服务水平"被中央改革办刊发推广，列入审计署工作组 5 个正面典型和全省全面深化改革工作会议 10 个改革典型案例，被省委深改委向全省推广。《人民

日报》头版、新华社、央视《新闻联播》等新闻媒体持续刊发报道，点赞广州以长者饭堂为核心的养老服务成效。

二、量质并举，"康"养苏州

在开展居家和社区养老服务改革试点中，江苏省苏州市坚持创新、协调、绿色、开放、共享发展理念，以贯彻落实《苏州市居家养老服务条例》为抓手，加强顶层设计，完善政策体系，明确改革路径，细化绩效考核，高效协力配合，探索建立各方主体共同参与、政府扶持、专业运营、事业产业融合发展的社区居家养老服务新体制，让老年人获得感更强、幸福感更足。

（一）服务设施量质并举

近年来，苏州市通过大力实施实事项目建设，社区养老服务设施建设扩大增量。2017年以来，苏州市强力支持整合改造闲置社会资源发展养老服务，由政府购置、置换、租赁、闲置资产收回等方式为社区养老服务设施建设提供了大量用地用房，缓解城市新建小区养老服务设施按标准配建不够、老旧小区设施严重不足、农村地区养老服务设施缺乏等问题。截至2020年底，全市共建成2081个日间照料中心、1998个助餐点、119个助浴点、10个中央厨房，社区养老服务设施实现全覆盖。

社区居家养老服务盘活存量。通过对已建成运行的日间照料中心、小型托老所、助餐点、助浴点等场所的服务状况、服务能力、服务效果进行摸底评估，全面放开社区居家养老服务市场，鼓励各类资本进入居家和社区养老服务领域，支持专业机构或组织运营管理社区居家养老服务场所，加快形成服务能力专业、综合效益明显、可持续发展的知名品牌。截至 2020 年底，全市有 1583 个日间照料中心由社会力量运营，提供专业化、个性化社区养老服务，社会化运营比例达到 76.1%。

（二）服务组织增容扩面

加大了对养老服务机构的政策扶持。通过由政府无偿或低偿提供房屋使用权，交由服务企业和社会组织运营的方式，解决其投入大、成本高、经营困难等问题。组织协调多部门，研究制定了有利于服务企业和社会组织进入社区居家养老服务领域的政策措施。制定出台优秀品牌服务单位奖励扶持政策，通过以奖代补等方式，支持培养品牌发展，打造了一批有影响力、连锁经营的社区居家养老服务品牌。

加大了对服务机构的资金支持。在认真落实社区居家养老服务组织的专项补助政策基础上，及时兑现居家养老服务站、日间照料中心、助餐点、助浴点等建设和运营补贴，全年用于社区居家养老服务的资金达 2.86 亿元，有力地促进居家养老服务组织的发展。

加大了对养老服务人才的培养。通过实施免费培训、持证奖励、特岗补贴、保险保障等激励奖励政策，吸引各类人员从事养老服务工作；并通过评选表彰、舆论宣传，营造良好的氛围，提升养老从业人员的职业归属感。2020 年底，全市虚拟养老院共有 7800 多名服务人员为 68.8 万老年人提供上门居家养老服务。

（三）服务群体覆盖延伸

做好基本保障服务。重点为城乡五保、低收入和经济困难等失能、部分失能居家养老援助对象提供无偿或低收费的日间照料和就餐、家政、医疗、文化体育活动等"兜底型"养老服务，如政府购买 36 或 48 个小时的服务提供给半失能或全失能的援助对象，让他们在家就能享受

多样化上门居家养老服务。

扩大社会化服务。统筹区域内居家养老服务资源，构建区域性养老服务平台，鼓励专业养老服务企业或组织，通过举办规模化、连锁化、嵌入式社区养老服务机构，为大多数老年人提供社会化居家养老服务。目前，全市所有虚拟养老院、76.1%的日间照料中心、78%的助餐点都是由社会力量经营的，他们为全市有社区居家养老服务需要的老年人提供专业的社会化养老服务。

开展个性化服务。支持居家养老服务机构遵循市场规律，充分利用自身的专业优势、人才优势，加大居家养老服务产品和业务创新力度，为有需求的老年人提供定地点、定时间、定人员、定内容的个性化、精准化服务。全市通过虚拟养老院的服务，让23万多居家老年人享受多方位、立体式的温馨服务和关怀，共享改革发展成果。

（四）服务模式谋求突破

大力推进社区养老医养融合。2017年，以苏州市承担长期护理保险和医养结合改革两个国家试点为契机，大力发展了6000多张家庭病床，试点建设了32个护理站，社区所有养老服务设施与医疗机构深度合作，使居家养老老年人不离社区就能享受到所需要的医疗护理保健等养老服务。

试点建设社区嵌入式小型养老机构。针对老年人养老不愿离开熟悉环境的心理，在建好社区半托养老设施基础上，在全市试点建设了25个、2086张床位的嵌入式、小型化社区养老机构，使老年人特别是失能、部分失能老年人就近就便就能入住养老机构，方便子女照顾探望。

加大养老服务智能化信息化建设。在推广使用全市虚拟养老院信息化服务模式基础上，加快推进了苏州市养老数据资源中心及应用服务平台的一期使用和二期研发，充分整合各市（区）及相关部门的涉老信息，形成信息通畅、资源共享、无缝对接的动态数据，并研发了新的数据应用服务产品，为政府部门提供决策参考，为养老服务组织、社会公众和涉老企业提供养老数据查询、数据产品服务，用大数据支撑养老服务业快速发展。

（五）老年人幸福指数节节高

在"十四五"期间，苏州市力争在社区养老服务设施全覆盖基础上进一步提档升级。同时，继续试点社区嵌入式养老机构建设，完善动迁老年人集住区配套设施，开展升级改造提升服务质量，对老旧住宅区和困难老年人家庭进行适老化设施改造，满足失能、部分失能老年人生活需求。

持续探索社区居家养老服务内容拓展。苏州市探索老年人精神关爱服务内容，加大老年人精神关爱力度。还推广使用苏州市为老志愿服务平台，发挥社会各界广泛开展助老为老活动。该市推进各级老年大学教学深入社区，为更多有需求的老年人提供助学服务。该市推进长期护理保险服务提供机构进社区、进家庭，为需求老年人提供护理服务；推广使用"相伴e路"项目为高龄、失能老年人提供快捷的助医服务，加快社区居家医养融合发展。近期还拓展虚拟养老院上门服务内容，提升老年人居家养老质量。

大力加强社区居家养老服务力量培育。全面放开社区居家养老服务市场，上下联动定期举办居家和社区养老服务社会化对接推介大会，积极引进社会力量参与社区养老服务设施的运营，大力推进社区居家养老服务社会化，到"十四五"末，日间照料中心社会化运营数不低于

80%。在引进外地社会力量的同时，积极搭建本地社会企业或组织的孵化基地，培育本土社会力量，形成一定经济社会效益。

合力打造社区居家养老服务品牌典型。进一步做细做实虚拟养老院服务品牌、"三项惠老"保险品牌、"苏州星光大道""961社区行"和老年文化周、敬老活动月等精神文化品牌基础上，通过政策激励、上下联动合力培育连锁化经营社区居家养老服务企业或组织，每年评选表彰社区居家养老服务十大品牌，进一步扩大影响力；同时，推动社区居家养老服务企业或组织研发创新服务产品，不断推进社区居家养老服务健康发展。

三、就近养老，"联"在朝阳

朝阳区是首都北京的一张亮丽名片。这里人文荟萃，既有CBD（中央商务区）的现代繁华，又有城乡融合的显著特征，是中心城区面积最大、人口最多的区域。全区常住老年人口59.7万人，占全区常住人口17.19%，户籍老年人口62.5万人，占户籍总人口29.1%，老龄化问题严峻而迫切。

近年来，朝阳区在北京市首创覆盖区、街乡、居村的"1 + 43 + N"养老服务设施格局，着力统筹街乡养老服务资源统筹，15分钟服务圈实现全覆盖。2019年以来，以全国第四批居家和社区养老服务改革试点为契机，深度聚焦区情和老年人就近养老的诉求，创新健全区域养老协同机制，打造区域养老服务联合体，为社区内绝大多数老年人提供就近、便捷、持续、精准、多样化的居家和社区养老服务，形成了"区—街乡—社区（村）"三级合力推进、具有朝阳特色的区域养老服务模式，为"大城养老"书写了朝阳经验。

（一）政府主导，多元共建

强化养老服务设施的基础性供给。在全市首创覆盖区、街乡、居村的"1＋43＋N"养老服务设施体系，即形成1个区级养老服务指导中心、43个街乡（地区）匹配养老照料中心和若干养老机构、村居按老年人口和服务半径合理设置社区养老服务驿站的设施供给模式。强化区域内其他为老服务设施的整合和统筹。完善区域养老服务联合体运营扶持政策，通过落实政府购买服务、设立项目资金、经费补贴等扶持政策措施或利用社区闲置资源或设施，支持多元社会主体参与，实现联合体的设施共建共享与资源优化配置，提升养老服务效益。针对新申报联合体建设的街道（地区），予以一次性建设补助，对于已经建成且有效运营的，每年予以基础保障经费支持。

（二）功能融合，就近服务

以老年人需求为导向，以街道（地区）为基本单元，强化区域资源整合和服务统筹等职能，突出养老照料中心的综合平台功能，统筹辖区内政府、社会、市场、家庭等各类为老服务资源，由街道（乡镇）养老照料中心，以及其他机构养老服务设施、社区养老服务驿站、残疾人托养所、社区助残服务中心、医疗机构、区域商户及服务商等共同构建区域养老服务联合体，为老年人就近提供便捷、持续、精准、多样的居家和社区养老服务。

值得关注的是，朝阳区要求联合体的核心成员单位必须具备如下条件：（1）前期至少由同一辖区内1家养老机构、1家医疗机构、2家社区养老服务驿站及多家区域商户、社区便民服务商自愿加入养老联合体；（2）联合体的成员可以为老年人就近提供居家养老服务（15分钟到达、提供多项便民服务），提升老年人居家养老生活质量；（3）联合体

的成员应承诺可以为老年人提供歇脚、饮水、如厕等日常便民服务外，还可以根据自身的业务优势为辖区有服务要求的特殊困难老年人提供精准助老服务，并向社会老年人开放。

（三）科技支撑，一网共享

鼓励多种形式建设区域养老服务联合体信息平台，科技支撑，赋能并提升社区养老供需和服务监管的智慧化水平。结合"城市大脑"建设，依托区养老服务大数据平台、社区网格化管理平台，不断完善现有区域养老服务信息平台或预留数据共享接口，推动区域养老服务联合体的数字化监管，实现区域养老服务联合体的"一网式展示""一网式查询""一网式管理"。加强市区两级养老服务大数据平台数据信息共享合作机制建设，逐步实现与"北京市社会福利综合管理信息系统""北京市养老助残卡管理平台"等无缝对接，补充、完善区域养老服务信息记录。

（四）创新驱动，机制协同

完善准入机制，明确"三有"要求，即有合规合法的从业资质、有良好的市场信誉和有基本的加入意愿，严把入口关。强化协同机制，加强联合体成员间的有效对接转介与相互导流，推动就近养老服务功能连续衔接，提高服务质量和效能。其中，在联合体建设初期，主要采用由易到难的方式，即首先整合社区养老服务驿站、养老服务中心、社区卫生服务中心等，随后再以走访、调研等形式吸纳其他有意愿的社区便民服务商等资源。建立评价机制，建立社会公众评价、服务对象评价和专业机构评价"三位一体"的评价体系，定期对联合体成员开展满意度评价，不断总结经验、发现问题，提升服务质量。健全退出机制，对年度满意度综合评价低于85%的联合体成员，由街道（地区）办事处提出限期整改，逾期不整改或整改不到位、满意度低于60%的，可取消联合体成员资格。

（五）街乡试点，百花齐放

试点工作激发了朝阳区各街乡创新创业热情，分别结合当地实际和优势资源，探索出别具风格的实现模式。

潘家园街道"1＋2＋5＋7"区域养老服务联合体模式。即1个统筹指导小组（街道主管领导、民政科工作人员、养老专家、5名养老机构代表）；2个运营管理平台（联合管理平台、信息管理平台）；5家服务商（九龄丽湾、北京爱侬、潘家园第二社区卫生服务中心、潘家园街道老年公寓、乐众社会工作发展中心）；7家养老服务机构（潘家园第二养老照料中心、潘家园老年公寓，华西、松西、松榆里、武东、磨南社区养老服务驿站）组成的养老联合体，主要为辖区空巢、独居、高龄、失能、失智及困难群体开展医养结合养老、智慧养老、文化养老及区域养老信息平台建设项目，解决了辖区内服务机构及企业缺乏合作沟通、资源分散、服务效率较低的问题。

太阳宫乡"1＋1"区域养老服务联合体模式。即1个服务体系：养老服务机构＋医疗机构＋便民服务商"区域养老服务联合体服务体系，包含3家养老服务机构、4家社区卫生服务单位、50家社区便民服务商；1个服务模式："智慧养老＋健康养老＋专业运营"区域养老服务模式，包括10户家庭养老床位智能监测设备布放、50户居家养老服务信息机布放、建立五大基础数据库、建立运营1个养老大数据平台、1个卫生中心、3个卫生站等组成太阳宫区域养老服务联合体模式。此次探索在一定程度上解决了太阳宫地区老年供需不平衡、服务质量及便捷性不

够、养老资源整合度较低、安全养老难度大、养老服务精准度不高等问题。

朝阳区区域养老服务联合体成效显著，获得辖区内老年人的一致认可，完善了以基层政府为指导、居家社区机构相协调、医养康养相结合、持续照料与生活服务为特色的区域养老服务体系，形成了具有朝阳区特色的区域养老联合体模式，为全区乃至全市在更大范围、更广深度来开展"区域养老服务联合体"提供了可资借鉴的方案和指南。

四、嵌入幸福，"适"在长宁

上海市长宁区是全国老龄化程度较高的城区之一，全区 60 岁及以上户籍老年人口 21.88 万人，占全区户籍总人口的 38.0%；80 岁及以上户籍高龄老人 4.27 万人，占户籍老年人口的 19.4%。面对深度老龄化的现实背景和老年人对"原居安养"的突出诉求，长宁区积极推进社区嵌入式养老模式实践，扩大优质为老服务供给，推出了"物业 + 养老"服务模式，以居家为基础、社区物业为依托、合格养老服务供应商为支撑，将"物业 + 养老"服务点作为社区嵌入式养老的重要补充，提炼形成"慧系列"服务品牌，为老年人提供更便捷、高品质的家门口养老服务。

（一）精确定位，分类扶持

长宁区出台《长宁区关于鼓励和扶持社会力量参与居家和社区养老服务的实施办法》以及扶持社会组织发展的"1 + 5"系列文件，在全市率先明确小型社区托养设施（惠老家园）给予一次性建设补贴及日常运营补贴，进一步完善养老政策体系、优化养老设施布局，优化服务供给，引导社会力量参与，完善养老服务设施建设精准补贴机制，实施以奖代补、补贴与服务挂钩、补贴与考核结合的政策，提高财政资金的使用效能。针对"物业＋养老"小型社区托养设施（惠老家园），为老年人提供助餐、助洁、助浴、助医、助行、代办等居家服务。开办服务内容达三项以上（含三项），给予一次性建设补贴10万元。每项服务内容每年服务老年人不低于500人次或年服务总人次不低于3000人次。设施运营起3年内享受运营补贴，其中第1年按照当年度服务总收入的30％予以补贴，第2年按照当年度服务总收入的20％予以补贴，第3年按照当年度服务总收入的10％予以补贴。

（二）补齐短板，盘活资源

长宁区整合社会闲置物业资源，盘活社区既有公共房屋和设施，清理整合小区内各类低效利用的公共房屋，将物业房屋改造整合用于居家社区养老服务，因地制宜设置"物业＋养老"点位30余个，打造"惠老家园"功能型养老服务点6个，将"物业＋养老"点位作为家门口养老服务站点的重要补充，纳入社区嵌入式养老服务层级。通过整合健康理疗、教育培训等社养服务资源，提供养老顾问咨询、预约服务、健康讲座等多功能服务，让专业化、社会化、品质化的养老服务更为便捷可及。全区"物业＋养老"点位服务内容涵盖睦邻活动、文养结合、辅具租赁、康养体验、老年助餐、代办等老年人喜闻乐见的项目。

（三）多元协同，连锁运营

开展"慧·居家"服务。为社区老人提供居家上门服务，让老人在家中即可享受到检测水电安全、家庭房屋维修、关爱电话、上门助浴、

助医、叫车等爱心服务。2018年度，"慧·居家"品牌惠及老人408068人次，承接了来自区民政局、区侨联、卫计委及各街镇等购买服务21项，不仅可为老人家庭提供精神关爱和各类专业化、标准化居家养老服务，还可提供擦窗、清洗空调等各类物业服务。

开展"慧·助餐"服务。开办仙霞新村街道"社区大食堂""屋小饭香"和华阳路街道"社区微食堂"等就餐点，并在虹桥街道为老服务中心、新长宁慧生活长者照护之家、水城路体验馆等处开展为老送餐服务。目前，"慧·助餐"每天助餐服务约600位老人，其中堂食助餐约200份，上门送餐约400份。

开展"慧·照料"服务。将物业公司的原白领公寓一楼改造为长者照护之家，既有日托，又有"喘息式"全托。这里的助餐、助浴、助医等为老服务辐射整个社区，使老人在"一碗汤的距离"共享养老便利。如新长宁慧生活长者照护之家，2018年10月正式开张，目前入住老人15人，短期托养8人，每月开展助餐服务100人次。

开展"慧·改家"适老性改造服务。长宁区支持物业服务企业通过对老年人家庭通道、门厅、起居室、厨房、卫生间等生活场所的改造，以及家具配置、生活辅助器具、细节保护等设置调整，方便老年人日常生活。2018年度，"慧·改家"完成适老性改造服务260余户，其中政府购买服务200户，市场改造60余户。2019年结合多元化适老改造体系要求，探索改造标准。

开展"慧·加美"电梯加装服务。通过成立社会组织，为老公房小区加装电梯提供调研沟通咨询服务，解决老年人上楼难问题。

（四）凝聚共识，提升质量

标准引领，推动质量提升。在创新六大服务品牌"慧·居家""慧·助餐""慧·照料""慧·改家""慧·加美""慧·家园"过程中，制定相应的服务标准化流程，如《居室适老性改造标准化操作手册》，加装电梯的服务流程，居家养老的服务标准等。该手册明确改造方案的制定、改造对象的选择、改造施工程序、验收等一系列标准，提升了居室适老化改造的质量，老年人的满意度达到100%。

党建引领，提升服务合力。依托养老服务党建同心圆"1 + 6"项目，构建同心圆行业党建联盟。以党组织为核心，结合社区党组织"三建融合"，积极开展"红色物业惠民行动"。设立以安全建设为主题的"红色物业·平安社区"、开展金色护航"安全服务送到家"等行动，突显为老惠民行动红色基因。打造具有行业特色的"物业 + 养老"党建服务新格局。

优势集聚，促进物业转型。利用物业的优势开展社区居家养老服务，希望社区老人得实惠，就近的就能得到自己想要的服务；物业企业促转型，在转型的过程中提高服务质量，更好地服务于社区的老年人；公共服务有帮手，成为政府公共服务强有力的支持力量；熟人社区有温度，希望生活在管辖范围内的老年人能生活的幸福安康；纯粹商业化优势，面向小区内全体老年人，避免产生因政府主导而产生的寻租空间。

以评促建，提高老年人获得感。依托第三方专业评估机构为各家物业公司进行满意度测评。满意度评价问卷分"服务标准化""公共设施及特种设备""安全防范""党建联建""红色物业服务提升"等12大类。始终坚持"政府出题，公司答题，居民批卷"的原则开展活动，充分发挥老年居民的主观能动性和积极性，更多听取社区居民的意见，以评促建，提高老年人的获得感和幸福感。

五、数字赋能，"智"在杭州

"让城市更聪明、更智慧"是习近平总书记考察杭州"城市大脑"时的重要指示。目前，杭州市 60 周岁及以上老年人近 180 万人，占总人口数的 22.55%。为积极应对人口老龄化挑战，杭州以"全国智慧健康养老试点市级示范基地""全国人工智能养老社会实验试点"为契机，全面实施"互联网＋养老"服务行动，"让数据多跑路，让老人少跑腿"，以数字赋能幸福养老。

（一）数字＋数智，养老改革全域推进

加强顶层规划。颁布实施《杭州市居家养老服务条例》（2020 年 11 月 10 日起施行），对智慧养老服务平台建设、功能架构及服务内容等进行明确，从顶层设计上不断丰富智慧养老内涵，致力于建成覆盖城乡、全民共享的智慧民生服务体系。制定出台《杭州市"互联网＋养老"服务工作实施方案》，市级平台接入"城市大脑"，养老服务数字驾驶舱充分整合养老服务资源，形成互联互通、动态更新的城市养老云场景。

促进服务提速。以大数据应用促进养老服务领域"最多跑一次"改革，推进"简化办、网上办、移动办、就近办"，政务服务事项 100% 实现网上办，个人办事事项 100% 实现就近办，从"线下流水线"转变至"线上云计算"。80 岁及以上老人通过数据协同、运算，享受高龄津贴发放"一次不用跑"。2020 年 10 月市级温暖日达亲民平台"民生直达"上线，高龄津贴可在老人 80 岁生日当天"当日达、秒到账"。

强化动态监管。养老服务热力图实时跟踪服务情况，通过移动终端对养老服务对象、内容、时间、地点等进行留痕管理，实现评估、补

贴、服务、支付、评价全流程闭环。安全监管、留守老人巡访等工作均摆脱了过去的纸质表单填写，实现在线录入，实地拍照取证，数据统一归集。

（二）线上＋线下，服务响应全时在线

一网服务。搭建涵盖"业务管理、公众服务、机构运营、支付结算、数据应用"等 5 大平台的"互联网＋养老"系统。推出手机端养老服务专属页面，老年人及家属可自主查询养老相关的服务项目、服务商户及服务价格。养老服务商城自 2019 年 7 月试运行以来，入驻为老服务商家 223 家，提供助洁、助餐、助浴、代办、康复等 53 项服务。5259名互联网养老护理员可在线接单，累计提供养老服务 205.77 万单，日均 4243 单。

一卡支付。托底保障低收入的高龄、失能老年人，在全国率先创设"养老服务电子津贴"制度，在老年人社保卡（市民卡）设立养老服务专户，养老服务电子津贴"重阳分"全市通用，老人最高可享受每月1820 元的居家养老上门服务。养老服务电子津贴将政府购买服务数字化、标准化，老年人持卡可自主选择、自主管理，养老服务按需选择、按类计价，打破了过去单一的小时制支付模式，更好满足老年人多样化养老需求，约有 16 万多老年人开通养老服务专户，累计发放 14533 万重阳分。

一键呼叫。为高龄、失能等困难老年人发放智能养老终端 13 多万台，老人遇到紧急突发情况时只需按下终端上的红色按钮即可实现一键呼救。服务商全天候在线提供以"助急"为核心的三大类 13 项服务，开展紧急救助 1074 次，针对孤寡、独居老人主动关怀 154.24 万次，回访满意率达 96% 以上。针对老年人应用智能技术困难，开通全市统一

的养老服务人工热线 96345100，为老年人提供政策解答、设施查询、服务咨询等。

（三）医养＋康养，专业服务全面融合

探索家庭养老床位建设。鼓励养老机构向居家老人延伸专业化服务，开展家庭养老照护床位建设试点，借助智能床垫及时感应老人呼吸、心律、体动、离床等数据信息，24 小时监测老人生命体征及活动情况，为失能老年人提供 3 类 17 项康复护理服务，并与就近医院、社区卫生服务中心建立绿色通道，确保及时应急响应，使老年人在家中也能享受到专业康复服务。

探索康养服务定制。引入具有医疗资质的养老机构为居家老人提供康复到家上门服务，培育康养产业。上线近半个月就有 30 多位老人试水点单。80 多位医生、护士、康复师、心理咨询师等可上门指导饮食、用药，提供健康管理、康复训练、体征监测等低风险护理项目。

探索老年人新型健康管理。65 岁及以上老年人签约服务的已达 90 万人，老年人电子信息健康档案建档率达 80% 以上，累计开设 13000 余张家庭病床。实施"慢病长处方"制度和智慧云药房平台，为慢性病患者尤其是老年患者提供了便利，已配送服务 5.1 万余人次。

（四）温度＋精度，暖心服务全效管理

养老顾问升级。手机端只需要输入年龄、户籍等少量个人信息，便可实时匹配能够享受的政策待遇及办理渠道、办理材料；社区中还活跃着一批既懂政策又熟悉老人的专业社工，为老人提供一对一精准服务。

安全守护升级。在老旧小区改造中小河街道开展全省首批独居老人

智能预警监测，利用水表、电表监测互感器，24 小时不间断汇聚、记录 318 户独居老人用水用电数据。当老人用水突增持续超过设定时长或超过设定时长无数据变化即触发报警，助老员会及时上门查看。

无触感体验升级。针对疫情常态化防控，拓展智慧养老应用场景。老年食堂无接触取餐，老人可在全市安装智慧餐台的老年食堂实现"刷脸吃饭"，由智慧餐台提供自助选菜、自动识别、主动结算。养老机构"云看房"，通过手机 APP 或微信公众号，为老年人及家属提供周边养老设施查询和导航，150 家养老服务机构提供 VR 全景导览，老年人足不出户就能对心仪的养老机构有更为直观的了解。

六、四方履约，助力"宜"养

珙县地处四川省宜宾市，是革命老区县、少数民族待遇县，全县总人口 43.75 万，老龄化率持续加深。随着大量青壮年外出务工，留守（空巢、独居）、高龄、残疾老年人缺乏照料，安全隐患多，以居家分散养老为主的养老模式迎来巨大挑战。珙县立足地方实际，围绕脱贫攻坚对养老服务提出的新要求，结合弘扬山区群众相互帮助优良传统，在全县大胆探索、试点开展"四方合约"互助养老模式，通过政府购买服务，以小成本破解农村分散供养特困老年人、留守（空巢、独居）、残疾失能等各类特殊困难老年人养老难题，全县 5380 名对象享受到巡访助老服务，此举为广大农村欠发达地区养老事业发展开辟出一条新路。

（一）一份合约，四方权责，架起爱心桥

通过引导和组织村委会、村老协、助老巡访员、老年人"四方"签订《助老巡访爱心合约》，"四方"各执一份，明确相关权责。村委

会负责协调保障、指导监督。即对接协调乡镇政府及民政部门，保障提供巡访工作经费，确定助老巡访服务对象（包括 60 岁及以上的散居特困对象、独居困难留守老年人、残疾失能老年人、计划生育特殊家庭老年人、子女有重度残疾不能照顾的高龄老人在内的特殊困难老年人），宣传并落实相关优惠政策，协调解决互助养老工作中出现的问题，监督指导村老协开展巡访工作等。村老协负责推选积极性高、服务意识强的低龄老年志愿者担任助老巡访员，每个村民小组配备 1 名，实行动态管理，定期组织培训；建立留守空巢老人台账，了解掌握老年人的养老服务需求；以户为单位，根据需要选派合格合适的助老巡访员；管理和考核助老巡访员并兑现巡访工作经费。助老巡访员：每周上门巡访和电话巡访分别不少于 2 次，提供代购、代办、助医等服务，收集老人的养老服务需求，宣传养老服务政策，提示注意遵守安全事项等。老年人：向助老巡访员提供真实信息，以礼相待，客观评价，不提无理要求。

（二）两次巡访，三项关爱，温馨送到家

为确保助老巡访工作规范有序开展，村委会指导村老协建立了助老巡访工作制度，做到制度规范上墙，巡访员戴牌工作，表册及时更新和公示。助老巡访员每周 2 次上门巡访，重点做好三个方面的工作：一是安全排查。了解老人的健康状况、精神状态及养老需求，做到心中有数；检查水电气等安全情况，消除安全隐患。二是爱心陪伴。陪老人聊天，帮助老人与在外务工子女通过手机视频通话，陪患病老人就诊看病等，满足老人的情感和健康需求。三是助老服务。帮助老人剪指甲、换灯泡，帮助腿脚不方便的老人代买米、面、油等生活物资。助老巡访工作的有效开展，让留守空巢老人的生活有人关心、生病有人过问、诉求

有人倾听、求助有人帮忙，极大地提升和改善了留守空巢老人的生活质量。

（三）一个中心，N个活动点，居家有集中

为了丰富留守空巢老人的精神文化生活，"四方合约"进一步明确：村委会负责建立"老年人日间照料中心"，逐步完善功能，提升服务质量；在各村民小组建立"互助养老活动点"，提供给老年人免费使用；"老年人日间照料中心"和"互助养老活动点"交由村老协统筹管理；助老巡访员配合做好宣传引导、陪伴老人往返等工作。一是组织文化活动。在村中心每月开展1次电影放映、文艺演出等活动，宣传党的方针政策及养老相关优惠政策、服务项目等；在各村民小组活动点常态开展看书、读报、看电视等活动，开设宣传专栏，让留守空巢老人不与社会脱节，充实晚年生活。二是开展兴趣培训。联合县老协、老年大学等，不定期组织开展象棋、唱歌、广场舞等兴趣培训，发动留守空巢老人参与进来，寻找精神寄托。三是倡导健康养老。与镇卫生院联合在村中心开展集中体检，深受老年人欢迎，同时为长期患病卧床老人设立"家庭病床"；举办保健养生、心理辅导等知识讲座，帮助老人调节心态，养成良好生活习惯。

"四方合约"模式立足西部农村地区实际，着力为农村留守空巢老人解决实际困难，让"生活问题居家解决，文化需求和健康问题集中解决"，也促进当地留守老年人老有所养、老有所为，确保老年人安全幸福养老，也让子女安心创业，助推了经济发展。在此过程中，"老协"变身为"协老"，弘扬孝亲敬老，淳化社会风气，密切干群关系，收获一片点赞，值得各地借鉴推广。

纵观近年来，社会各界对养老服务的需求呈现"井喷"态势，对养老服务质量的期待低开高走，未来如何养老成为一项重要国计民生议

题。与此同时，党和国家发展养老服务的决心越来越足、目标越来越聚焦、路径越来越清晰、投入越来越充分，引领各地开展了卓有成效的改革实验。这些改革举措无一例外，都能够深刻对标老年人一元或多元诉求，发挥社会主义制度"集中力量办大事"的优越性，统筹政策、资金、人才、科技、资源等要素，为老年人和家庭赋能，为居家社区养老服务的社会力量赋能，凝聚起为老服务的"最大公约数"，惠及更多中国老年人和家庭。这些改革经验和模式，通过各地示范引领和比学赶帮，必将进一步凝聚共识启发思路开创新局，为中国特色养老服务体系夯实根基，增量赋能。

第五节　居家社区养老发展改革刍议

民有所需，我有所应。党的十九大以来，党中央召开的历次全会都积极回应人民群众对健康养老服务的需求，精准靶向养老服务体系建设存在的问题与挑战，特别是党的十九届五中全会作出"实施积极应对人口老龄化国家战略"的决策部署，对居家社区机构养老协同发展作出系统安排。站在新起点，锚向新航标，本节将扼要分析居家社区养老的症结所在，科学合理界定居家社区养老所面临的新问题、新挑战，聚焦实施积极国家战略部署，谋划"十四五"至今后很长一段时期居家社区机构养老协同发展的现实对策。

一、"发育不全"的居家养老

如前所述，居家养老服务在国家养老服务体系中具有举足轻重的作用。而这种不可替代的作用，在实践中并非总能够得到充分表达和尊重，突出表现为"先天不足"或"发育不全"的问题，致使社会对居家养老服务报有偏见。

在基层调研居家养老服务工作时，往往会发现一些共性的不足之处，应该引起关注：重机构床位建设，轻居家上门服务，以争取资金上项目为工作目标；重资产运营效益，轻服务管理质量，忽视老年用户服务体验；重硬件环境建设，轻专业照护功能，忽略或无视刚性服务需求市场；重商业产品营销，轻运营能力提升和品牌维护，以获取政府补贴或"哄骗"老人钱财为逐利手段。此类情况在实践中又以不同的问题和现象存在着，这是由中国养老服务体系的发展阶段所局限的，需要及时关注和长期纠偏。与此相关联的是，各地在居家社区养老服务工作实践中，老年人真正需要的康复护理、助浴、助医等服务，由于专业化要求高，服务成本高，专业化机构难以为继。社区的专业照顾和居家支撑功能发挥不充分，养老机构中面向失能失智老年人的护理型床位不足，向居家社区延伸不够。居家、社区和机构养老整体协同不够，居家养老缺乏专业社会服务支援，失能老年人在家生活面临诸多难题。城乡之间发展不平衡，农村敬老院多建于20世纪八九十年代，有的甚至建于20世纪五六十年代，普遍存在房屋老旧，设施设备配备落后等问题，农村幸福院等互助服务设施持续发展能力不足。这些突出矛盾，在"十四五"乃至更长的时期内，将发展成为显性"矛盾"，成为破解养老难题的"肠梗阻"。

二、"跛腿"的社区养老

随着高质量发展成为时代主题，社区养老在国家养老服务体系中的

地位逐渐凸显。但毋庸讳言，社区养老长期积累形成的"跛腿"问题亟待关注和破解。当前，在国家政策层面和绝大多数地区，社区养老所扮演的功能和定位逐渐清晰，制定了精准高效的扶持政策。但是在实践中，许多地区对于社区养老的内涵、外延还比较模糊，90%居家养老和7%社区养老的边界也没有厘清，目前大多数地方社区养老服务项目，包括助餐、助浴、助洁、助医、助行等都属于居家养老的范畴。国际通行的社区养老，是作为一种专门的养老方式，专指老年人在社区接受照料，晚上返回家中，主要适用于那些独立生活有困难，白天家里无人照料，又不愿意离开家庭入住养老机构的部分失能老年人。这类型社区养老服务设施专业性强、服务要求高、收费也不低，类似社区嵌入型的微型养老院。而目前，各地建设的日间照料中心大部分仍停留在"活动室"的层面，功能上与"午休室"类似，缺乏专业服务能力，发挥不了日间（含夜间）照料的功能，不能承载社区养老发挥着服务转介、资源集聚的独特功能。前些年建设的大量社区"星光老年之家"即是这种情况，务必引起全行业深思，不能重蹈覆辙。

除了自身功能定位不合理之外，社区养老服务设施还面临如下现实矛盾：社区养老服务组织（含企业）处于"小、散、粗、低"的初级阶段，运营能力和盈利能力有待提高；社区养老服务空间距离偏大或功能不匹配，让老年人心有余而力不足；医疗、康复、教育等公共服务资源之间合作机制不健全，对老年群体吸引力不足；市场主体投入大、利润率不足、积极性不高；各地对社区养老服务项目的扶持政策不到位；以及老年人购买能力不足；等等。

解决这些问题，需要坚持社区养老服务的公共产品属性定位，落实新建居住区应配套建设社区养老服务设施要求，建立健全扶持政策，对在社区提供日间照料、康复护理、助餐助行等服务的机构给予税费减免、资金支持、水电气热价格优惠等扶持政策。还要大力实施"放管服"改革，通过委托运营等方式，鼓励社会力量品牌化、连锁化运营。社区养老服务组织（含企业）要朝着标准化、专业化、连锁化、智能化"四化"发展，促进居家社区养老服务不断转型升级，更好地满足社区群众就近就便养老服务需求。

三、聚力"居家＋社区"养老资源共同体

新时代呼唤新担当，新阶段凸显新作为。近年来，在国家各级政府政策导向、资金导向、结果导向和绩效导向综合施策作用下，这种深刻的变化正在养老服务领域悄然发生，前述章节提到的城市改革案例，均为居家社区养老服务改革作出了难能可贵的示范和表率。

我们欣喜地看到，在国内不少发达地区养老服务实践中，由专业养老服务机构辐射周边社区，乃至建设家庭养老床位、夜间照护床位、家庭病床等模式越来越多；居家养老服务在长期护理保险和专业机构服务的加持下，专业性和标准化程度大大提升，老年人满意度逐步提升；各地区形态丰富多样的区域性养老服务中心、社区养老服务驿站、社区养老服务联合体（医联体）、嵌入型养老服务机构建设速度和规模空前，逐渐发展成为集机构、社区和居家养老功能为一体的服务资源聚合终端；养老服务提供主体由专业照护者向社会组织、社区工作者、社会工作者、家庭成员和老年人自身的集合转变；"互联网＋智慧养老"、物联网技术、可穿戴设备、人工智能设备等广泛应用于为老服务，与居家适老化改造、老年宜居社区建设等工程相得益彰；社区养老服务业渐成规模，"养老服务＋老年人用品产品、＋金融、＋教育、＋文化、＋旅游、＋餐饮、＋物业"等服务，服务业态不断创新升级，朝着融合发

展高质量迈进。

这并非偶然。先进的理论往往来源于实践，再上升为更科学的理论反作用于实践。近年来，越来越多的学者研究佐证，大力推崇居家社区养老在推动养老服务融合发展中的重要作用。居家和社区，提供服务的场景、模式和功能虽有差别，但核心的发展理念正在趋于同步：树立以老年人为中心的服务理念，整合专业化社会服务资源，为有居家和社区养老服务意愿的老年人和家庭赋能，提供细致入微就近就便的健康服务，让亿万老年人共享经济社会发展成果。

本书认为，社区既是全体成员赖以生活的命运共同体，在社区层面实现养老资源的整合调配，也是构建养老服务的社区共同体，再精准分类供给老年人和家庭，极为必要也势在必行。正如国内学者借鉴国际经验提出的：要推动养老服务资源调度的"条条主导、纵向管理"转变为"横向链接、域内统筹"，比如，依托街道社区卫生服务中心和综合养老服务中心，设置医养康养综合管理服务中心和信息平台，统筹链接辖区内医疗、预防、护理、照料等各类资源，形成整合型的医养康养服务体系，无缝隙满足老年人全生命周期的健康养老需求，以此凝聚起居家社区和机构养老"$1+1+1>3$"的资源红利。

四、角力社区居家主赛道主战场

步入新阶段，亿万老年人和家庭所期待的"人人享有基本养老服务"目标并非"空中楼阁"，而是要适应高质量发展趋势，构架在新的改革实践中。本书寄希望在社区和居家这一层面，找到符合国情和时代特征的答案，寄希望于投入优势资源，占稳社区居家这一主赛道、主战场，寄希望于丰富社区居家养老服务供给、提升质量效能，满足最庞大老年群体、最多元需求的高品质养老期待。

未来，政府要持续加大设施资源供给。当前，社区居家养老发展面临的突出问题，归根结底仍然是"不平衡、不充分"的供给端问题，有专家直言就是"缺"的问题。解决这一主要矛盾，靠市场不能解决，靠家庭难以解决，唯一的出路是强化养老服务的公共属性，加大供给侧改革力度。

政府如何发力，笔者认为其关键在于将"规划引领"落实到位，将社区居家养老服务设施切实纳入城乡区域发展整体规划，落实新建社区养老服务设施"四同步"政策，无偿或低偿供给保障社区养老服务场地，让"十五分钟养老圈"有阵地、有抓手、有舞台。必要的时候，要善于通过立法督查推进、政府绩效考核、"民生实事工程""一把手工程"等形式部署推进，要敢于拿出"抓铁有痕、踏石留印"的雷霆手段，加速补短板强弱项固本强基，形成优先发展社区居家养老的工作态势。这方面，北京、上海、南京、青岛等地作出了表率，探索了较为成熟的模式。

未来，力争把社区打造为养老服务的主战场。积极化解人口老龄化带来的挑战，已经成为基层社会治理的重要内容，数十万家城乡社区要责无旁贷地肩负起这一现实难题和历史责任。社区如何发力，笔者认为当务之急是要整合强化社区服务功能，为社区赋权赋能，整合社区养老健康养老服务资源，充分发挥社区"养老资源共同体"的作用，统筹调配利用，促成其占领养老服务的主战场。要善于整合各级党委政府、各地区各部门为老服务（包括医疗健康、养老服务、社区物业、"一老一小"、科技教育等各种公共服务）资源，将资源下沉、集成到社区，充实社区"养老服务圈"的力量。要在社区这块阵地上，积极探索创新党建＋、物业＋、助餐＋、智慧＋、志愿＋、社工＋、医疗康复＋、

老年大学＋……服务平台和手段，让社区真正成为就近就便服务老年人的"终控台"和"前哨站"。

未来，要科学引导社会力量担当服务供给主力军。养老服务的提供方式决定了政府不会成为主要提供主体，更多地要依靠老年人及家庭自身力量，同时离不开社会力量多样化的服务供给。故而，要充分汲取其他行业发展的深刻教训，或是政府"大包大揽"缺乏活力、效能低下、成本高企，或是完全依靠市场力量造成"一放就乱"的态势。要深化"放管服"改革，"放水养鱼"培育市场，以政策、资金和资源引导社会力量积极投身养老服务；要创新"三社（社区、社会组织、社工）联动"聚合资源，"看花浇水"培育孵化，让有志于养老服务的企业获得充分展示自我的市场机会，提升全行业服务质量；还要巧用监管手段，优化完善社区养老服务门槛和标准，鼓励市场竞争和优胜劣汰，"良币驱逐劣币"，净化养老服务市场。

值得关注的是，夯实社区养老服务根基的理念已经在实践中得到检验和验证，逐步上升为国家新发展阶段的战略部署和养老政策顶层设计。发展社区居家养老的共识正在快速形成，合力正在逐步凝聚，政策正在建构完善，但仍需要在执行层面加紧落实落细。这一切，都需要在"十四五"时期乃至更长的周期内，不断凝心聚力，为实施积极应对人口老龄化国家战略，付出更为艰辛的努力。

五、国家战略的必然选择

2020—2021年，看似两个平凡年份的自然交替。对于中国养老事业发展历史来说，意义却非比寻常。党的十九届五中全会决议中，将实施积极应对人口老龄化写入党的文件，首次将其上升为一项国家战略，作出了"积极开发老龄人力资源，发展银发经济。推动养老事业和养老产业协同发展，健全基本养老服务体系，发展普惠型养老服务和互助性养老，支持家庭承担养老功能，培育养老新业态，构建居家社区机构相协调、医养康养相结合的养老服务体系，健全养老服务综合监管制度"等系列部署。随后召开的 2021 年全国两会上，审议通过了《中华人民共和国国民经济和社会发展第十四个五年规划和 2035 年远景目标纲要》（以下简称《纲要》），就实施积极应对人口老龄化国家战略设专章进行部署，其中又设专节对完善养老服务体系进行规划，架设了"国之大者"的国家战略与"民之所望"的"老有所养"之间的"超链接"。

然而，这项事关 2.6 亿多老年人及其家庭的国家战略对养老事业全局意味着什么，将如何深刻影响居家社区机构、医养康养事业改革进程？本书认为，至少可以从以下三个维度进行考量。

这意味着，拥有五千年文明的中国第一次面临人口老龄化带来的深刻紧迫感和危机感。最新的"七普"数据显示，与 2010 年第六次人口普查相比，总人口增加 7205 万人，增长 5.38％，年平均增长率为 0.53％。全国 31 个省份中，有 16 个省份的 65 岁及以上人口超过了 500 万人。乡村 60 岁、65 岁及以上老年人的比重分别为 23.81％、17.72％，比城镇分别高出 7.99、6.61 个百分点……这组数据揭示了 10 年来我国人口数量、结构、素质、分布的发展趋势和最新特征，让我们可以更加清晰、准确地感受到人口老龄化问题，更为直观、迫切地感受到夯实居家社区养老服务根基的重要意义，更加深刻、全面地感受国家积极应对老龄化的胆识和魄力。

这意味着，"十四五"时期是我国科学、及时、综合应对人口老龄化的战略机遇期。"十四五"时期，我国第一次出生高峰期出生的人群，

即第一代独生子女父母将进入中高龄阶段，社会将出现一轮巨大的照护需求浪潮；第二次出生高峰期出生的人群，即改革开放后就业的第一代人将进入老年阶段，社会上将出现一轮巨大的活力老年人养老服务需求。世界上最大规模的老年人口国家，日益多元化、高品质、多层次的养老服务需求持续增长，这些因素都将形成巨大的内在发展动力，推动养老服务更快的发展。在"十四五"开局之年，贯彻落实积极应对人口老龄化国家战略，加快建立健全相关政策体系和制度框架势在必行。必须稳妥实施渐进式延迟法定退休年龄，积极推进职工基本养老保险全国统筹，完善多层次养老保障体系，探索建立长期护理保险制度框架，加快建设居家社区机构相协调、医养康养相结合的养老服务体系和健康支撑体系。而之所以称之为战略机遇期，必然要求各居家社区机构、医养康养等各领域、各行业提高认识和站位，适应人口结构变化，加快适老化转型升级，为迎战深度老龄化社会带来的冲击，做好物质上、精神上和心理上的充足准备。

这意味着，正面迎战、举国发力、精准施策是贯彻国家战略的支撑点。这是一次关乎国运、没有退路的战略抉择，也是一场关乎"国之大者"的战略决战。积极应对人口老龄化，事关国家发展和民生福祉，是实现经济高质量发展、维护国家安全和社会稳定的重要举措。党中央果断作出战略部署，各级党委和政府要健全完善老龄工作体系，加大财政投入力度，完善老龄事业发展财政投入政策和多渠道筹资机制，为积极应对人口老龄化提供必要保障。正如本篇章所论述的，务必"坚持调动各方主体的积极性，打造共建共治共享的老龄社会治理共同体"。积极应对人口老龄化涉及领域广、参与主体多，必须坚持发展为了人民、发展依靠人民、发展成果由人民共享，调动政府、市场、社会、家庭应对人口老龄化的积极性。要在政府主导下，支持家庭承担养老功能、巩固家庭养老的基础地位，引导市场主体和社会力量广泛参与，建设继承传统美德、具有时代特征的孝亲敬老文化，构建老年友好型社会，实现各尽其责、各得其所，打牢积极应对人口老龄化国家战略的坚实社会基础。

六、展望"十四五"恢宏图景

党的十九届五中全会作出了我国将进入新发展阶段的战略判断，养老事业改革时不我待，积极融入经济社会协调发展大局，朝着新的发展阶段持续迈进。而不可忽略的是，居家和社区养老领域必将在这场历史洪流中扮演重要角色。

"十三五"是我国养老服务供给侧强势发力，承上启下、跨越式发展的重要时期。截至2020年底，全国各类养老服务机构和设施总数为31.9万个，床位823.8万张，约比2012年底增长7倍、2倍；全国享受老年津补贴的老年人3600多万人；建立起农村留守老年人关爱服务体系；在203个地区开展了居家和社区养老服务改革试点工作；连续四年实施了提高养老院服务质量专项行动，整治服务安全隐患42万多处，老年人权益得到充分保障和满足……这些发展指标如期实现，标志着我国养老服务体系建设顺利完成了制度初创任务，为"十四五"时期迈向高质量发展阶段奠定了坚实基础。

"十四五"时期到来预示着，中国养老服务体系建设迈向高质量发展阶段。首先，正如《纲要》所描绘的场景，进一步强化"支持家庭承担养老功能"，深刻强调对家庭养老的支持而非替代，意味着基本养老服务是"家庭友好型"的。老年人只有在家庭照护困难的情况下，才能接受国家基本养老服务。换而言之，政府"保基本"不是要替代子女依法应

当履行的赡养照料老年父母的责任，也不是要替代配偶间的相互抚养照料责任。发展"家庭友好型"的基本养老服务，有利于形成养老风险的梯次应对格局。

其次，《纲要》明确了"推动养老事业和养老产业协同发展"。这意味着基本养老服务坚持"市场友好型"，充分发挥市场机制在提供居家社区基本养老服务中的效率优势。政府将在居家社区养老服务供给中担当起主体地位，同时还要鼓励社会力量通过公建民营、政府购买服务、政府和社会资本合作等方式参与就近就便的社区养老服务供给。

再次，《纲要》系统部署了"构建居家社区机构相协调、医养康养相结合的养老服务体系"和"加强老年健康服务，深入推进医养康养结合"。这意味着，养老服务供给体系强调自身的"纵向整合"和"横向融合"。这既有居家、社区、机构间的功能协调、机制协调，也包括业态协调，发挥好老年人健康服务体系的整体效应。在此基础上，着力推动"康""养"资源打通使用，健全一体化服务老年人的新机制，明确不同类型机构在各自明确分工基础上的相互协作与配套。

"十四五"时期，在国家战略的加持下，养老事业改革发展将更加突出系统观念，强化统筹协调。我们有理由期待：在服务格局上，力争形成基本养老服务、非基本养老服务协同发展新格局。要健全基本养老服务体系，通过明确基本养老服务内涵外延，进而明确基本养老服务与非基本养老服务边界和功能定位，发挥政府主导作用推进基本养老服务，发挥市场决定性作用发展非基本养老服务，把养老服务按照基本与非基本两个模块、事业与产业两个路径来分类指导推进。在服务体系上，要深入推进居家社区机构相协调、医养康养相结合。居家社区养老服务将更加快速发展，切实发挥基础作用，养老机构要大力提升护理型养老床位比例，提升失能照护能力，为居家社区养老服务发展提供技术支撑。居家老年人、养老机构中的老年人养老需要的医疗服务支持更加有利、快捷。健康理念将贯彻养老服务全流程。在服务网络上，将建成县乡村三级农村养老服务网络，大力发展具有区域综合功能的街道乡镇养老服务中心，打造居家养老服务圈，让养老服务资源聚居在老年人床边、身边、周边，增强服务的集约化、便捷化。要构建"分层分类、平战结合、高效协作"的养老服务应急救援体系，积极应对养老服务领域出现的重大公共卫生事件和突发事件。在服务秩序上，要不断健全综合监管制度，形成多部门监管合力，确保老年人合法权益，确保养老服务在健康有序中快速发展。

 延伸阅读

　　在本篇即将完成之时，在网络上看到这样的文章，大意为中国居家养老的比例实际应为"99%以上"，现有格局亟待调整，在养老界也引起不少新的讨论和思考。居家养老的基础性地位如何确立，社区养老如何确立存在感，机构养老如何让老年人心里有底，三者融合发展的趋势如何破题，都需要实践不断探索推陈出新。本篇也汇总了一些理性的思考文章，感兴趣的读者可以扫描本书二维码延伸阅读。

多种家庭支持服务解忧愁

机构养老发展新定位

机构养老是养老选择模式之一，对特殊老年人甚至是主要选择或唯一选择。

送老人进养老院顾虑多

老吾老，以及人之老。在五千年华夏文明长河中，孝敬老人、赡养老人是其中最为璀璨闪光的文化篇章，也是中华民族的优良传统。改革开放 40 多年来，我国养老事业发生了翻天覆地的变化。随着人们对未来美好生活的新期盼，也对养老事业寄予了厚望。人们的养老观念从传统走向现代，养老模式也从以家庭养老为主，走向家庭与社会相结合。尤其是在机构养老方面，由传统的机构养老仅定位于为鳏寡孤独老年人提供基本生活照料，转变为当下为所有老年人提供更加多元、更加丰富的专业老年生活服务，并且成为养老服务重要的推动力量。机构养老——作为老年人养老生活方式的重要选择之一，突出特点是集中式生活照料和专业化护理服务。机构养老由于具有很强的专业性，能够提供包括适合老人的饮食、科学的生活安排、全面的医疗保健，以及便于与同龄人沟通相伴，尽显丰富的文化娱乐生活，成为更多老年人的养老选择方式之一。本章将围绕我国机构养老的现状，当前有代表性的主要模式，以及机构养老的发展趋势等进行分析和阐述。

第一节　机构养老由支撑到补充的变迁

一、什么是机构养老

作为重要的传统文化之一，孝道自古以来就备受推崇。在"善事父母"

的社会氛围下，封建君王通过"仁政"的施行，促使家庭承担起养老所需的物质基础与服务资源。早在南北朝时期的公元 521 年，南朝的梁武帝命令设立"独孤院"，这是中国历史上第一家由政府开办的"养老院"，专门收养老人和孤儿，是我国养老机构的雏形，并在随后漫长的历史发展中，逐渐上升为国家性的制度举措。新中国成立以来，伴随我国经济、社会发展，养老方式模式不断探索完善。进入新世纪特别是党的十八大以来，我国在养老服务体系建设中取得了突出成绩，机构养老也得到快速发展。

本章探讨的机构养老，是指老年人到国家、企业、个人等依法设立的养老机构中，接受无偿或有偿专业性养老服务的一种养老方式。养老机构是一个缩小的社会和放大的"家庭"。老人可以在机构里享受生活照顾、饮食调理、康复护理、精神慰藉、文化娱乐等服务。

二、机构养老是多元化、多样化的选择之一

机构养老能给老人提供适老化的居住环境、增加老年人日常生活的安全性。机构养老不但能提供专业、高效的养老服务，同时一般配备有较好的医疗保障，可以解除老年人的后顾之忧。丰富的文化娱乐活动，可以满足老年人的精神文化需求，实现老有所学、老有所乐，同时可以在一定程度上缓解子女的照料负担。因此，机构养老成为老人众多养老方式中的一种选择。

三、机构养老由"支撑"到"补充"的演变

（一）"机构养老为支撑"的提出

2011 年 2 月，民政部发布了《社会养老服务体系建设"十二五"

规划》，提出"社会养老服务体系建设应以居家为基础、社区为依托、机构为支撑，着眼于老年人的实际需求，优先保障孤老优抚对象及低收入的高龄、独居、失能等困难老年人的服务需求，兼顾全体老年人改善和提高养老服务条件的要求"。2011 年 9 月，国务院发布的《中国老龄事业发展"十二五"规划》，2013 年 9 月，《国务院关于加快发展养老服务业的若干意见》，均提出"建立以居家为基础、社区为依托、机构为支撑的养老服务体系"，将机构养老定位为养老服务体系中的"支撑"。2015 年 4 月 24 日，《中华人民共和国老年人权益保障法》在第十二届全国人大常委会第十四次会议修订后，同样描述为"国家建立和完善以居家为基础、社区为依托、机构为支撑的社会养老服务体系"。

"十二五"期间提出的"机构为支撑"，是对养老机构在养老服务体系中的功能定位。"以机构为支撑"中的"机构"范围更广，不仅包括以住宿照料为服务内容的养老服务机构，也包括专门的养老服务平台①、专门上门的养老服务机构等，覆盖养老服务的全产业链。"机构为支撑"的主旨正是要求养老机构在生活自理有困难的居家老人依靠家庭亲属及其他非正规服务已难以或无法承担长期护理责任、社区提供的上门服务和日间托老服务也无法依托时，为妥善解决这些老人最困难和最需要的养老服务，提高他们的生活和生命质量，给予"支撑"②。另一方面，机构养老是社会化养老的重要方式，体现了社会安全网在家庭难以抵御风险时的兜底作用，尤其公办养老机构更是在老

---

① 王皓田：《"十四五"时期完善养老服务体系需厘清的几个问题》，《中国经贸导刊》2019年第 10 期。

② 桂世勋：《应对老龄化的养老服务政策需要理性思考》，《华东师范大学学报》（哲学社会科学版）2017 年第 4 期。

年弱势群体生活无着落时筑起了"最后一道防线","支撑"地位名副其实。

（二）"机构为补充"定位的提出

2015 年 10 月 29 日，中共十八届五中全会通过的《中共中央关于制定国民经济和社会发展第十三个五年规划的建议》、2016 年 3 月 16 日第十二届全国人大第四次会议通过的《中华人民共和国国民经济和社会发展第十三个五年规划纲要》提出"建设以居家为基础、社区为依托、机构为补充的多层次养老服务体系"。2017 年，《"十三五"国家老龄事业发展和养老体系建设规划》将原"社会养老服务体系建设应以居家为基础、社区为依托、机构为支撑"修改为"以居家为基础、社区为依托、机构为补充、医养相结合"，实现从"三位一体"到"四位一体"的转型。

对比"十二五"《纲要》，"十三五"《规划》对机构养老在整个养老服务体系中的定位有了重大变化。机构养老在"十三五"期间发挥"补充作用"，主要由于一方面我国老年人现阶段仍以居家养老为主，收入水平和养老观念影响人们的消费选择；另一方面我国养老社区和养老机构发展规模尚小，服务质量参差不齐，优质服务或供不应求（出现在公立机构）或价格偏高（出现在民办机构）。简而言之，"补充作用"是"十三五"时期供需状态客观决定的，是特定时间、窗口的发展目标①。

这一调整适合国情，符合中国人居家养老的文化传统，适应了中国未来养老的新方向。同时，从国家对养老服务财政投入、资源利用的角度来说也是比较合适的。在养老服务体系中，机构养老只能作为

---

① 刘厉兵：《如何更好地发挥养老机构"补充"作用——以广西南宁"太和自在城"为例》，《中国经贸导刊》2016 年 2 月。

一种补充，特别是对于高龄、失能、"三无"等特殊老人群体起到托底作用。"以机构养老为支撑"改成"以机构养老为补充"，体现了我们对机构养老在养老服务体系中的地位作用认识的不断深化，同时也有内涵和外延的不同界定。所以，发展专业性的照护机构是要强调机构的重要性，特别是"十三五"时期，我们对养老机构实现了从重数量到重结构的转型，不再提床位数量的标准，而是提结构，要求超过30%的护理型床位的占比，说明国家更为精准地判断出现阶段机构在养老体系中的作用。

我国在"十三五"《纲要》中重申"机构为补充"，正是为了努力改善养老机构的硬件和软件水平，有效提高养老机构的入住率，不要盲目攀比机构养老床位数在整个养老服务格局中的比例。事实上，在养老服务体系中居家养老、社区养老和机构养老之间的关系，并非是此消彼长的"零和效应"，而是一种整体大于部分之和的"正和效应"。即使今后我国养老机构床位数达到占 60 岁及以上老年人口数的 5%，我国 95% 的 60 岁及以上老年人仍居住在家中接受亲属、民间钟点工和社区上门或"托老"服务。可见机构养老在为老年人提供照护服务的数量比例方面只是"补充"①。

民政部关于《"十四五"民政事业发展规划》中考虑当前养老服务机构床位存在的供给结构问题，不再保留"每千名老年人拥有养老床位数"指标，而更加强调护理型床位。在我国养老服务体系中，"机构养老为支撑"和"机构养老为补充"是从数量和功能上对养老机构的不同定位，这两种表述在不同时期强调的重点有所不同，但并不存在互相排斥的问题。

① 桂世勋：《应对老龄化的养老服务政策需要理性思考》，《华东师范大学学报》（哲学社会科学版）2016 年第 2 期。

第二节 老年人需要什么样的养老机构

随着人口老龄化发展的进程和 4—2—1 家庭结构的变化，人们对机构养老的认识也在逐渐改变。不再认为"养儿防老"、入住机构是儿女不孝的表现。有的老人家里条件不错，也去住养老机构，因为越来越多的老人到养老机构亲身体验后，觉得在养老机构里有比独自在家不寂寞的优势，机构养老也逐渐成为老年人的选择之一。

除了身体健康，老年人也越来越看重精神需求的满足，需要群体性的文化娱乐生活。养老机构大多有医生护士，医疗有保证；还有各种娱乐设施、健身活动项目，集体生活让老人有了玩伴，生活得更加快乐。那么，什么样的养老机构是老人需要的呢？

一、经济上可承担：普惠养老是首要条件

截至 2019 年底，中国老年人的平均养老金在 3000 元左右①。一些经济欠发达地区，养老金只有 2000 多元，而好一些的养老机构收费标准都大大超过老年人的养老金支付能力。尽管退休金实现了十七连涨，但是与机构养老的平均收费水平相比较，很多老人凭着退休金去机构养老还是有一定难度。根据 2016 年底由北京市民政局委托北京大学人口研究所组织的北京市养老相关服务设施摸底普查，对北京市 460 家养老机构的普查数据显示，北京市老年人月平均养老金收入为 3456 元。因为养老金分布的不均匀，用平均数进行测量会有一定的偏差，而用中位

---

① 张平：《中国老年人的养老金都去哪里了？》，见 https://baijiahao.baidu.com/s?id=16706668 68011784133&wfr=spider&for=pc. 2020 年。

数更为合适。北京市老年人月平均养老金收入中位数为 3300 元。

表 3-1　老年人月平均养老金和月总收入

统计指标		月平均养老金（离退休金）	月总收入
平均值		3456	4395
95%置信区间	下限	3347	4266
	上限	3565	4524
5%截尾平均值		3207	4021
中位数		3300	3833
标准差		3227	3816
最小值		0	0
最大值		80000	80000

数据来源：孟斌等：《北京市养老机构现状分析》，华龄出版社 2018 年版。

北京市养老机构平均收费定价（元／月）见表 3-2，它涵盖了床位费、餐费和护理费的总和。如果不考虑法人单位类型，只考虑生活自理能力，那么花费最低的应该是生活完全能够自理老年人，三个费用加到一起为 2931 元／月；花费最高的应该是生活完全不能自理老年人，三者费用之和为 4465 元／月。如果再考虑法人类型，那么生活能够自理且在事业法人机构的花费应该是最低的，三者合计为 2528 元／月；而生活完全不能自理且在企业法人机构的老年人花费是最高的，三者之和为 9884 元／月。如果再考虑到其他杂费，如取暖费、水电费、洗涤费及其他费用，估计还要再加 500 元。这样，在北京居住养老机构，每月至少要花费 3000 元，高的要花费 1 万—3 万元不等。这反映了北京市目前养老机构的整体收费标准和收费

水平①。

表 3-2　养老机构平均收费定价

（元／月）

老人状况	法人类型	三项收费总和
自理	事业单位	2528
	民办非企业	3007
	企业	5260
	总计	2931
半自理	事业单位	2968
	民办非企业	3541
	企业	7020
	总计	3478
完全不能自理	事业单位	3699
	民办非企业	4559
	企业	9884
	总计	4465

备注：含床位费、餐费和护理费。

数据来源：孟斌等：《北京市养老机构现状分析》，华龄出版社 2018 年版。

　　如果将北京市老年人收入状况与养老机构收费状况进行比较，可以看出老年人能够支付得起养老机构的比例，也客观反映出养老机构空置率比较高的原因。说明很多老年人如果入住养老院，依靠退休金还不足以支付。

---

① 　乔晓春：《养老产业兴旺不起来？》，《社会政策研究》2019 年第 2 期。

为扩大养老服务有效供给，满足人民群众日益增长的美好生活需要、促进社会公平正义，国家发展改革委会同民政部、国家卫生健康委员会自 2019 年启动为期三年的"政企联动普惠养老专项行动"计划。旨在扩大养老服务有效供给，为普通群众和工薪阶层提供能够买得到、买得起、买得好、买得放心的养老服务。专项行动聚焦普惠养老，围绕"政府支持、社会运营、合理定价"，让更多的老人受益。

2019 年，作为首批试点城市的城企联动普惠行动的 7 个城市分别是南昌、郑州、武汉、成都、秦皇岛、许昌、宜兴。城市政府和企业双方签订合作协议约定普惠性服务内容、与当地居民收入和退休金水平挂钩的价格等，扩大养老服务有效供给。同时，正在全国实施的长护险试点，也将大大增强失能老年人的支付能力。因此，随着普惠型养老机构的增强，收费降低；长护险实施，老年人支付能力增加。这一减一增，从经济和支付能力上将改变目前老年人"住不起"的问题。

二、质量上有保障：服务质量是满足老人需求的核心

今天的养老，无论是居家还是养老机构，从需求内容上都不同于过去，是面对老年人整个老年期的物质、精神、文化生活全方位服务，而不是简单的衣食住行生活照料。体现在机构养老上，强调的是专业化、标准化、规范化和精准化。

那么，现代老人的养老究竟有哪些需求呢？我们不妨从马斯洛对人的需求理论分析说起。马斯洛认为人的需求分为五个层面，分别是生理需求、安全需求、归属和爱的需求、尊重需求和自我实现需求。养老机构的服务可以从这五个方面与服务对象的需求结合起来，有针对性地开展管理和提供服务，满足老年人的不同层次养老服务需求。

第一层面的生理需求就是我们常说的衣食住行，针对老年人主要指衣、食、住、活动和护理，包括呼吸、水、食物、睡眠和生理分泌平衡性。由此引出，考察养老机构时，我们应首先关注养老机构的整体环境、餐饮服务、房间设计、活动空间和配套的护理服务。

第二层面的安全需求主要是指生命权利的保障，在老年人身上表现为人身安全和健康保障，延展内容还包括财产所有性、资源所有性、道德保障、工作职位保障和家庭安全。主要从人身安全和健康保障两方面考虑：一是养老机构要有安全的社会环境和自然环境。在社会环境方面，尽量避免选择所处区域在人群结构较为复杂的养老机构。还需要考虑有没有土地污染、水源污染、辐射、光污染，以及是否做出相应改造。二是养老机构周边配套有医院，在 15 分钟车程内方便老人看病就医，或者养老机构内部本身引入了医疗机构。在区位选择中，就医条件是重要的参考因素。

第三层面归属和爱的需求决定了对具体养老机构位置、规划与建设要求的个性化要求。在我国老年人的传统养老观念中，不与子女距离太远，因此养老机构附近最好能够有大量的居民小区，并且有方便的交通，方便子女或其亲友对老年人进行探望。养老机构的娱乐生活丰富，老人可以做自己喜欢的事情，有些老人年轻时有很多爱好，而在工作后就没机会坚持下去，等退休后又没地方和条件去追求自己的喜好，而到了养老机构，一般都会组织老人多运动多参加活动，如写作、画画、下棋、垂钓等许多爱好都可以实现，这也算老人入住养老机构实现自己梦想的一种方式。

最后两个层面分别是尊重和自我实现的需要。对老年人来说，他们的精神需求是指老年人在离开工作岗位，乃至社会生产领域之后，为了排解自身情绪、改变生活方式、实现自身价值而产生的心理需要。情感交流需求对于老年人而言，是一种普遍而强烈的精神需求。老年人一方面依赖自己所爱的人，并把他们作为自己感情的寄托对象；另一方面，老年人渴望得到他人的关爱，害怕寂寞和孤独。而老年人的情感世界是多维的，除了伴侣和子女的关爱以外，还有邻里互助、社工服务、心理疏导等方式。

自我实现需
求：教育服务

尊重需求：康复服务、
委托服务、安宁服务

归属和爱的需求：文化娱乐服务

安全需求：出入院服务、医疗护理服务、心
理／精神支持服务、居家上门服务

生理需求：生活照料服务、膳食服务、清洁
卫生服务、洗涤服务

马斯洛的需求层次理论在机构养老中的应用

这与民政部制定的《养老机构等级划分和评定》国家标准和《实施指南》的内容相一致，《标准》中要求对养老机构提供的服务内容分别是出入院服务、生活照料服务、膳食服务、清洁卫生服务、洗涤服务、医疗护理服务、文化娱乐服务、心理／精神支持服务、安宁服务、委托服务、康复服务、教育服务、居家上门服务等13项服务内容。根据机

构提供的服务内容和服务质量，依次划分为一级、二级、三级、四级和五级，一级为最低，五级为最高。

出入院服务：是养老机构必须要提供的服务，也是每个老年人都必然选择的服务。这项服务关乎老年人及家属对机构的第一印象和最后印象。

生活照料服务：是指为老年人提供饮食、起居、修饰、清洁、卫生等日常服务的活动，生活照料服务是老年人的基本生活需求，是养老机构在为老年人服务过程中最基础的工作，规范的生活照料服务可以提升老年人的生活质量，使老年人在养老机构住得安全、舒心和安心，也是养老机构服务质量提升、自身发展的最基础环节。

膳食服务：是根据老年人生理特点、健康状况、相关筛查或评估结果等提供符合其要求的膳食，以改善和促进老年人的健康。

清洁卫生服务：包括更衣、排便处理、洗澡、定时刷牙、检查口腔等。清洁是每一个养老机构老年人的基本生活需要，也是促进老年人身体健康的重要保证，做好卫生清洁可以使老年人身体感觉舒适、心情愉快，满足人的自尊需要。

洗涤服务：通过洗涤、消毒等步骤，为养老机构及老年人提供织物送洗、送回的过程，以满足清洁织物的需求。养老机构可重复使用的织物，包括入院老年人衣物、床单、被罩、枕套；工作人员使用的工作服、鞋帽；病房布巾、医疗布巾；房间隔帘、窗帘以及环境清洁使用的布巾、地巾等。

医疗卫生服务：养老机构会建立老年人健康管理档案，开展日常保健知识宣传，并做好疾病预防工作。老年人突发重大疾病时，能够及时转移到医疗机构接受治疗，并及时通知其家人。有些养老机构会通过建立医疗机构或与周围医疗机构合作来为老年人提供医疗服务，养老院设立的医疗机构，应当依照有关医疗机构管理的法律法规进行管理。

文化娱乐服务：是养老机构中必须要开展的服务，无论是活力老人还是失能老人，对文化娱乐服务都有不同程度的需求。老年人在闲暇时光，需要通过参加一些有益于身心健康的文化娱乐活动，来排解内心的负面情绪，从中享受人生乐趣，充实晚年生活。

心理/精神支持服务：是一项必不可少的服务项目，对于提升养老机构的服务品质来说至关重要。养老机构可以为老年人提供环境适应、关怀访视、生活陪伴、情绪疏导、情感交流、心理咨询、健康生活指导、危机干预等精神支持服务。

安宁服务：是指对临终老年人进行的照护服务，是为疾病终末期患者在临终前通过控制痛苦和不适症状，提供身体、心理、精神等方面的照护和人文关怀等服务，以提高生命质量，帮助老年患者舒适、安详、有尊严、无痛苦地走完人生最后的阶段，同时根据亲属需求，提供后事指导服务，对家属实施哀伤辅导及关怀，使之顺利地度过哀伤期，提高生命质量。

委托服务：提供包括但不限于由养老机构内服务人员为在住老年人提供代管物品、代领物品、代缴各种费用、代购、代办、陪同出行、协助交通等服务。

康复服务：为使残疾者重新恢复某些因心身障碍而丧失的功能所进行的咨询活动。任务是使残疾者确立自身的主体性和价值感，培养坚强的意志，去除焦虑不安状态，能够更好地适应社会。康复服务是未来照护发展的方向，包括身体机能康复咨询与心理康复咨询两种。

教育服务：目前的很多老年人都有继续接受教育的需求。他们对于新知识的渴望不亚于年轻人，并希望借此与时代同步。老年教育活动包括通过老年人兴趣学习小组、老年大学、老年学习社等方式，组织老年人开展学习讨论，或开展健康教育、文化传统、安全防范、新兴媒介使

用等方面的学习培训课程。

居家上门服务：指老年人在家中居住，养老服务是由社会来提供的一种社会化养老模式，政府、社区、机构、家庭共同投入，实现了养老服务投资主体、服务对象、服务内容等的多元化，减轻社会养老负担的同时满足了老年人的养老需求。上门提供的服务内容，既有养和医等生活方面的服务，也有文化娱乐、情感慰藉、心理疏导等精神文化方面的服务；就其提供的服务形式看，是全方位、多角度、多层次的，主要有派专业服务人员走进家庭为有需要的老人提供的多种上门服务。

原则上，养老机构要保证老年人的安全，关注老年人的心理需求；尊重老年人的人格，保护老年人的隐私；尊重老年人的选择，让老年人的身心愉悦。在人员要求方面，养老机构可以聘请专业的心理咨询师或经过专业培训的社会工作者，定期到养老机构中为老年人提供服务。而护理人员需要接受精神慰藉方面的培训，可以及时了解老年人的心理、精神需求，具备一定的精神慰藉服务能力。在具体服务中，养老机构对于老年人的精神慰藉服务包括但不限于言语沟通、生活帮助、情绪疏导、心理咨询、危机干预、安宁服务（临终关怀）等。通过以上服务内容，实现老年人不同层次的服务需要。

通过以上分析不难看出，这种品质养老需求，机构服务尤其独具优势。

三、服务上有温情：体现人性关怀和家的温暖

对于老年人来说，养老阶段已经脱离了社会劳动的环境，缺乏劳动的价值体验，实际上是造成空虚感、无价值感的根源。如今越来越多的养老机构注重老人的情感问题，人一旦老了，对物质上的追求也就淡

了，反而在情感上变得脆弱，他们需要更多的是精神慰藉和心灵的关怀。机构通过创设丰富多彩的活动内容，引导发现生命意义来帮助老年人体验自身价值，提升幸福温情感。机构养老需要的不仅仅只是一张床，核心还是床位所能承载养老服务功能的匹配度，以及为此支付成本的实际承受能力。很多机构把孝文化、爱的传承等为使命融入到企业文化中，以员工服务长者及其家庭，长者及其家属关爱员工的优质"家"文化理念深入人心。

既然身居家中，就要有家中必备的要素。由于老年人购买养老服务产品逻辑在改变，相比于购买即代表结束的地产交易方式，养老行业逐渐向互联网产品逻辑转变，购买即代表一种现代服务的开始，有家文化理念的加持，机构才会走得更长久。这种产品方式在养老机构与个人之间建立了一种关系，满足了客户对提升生活品质的需求。而现代养老服务的核心不是提供"大一统"的产品，而在于满足老人的个性化需求。对于养老，过去是通过子女托付，现在是通过组织和机构来托付。这种方式在机构和组织与个人之间构建了一种关系，这种关系的纽带就是建立和老年人的黏性。用互联网的术语来讲，养老是一种"连接"，而不是交易的终止，是另一个"家"的开始。让老人在新的"家"中感受到家的温暖、温馨，这是养老机构做到极致的表现。用爱心、诚心、贴心、耐心、精心、细心和孝心让每一位入住机构的老人都享受人性的关怀和家庭的温暖。

四、适老、宜居、价格适中是机构养老的发展命脉

机构养老这一模式也越来越被大家认可。那么，我们的老年人到底需要什么样的养老机构？首先，收费标准能接受，老年人能支付得起，这是入住机构的先决条件。其次，养老机构要有适老宜居的环境和服

务，针对不同需求的老人都要有相应的专业养老服务机构满足他们的需求。最后，在养老机构的服务中要有家的感觉和温暖。让老人住在机构中视为第二个家，像在家中一样被尊重、被照顾，生活得有尊严。养老机构真正成为老人的幸福家园，这是所有老年人期盼的，也是我们养老机构发展的要义所在。

第三节　机构养老的主要类型

机构养老按照举办者属性划分，主要有公办养老机构、非公办养老机构和国企 / 央企参与的养老服务三种类型。

一、公办养老机构

公办养老机构是指由政府和集体组织投资兴办的社会福利机构，投资主体一般包括各级政府、街道、居（村）委会。根据运营主体和运营机制的不同，公办养老机构又可分为公办公营、公办民营和公建民营三种形式。

具体来看，公办公营是指政府或集体组织不仅负责养老机构建设的资金投入和管理，还承担机构的人员和运行经费，按照行政化的方式运营管理。公办民营是指由政府或集体组织已经办成的养老机构，按市场机制改制改组，与行政部门脱钩，交由社会力量运营管理[1]。公建民营是指在新建养老机构时，就按照管办分离的思路，政府只负责出资建设

---

① 王莉莉：《公办养老机构转制研究》，社会科学文献出版社 2019 年版。

建成后交由社会力量经营管理，政府依照政策法规和行业规范承担行政管理与监督职责①。

（一）公办公营

公办公营养老机构，顾名思义，由政府建设并投入运营，归属权属于政府。

公办养老机构大多位于市区内，周边环境较好，交通十分便捷；公办公营的养老机构大多属于事业单位，工作人员相对比较稳定，管理比较规范，护理人员均受过专业培训。财政支持上基本属于政府全额拨款，对入住老人的收费相对较低。在老百姓心中比较有公信力。由于离家近，服务好，价格低，成为众多老人心中的首选。

北京市第一社会福利院

基本情况　北京市第一社会福利院是由市政府投资兴建的老年福利事业单位，也是经北京市卫生局批准的首都第一家集医疗、康复、颐养、科研、教学为一体的老年病医院。主要接收国家优抚、需要照料的离退休老人、归国华侨以及老年病患者，同时具有对区县养老机构的人员培训、业务指导和重症病人的住院康复、治疗等功能。1994 年被民政部首批命名为国家二级福利事业单位；1998年又被北京市卫生局核定为市二级甲等医院，同时也是北京市医疗保险定点单位；2001 年通过了 ISO9001 国际质量认证。

---

① 　吴玉韶、王莉莉：《中国养老机构发展研究报告》，华龄出版社 2015 年版。

主要特点 机构总建筑面积 46650 平方米，拥有床位 1000 余张。主要接收国家优抚老人、三无老人、孤寡老人及本市居家生活有困难的其他社会老人。老年病医院同时面向社会开放，提供基本医疗服务。福利院坐落于北京城北侧，紧邻国家奥林匹克体育中心区域，周边环境优良，人文气氛浓郁，交通十分便利。养老服务设施齐全，设有阳光休闲大厅、餐厅等生活辅助设施；楼内配有空调、24 小时生活热水、供氧、呼叫、消防报警、安保监控、防雷击等系统设备；楼层内设有共享观景空间、阅览室、书画室、棋牌室、沙壶球室、手工艺室、健身房、情景小屋、心情小屋、网吧和多功能厅等文娱活动场所，衣食住行方便，娱乐康体俱全。老人生活服务区域分为自理、半自理和完全不能自理三类生活园区，根据老年人健康程度分区域提供不同的服务。养老院设有颐养区、生活照料区、养护区和医疗区，床位 520 张。

简要评析 北京市第一社会福利院除了养老院的功能，实际还是一所老年病医院。作为卫生部门审定的二级甲等医院，入住的老人们不用出门，在这里看病就可以报销。入住的价格可以说是质优价廉，多数老人都能承受。但由于其运营成本部分来自财政，因此，不具备可复制性。同时也不是所有老年人都有资格选择，其更多承担的是政府"兜底"的经济困难老人，具有很强的公益属性。

（二）公办民营

公办民营指的是各级政府和公有制单位举办的公有制性质的养老机构，需要按照市场经济发展的客观要求进行改制、改组和创新，更快地与行政部门脱钩，交由民间组织或社会力量去管理和运作，实现多种经济成分并存、多种管理和服务运营模式并存、充满生机和活力的发展局面。

公办民营是为了盘活存量，对已经办起来的公办养老机构进行改制改革，建立起全新的顺应市场经济要求的管理和运行机制。把市场经济规律和运行机制引入养老服务领域要搞好"公办民营"，其核心是加速改制改组。必须突破计划经济年代沿袭下来的旧管理体制和运行机制这一根本障碍；要尽快摒弃部门利益和事业单位、个人因身份标记就能从政府轻轻松松得到的资源分配和既得利益的局面。

具体而言，就是要把市场经济的客观规律和运行机制引进并运用到养老服务领域，切实做到四个转变：首先，改变国家为公办养老机构定事业编制规格、定人员编制数量、定财政划拨经费额度的老做法，引入多种经济成分参与改制，变公办养老机构的全民所有或集体所有为多种经济成分共同所有或其他非公有制成分所有。其次，变财政全额事业拨款为按养护"三无""五保"老人数量由财政出资全额购买服务和按机构床位、按养护老年人数量的补贴标准以及按运行情况由财政予以适量适度补贴。再次，变管理和服务人员的铁交椅、铁饭碗、事业单位标记的干部、职工身份为全新的聘任制、合同制，引入市场竞争机制和灵活的激励机制，把一潭死水变成一湾活水，把能进不能出、能上不能下、人浮于事的用人用工制度变成以事定岗、以岗定责、优胜劣汰、能进能出的人力资源管理体制。最后，把工资按职级年限固定、论资排辈、能升不能降的旧分配制度变为薪酬与绩效挂钩，多劳多得、少劳少得、不劳不得，真正按劳取酬的新分配制度。

公办民营的实施是一场真正意义上的政事分离变革，是养老服务领域管理体制、运行机制以及用人用工制度、分配制度和资源配置方式的变革与创新。公办民营的推行必将会对养老服务业态的形成，对各类养老机构遵循市场经济规律、公平合理开展竞争、切实维护老年人的合法权益，以及养老服务业的健康快速发展，产生巨大的推动和极其深远的影响。

宁波市老年疗养院

基本情况　宁波市老年疗养院是宁波市政府的一个养老重点实施工程，由中央财政和宁波市财政共同出资 2.5 亿元新建，是隶属于宁波市民政局的一家面向社会老人的公建民营体制的养老机构。疗养院位于宁波市的江北区、慈江以南，占地面积 43244 ㎡，建筑面积 56339.3 ㎡，2014 年开始营业。全院共有床位 1275 张，截至 2017 年 1 月，入住老人 411 名，实际利用床位 460 张。全院有办公室、护理部、医务室、后勤部四个部门，现在一共有员工 160 余位。

主要特点　一是政府投资兴建，委派专人组团管理。宁波市老年疗养院所处位置风景秀丽，交通便利，院内建筑品质上乘，设施完备，政府承担了土地、建设、装修、设备等所有前期成本。为管理经营团队提供了一个非常好的硬件基础。同时，政府在将该项目确定为公建民营后，面临选择管理经营团队的问题，经过综合考虑，决定自己组建管理团队，负责整个机构的运营。二是半自主化定价、事业单位化的管理经营。疗养院的收费标准分为两种情况：床位费由政府物价局根据建设、运行、管理成本进行核定形成价格，护理费和餐费由疗养院自己根据成本和竞争情况自由定价。三是自负盈亏，市场化运营。宁波市民政局委派团队管理运营老年疗养院后，给予该团队较为充分的自由权，收住什么样的老年人、如何做好营销宣传、怎样做好文化建设、给员工什么样的待遇等一系列决策完全由团队自行决定。在养老服务市场上，宁波市老年疗养院同样面临和其他养老机构的竞争，由于位置在城乡结合部，距离市区有一定距离，且医疗条件有限，因此提高吸引力、提高入住率是当务之急。在财务上，宁波市老年疗养院自负盈亏，3 年的过渡期后要向宁波市民政局缴纳一定的费用，这对管理经营提出了较高的要求。

简要评析　作为"公办民营"代表，原有编制人员的管理是机构面临的问题。宁波市老年疗养院派公务人员管理，其院长由民政局委派。这种公务人员管理非完全市场化的养老机构做法是一种尝试和探索。比如在管理体制上，如何在政府的管理体制和市场运行要求之间找到平衡；在人员激励上，由于院长是公务人员，其待遇由民政局发放，和老年疗养院的经营状况没有直接关系，如何促进作为公务人员的院长等人的动力和热情也需要探讨。

（三）公建民营

公建民营是指在新建养老服务机构时，各级政府要摒弃过去那种包办包管、高耗低效的管理体制和运行机制，按照办管分离的发展思路，由政府出资，招标社会组织或服务团体去经办和管理运作，政府则按照法律法规和标准规范负起行政管理和监督的责任[1]。

一般说来，公建民营属于国家建设福利型社区养老服务设施或护理型养老服务机构所采取的常规做法。这在经济发达的国家或地区是常见的。公建民营的要求很严格：第一，这种福利型养老服务设施或养老护理机构，要解决老年人群中高龄、失能失智老人对专业养老护理服务的需求，并优先保障"三无""五保"、军烈属和经济困难的低收入老人的护理服务需求。而对那些享乐型、休闲度假、健康养生型的高档养老机构则由市场去自发调节，不在政府出资建设之列。第二，必须建立和实

---

[1]　杨永等：《我国欠发达地区公建民营养老服务体系构建的 SWOT 分析》，《当代护士》（下旬刊）2019 年第 2 期。

施基本的公共财政政策，明确政府承担基本养老服务职能的责任，才能使各级政府真正成为养老护理服务机构建设的投资主体。第三，必须建立健全一系列完善配套的法律法规和标准、规范以及一套完备的检查监督机制，才能使这种做法依法依规、公平有序地进行。第四，这种做法与经济发展水平和财政承受能力紧密相关。在经济尚不发达、地区发展不平衡的情况下，这种做法先从东部沿海发达地区和有财政承受能力的地区做起，再逐步推展到全国。

公建民营养老机构整合了社会、政府等多方资源，规模相对较大，设施完整性程度最高，地理区位优于公办养老机构；管理水平较高，机构运营有较为完善的企业制度，规范性程度较高。[1]

 ··········

浙江绿康医养集团

基本情况　浙江绿康医养集团全称为浙江绿康医养投资管理有限公司，创立于 2006 年，是一家专业从事养老机构、残疾人养护机构、老年康复及康复护理医疗机构的投资建设、直营托管、连锁经营管理和养老护理人才培养、老年科学技术研究，以及老年产品研发贸易的集团公司。历经十多年发展，绿康医养集团已成长为涵盖养老、医疗、康复、护理、教学、科研、文化、老年用品研发和贸易等八大领域健康养老产业链的集团化公司。旗下拥有 14 家康复护理医疗机构、8 家养老助残服务机构、2 所介护职业培训学校，并成立了老年科学技术研究所、老年服务评估中心和老年用品贸易

---

[1]　程佳颖：《公办、公建民营、民办养老机构的比较研究——以芜湖市为例》，安徽师范大学硕士论文，2016 年。

有限公司。绿康医养集团可提供服务总床位 10000 余张，其中养护服务总床位 6500 张，开放医疗康复住院床位 3600 张，主要为"三无"、空巢、失独、失能失智老人、残障老人和慢性病老人以及临终关怀老人提供基本的日常生活照料、健康管理、医疗康复、心理慰藉、临终关怀等综合服务。

主要特点　一是选择公建民营运营模式。对于选择何种运营模式，滨江区民政局做了大量考察和探讨。整体上，有三种模式可供选择，经过比较，大家认为公建公营弊端较多，而且不符合国家改革要求；采取购买服务的模式容易产生政府和养老服务提供方合作不畅的情况。采取公建民营，可以选出有实力的、医养结合的社会主体，而且通过让社会主体带资经营，可以增强其责任感。因此，在这种考虑下，滨江区民政局选择了公建民营运营模式。二是严格规定社会主体资格。滨江区政府非常重视社会主体的选择，专门成立了一个招标组。经过充分的论证，最终确定了社会主体。三是自负盈亏，完全市场化运作。滨江绿康阳光是在工商部门注册的企业，在运营过程中，收费标准的制定、营销方式的选择等涉及商业运营方面的事项完全由滨江绿康阳光自行决定。因此，滨江绿康阳光的运作是完全市场化模式。

简要评析　公建民营模式有三大优点：一是价格优势，有利于低收入人群接受。公建民营的模式定位于标准化经济型，为广大群众提供了更多的养老选择，对老人收取的价格低于民建民营养老院，便于被低收入阶层所接受。二是产生财政红利，提高公共财政的可持续性。政府负责政策制定与规划，而将政策执行落实于民间社区或私营部门，这样不仅可以减轻公共部门预算压力，带来财政效益，又可将社区及民众力量引入公共服务的进程当中，强化公民

意识与社会认同感。三是合理利用民营机构的相对优势。民营机构主要的优势在于它有着良好的管理能力和运行机制。在一定程度上提高私人投资者的积极性，减少私人投资者对"前期土地资金投入较大、利润薄、资本回收期长"的顾虑。

二、非公办养老机构模式

民办养老机构在注册类型上主要有两种，一是在主管部门注册为非营利性机构，二是在工商局注册为营利性机构。民办非营利性养老机构是指在民政部门登记注册，享受国家和地方优惠政策，但营利部分不能分红，主要用于补贴政府和集体拨款不足的养老机构。民办营利性养老机构是指在工商部门登记注册，一般不享受国家和地方优惠政策，在完成税收征缴后利润可以分红的养老机构。

表3-3 2015—2019年全国养老机构登记情况

年份	机构总数	等级类型			一个机构多个牌子
		市场监管部门登记（工商登记）	编制登记	民政登记	
2019	34369	2268	15276	16526	299
2018	28671	831	13555	14109	176
2017	28770	474	15144	12712	440
2016	28592	324	15735	12058	
2015	27752	247	15478	11265	

数据来源：《2016—2020年中国民政统计年鉴》。

民办非营利性养老机构，这是一种由私人部门投资、私人部门经营，政府部门适时提供帮助的养老机构模式。民办非营利性养老机构的投资经营者一般是社会团体、民办非企业单位等非营利的私人部门，其之所以能够从公共部门获得帮助，很大程度上正是因为该类养老机构的非营利性。民办非营利性养老机构能够获得的帮助主要包括三类：一是政策优惠，比如减免企业所得税、营业税的征收；二是资金，实物帮助和人员支持；三是向其购买床位，提高养老机构的入住率，属于间接为其提供帮助。民办非营利性养老机构常会协助政府部门提供一部分福利性床位，而且比重比较大，因此低收入老人是其重要的服务对象；在不考虑福利性床位的情况下，该类养老机构主要面向中等收入老人提供养老服务。

（一）民办非营利性养老机构

民办非营利性养老机构的特点：一是民办非营利性养老机构通常是非营利的，追求一种低价养老服务的提供，因此容易从政府部门及社会各界获得广泛支持；二是该类养老机构的投资经营者大都具有较高的服务热情和无私的奉献精神，特别注重人性化服务，善于与入住老人进行心与心的交流，善于为入住老人提供温馨的生活环境。

燕达金色年华健康养护中心

基本情况　燕达金色年华健康养护中心（以下简称养护中心）是燕达国际健康城的养老板块，坐落于北京东燕郊开发区，紧邻北京城市副中心。养护中心设置养老床位10000张，于2010年底开始正式运营，截至2021年10月共入住近5000人，其中95%均为京籍长者，为疏解京津冀地区的养老压力做出了突出贡献。养护中

心秉承"提高生活质量、保障健康安全、延长寿命"的服务宗旨，建立了国内领先的"医养康相结合"养老服务体系，全程解决自理、介助介护、认知照护和舒缓疗护等不同养老养护需求，是目前国内运营较早、单体规模超大的全程化持续照护养老社区。先后获得"全国爱心护理工程示范基地""京津冀养老服务协同发展试点单位""医养结合优质服务单位""五星级养老机构"等荣誉；并入选国家发改委、民政部、全国老龄办遴选的首批"全国养老服务业发展典型案例"，面向全国进行宣传推广。

主要做法　一是医疗服务，三甲护航。养护中心内设置的老年病科配备了脑科医生、心脏科医生、骨科医生和中医医生等，可对长者的慢性病、常见病、一般性疾病等进行诊疗。与养护中心紧邻的燕达医院是三级甲等综合医院，拥有国际一流的尖端设备和医疗专家团队，于2017年1月开通了北京医保实时刷卡结算，更是为养护中心入住长者提供了诸多就医便利。二是康复服务，恢复健康。养护中心在宾馆式养护区每栋楼的一层和老年病科三层专门设置了康复中心，并配备了各类现代化的康复设备，为长者提供各项康复服务。三是生活照料，专业照护。养护中心致力于打造高标准专业化护理团队，根据长者身体状况，提供不同等级的专业化、规范化护理服务。经过专业培训的护理人员，为长者提供整理衣物、床铺，洗浴、洗脚、修剪指甲、帮助室内外活动、沐浴阳光、晨晚间护理和各类生活照料等近百项服务；根据照护级别提供饮食、穿衣、叩背、翻身、如厕、沐浴等细节化的个人专享服务。四是文化娱乐，老有所乐。养护中心建设的多功能大街贯穿东西，设置的各项功能有：老年大学、大型营养餐厅、各类特色餐厅、模拟高尔夫球馆、电影院、健身俱乐部、棋牌室、图书馆、温泉游泳馆、阳光种植房、党员活动室、养生会所等，全面满足长者的生活需求。老年大学根据长者不同的兴趣爱好设有书法、绘画、歌咏、手工制作、时装表演、京剧、太极拳、台球、交谊舞、健身、朗诵、剪纸艺术、手工丝网花等三十余门课程，先后成立燕达爱晚书画社、燕达金色年华合唱团、燕达东方京剧社等多个文娱社团，使长者在养护中心真正实现"老有所养、老有所乐、老有所学、老有所为"。五是居住空间，温馨如家。养护中心根据长者的自理能力和身体健康评估情况，实行分区居住，分别设置了五星级宾馆式养护区和家居式养护区。

简要评析 燕达金色年华健康养护中心是国内较早探索养老公寓、养老社区、医养结合和不同身体状况老年人生活照料的大型、综合型服务机构，为大城市在近郊区发展养老服务提供了借鉴，并为标准化、规范化服务积累了经验。

山东阳光佳苑养老集团

基本情况 山东阳光佳苑养老集团成立于 2000 年，是一家以连锁养老服务开发建设与经营，养老产业人才培训为主的专业化养老服务提供商。集团旗下共有 6 大业务板块：养老运营服务、医疗服务、工程设计配套、养老产业培训、信息化、老年人用品销售。通过以养老运营服务为基础，引进德国养老服务体系，结合中国国情，形成了"阳光佳苑养老服务标准化体系"，实现了"机构居家化""居家机构化"、服务运营管理输出一体化发展。阳光佳苑养老集团目前已逐步形成了业务范围涵盖养老服务业各个领域、服务市

场覆盖德州、滨州、威海、潍坊、青岛、淄博、菏泽等地，覆盖山东省40%地市，拥有连锁机构达14家，总床位3000余张、经营面积6万多平方米。公司先后被评为"全国模范养老机构""全国异地养老定点接待单位""全国爱心护理工程建设基地""全国社区十佳养老服务机构""全国养老机构标准化建设试点单位""全国养老服务技能培训实训基地""山东省养老服务标准化试点单位"。

主要特点　一是采用智能化护理管理系统。院内设置有生命体征网络监控管理系统，分为两个部分，第一部分数据实时显示系统，在常规的养老护理工作当中，护理员需要每天晚上一小时或者两小时巡视一次，通过这套系统，护理员可以通过护理中心系统屏幕显示来监测老人动态；第二部分为监测老人呼吸心率系统，数据可以和医院对接，每天的数据可收集起来做成一个月的曲线波动图，通过综合分析，判断老人的健康情况。二是建立标准化体系。养老行业标准的制定和实施能为养老政策的落地提供技术实现路径，使养老机构建设有章可循、设施配备有据可依、服务流程有标可循、服务质量可监测可评估，引领养老服务业市场化、产业化、规模化的升级发展。三是建立培训体系。阳光佳苑员工由各分支机构培训及带教，打造入职、在职、脱产培训体系。据当地实际和工作需要，发挥管理服务人员的才能，分层扁平化管理，减少管理层次，提高管理效能和执行力。

简要评析　民办非营利性养老机构的非营利性属性，追求一种低价养老服务的提供，体现了公益和爱心，政府部门及社会积极支持，有利于促进机构发展；举办者大都具有较高的服务热情和无私的奉献精神，特别注重人性化服务，善于从养老文化和老年人精神需求搞好机构建设，因此，服务更加温馨。

（二）民办营利性养老机构

民办营利性养老机构是私人部门投资、私人部门经营、完全依靠市场机制调节，是市场化程度最高的养老机构，通常在利润的驱使下建立。由于其性质是营利性的，公共部门及基金会、慈善机构等一般不向其提供帮助，但是由于民办民营养老机构的服务对象仍然是老人这一特殊群体，所以该类养老机构又天然具有一定程度的福利性，因此在老龄产业发展的初期，民营养老机构也能够从公共部门获取一定程度的支持。① 需要注意的是，营利性民办养老机构的发展并不意味着整个养老服务体系福利性的降低，因为入住民办养老机构的并不必然意味着入住者本人付费。

民办营利性养老机构的特点是，第一，该类养老机构通常具有极强的市场竞争意识，这不仅会促使其不断提高运营效率以节约成本、提高收益，还会促使其不断提高服务质量以在市场中获得收入。第二，在利润的驱动下，该类养老机构总是不断寻求养老服务的盲点以获得高额回报，这有利于促使其提供多层次的养老服务，补充福利性和非营利性养老机构的不足，比如，福利性和非营利性养老机构通常不会将富裕老人列为服务对象，且他们提供的服务难以满足富裕老人的服务需求，而民办营利性养老机构则完全可以专门为富裕老人提供形式多样的优质服务，同时获得高额回报。第三，该类养老机构管理方法灵活、管理手段多样、用人上不拘一格、服务上敢于创新，是养老机构体系中最具活力的部分。②

---

① 肖翰宇、高宇：《不同的养老模式在中国社会需求中的适用性》，《美与时代》（城市版）2018 年第 11 期。

② 黄越崎：《民办机构养老模式治理绩效研究——以丰城市为例》，江西财经大学，中国优秀硕士学位论文全文数据库，2017 年。

案例 **1**

浙江和康医养集团

  基本情况 浙江和康医养集团是一家以科技驱动涵盖养老全生态服务的集团公司，创新发展的和康"社区植入式"医养结合模式，依托母公司和康医疗集团旗下医院与和康天使医生等优质医护资源，将"医、康、养、护"资源送进社区、医养到家，目前，和康医养在三省八地已有200多家服务站点、覆盖超1000个小区／行政村，服务60岁以上老人逾30万人。预期到2025年末，和康医养线下服务站点4000个，服务老人600万人，互联网社区（村）诊室1万个，服务老人1500万人；互联网医院与智慧医养终端500万个，服务老人4000万人。

  主要特点 和康医养形成了独具特色的互联网医疗与智慧医养引领下的社区植入式医养结合模式，其主要特点与服务模式如下：一是医为核心。和康医养依托和康医疗集团优质医护资源，从医到养，送医到家，不断提升老人的幸福感与获得感。二是为老人提供全周期、一站式服务。和康医养提供医（健康体检、养生保健、健康讲座、疾病诊断、送医上门、线上问诊等）、康（健康评估、康复辅助器具适配、康复训练等）、养（助餐助洁、家政陪诊、爱心代购等）、护（护理服务、康护医疗照护、居家照护等）、娱（主题沙龙、书法绘画等）全周期、全方位的服务，充分满足老人多样化需求。三是大力推行"三进社区"项目。和康医养大力推行"三进社区"项目，进一步丰富社区功能，提升老人获得感。"互联网诊室进社区"，即通过为患者提供在线诊疗、在线开药等就医服务；"康复设施进社区"旨在通过康复设施设备进社区减少长者的大病医疗支出，为解决老年人的康复需求尽一份力；"乡医进社区"则招募退休乡医或社区医生返岗，提供医疗健康咨询服务，发挥余热、以老助老。四是个性化"健康管家"服务。量身定制全方位的健康管理计划，建立个人健康档案，开展综合评估，对慢性病居民给予生活方式干预，委托医疗专家长期跟踪，开展系统科学的功能康复训练；单独设立失智照护区，为失智老人提供专业失智照护，延缓其智力衰退的过程，让失智老人同样享受丰富多彩的老年生活。

简要评析　民办营利性养老机构是完全依靠市场机制调节的养老机构，市场化程度最高，最能体现养老市场的客观规律，有利于培育和激发市场活力。该类养老机构通常具有极强的市场竞争意识，这不仅会促使其不断提高运营效率以节省成本、提高收益，还会促使其不断提高服务质量以在市场中获得收入。同时在企业利润的驱动下，该类养老机构总是不断寻求养老服务的盲点以获得回报，这有利于促使其提供多层次的养老服务，补充福利性和非营利性养老机构的不足。该类养老机构管理方法灵活、管理手段多样、用人上不拘一格、创新意识强烈。因此是养老服务中最具活力的部分，应该给与积极培育和正确引导。

北京康语轩老年公寓

基本情况　北京康语轩老年公寓秉承"人人都应该享有人格尊严生活"的介护理念，引入瑞典、日本的管理及介护经验，同时结合中国的传统文化，致力于为中国老人打造有温度的介护照料之

家。旗下的康语轩孙河老年公寓是一家以认知症（又称失智症、老年痴呆综合征）专业照护为特色的养老机构。目前入住老人平均年龄 83 岁，其中 94% 是重度失能失智老人。为了给入住老人提供专业、高品质的服务，提高老人的生活质量，减轻家庭和社会的负担，公司从瑞典引入了认知症缓和照护体系、布恩音乐疗法、触摸疗法等先进的服务技术和专业手法。

主要特点　一是引入缓和介护理念。以人性化关怀和缓和照料为核心，以提高入住老人的生活质量为目标和追求。二是引入瑞典式布恩音乐疗法和触摸疗法等非药物绿色疗法，从身体、心理、精神和社交四个方面提升生活品质。三是对老人的 BPSD 进行观察记录、全面分析、周期管理及有效干预，保证其症状能够被科学有效地干预。四是个性化机能训练，康复士、机能训练士组成团队，以介护计划为基础，为老人提供个性化活动、康复及认知训练。

简要评析　康语轩坚定走专业化道路，入住老人的身心状态或认知情况经过一段时间的训练和精心照顾之后都有了不同程度的改善。在国家医养结合的大背景下，通过医疗护理、康复训练和生活照料相结合，让生活需要照料、失去认知能力的老人依然可以过上有质量、有尊严的生活。

（三）外资企业参与的机构养老

在中国养老产业的发展进程中，外资企业是一股重要的推动力量。截至 2020 年底，已有 11 个国家的 40 余家公司进军中国养老市场，遍布全国 17 个省份，已建成 44 个项目。这些外企中有 12 家来自美国，11 家来自日本，11 家来自欧洲，1 家来自韩国，1 家来自新加坡；其中，美企和日企成为进军中国养老市场的主力军，占比超过 50%。包括美国魅力花园、日本日医学馆、法国欧葆庭、荷兰博组客，以及澳大利亚联实集团等。他们或主攻养老机构运营服务，或主营社区居家，或提供咨询培训；他们入华的方式或是重资产投入，或是轻资产输出；他们在华或成立合资公司，或独资公司。

外资企业在中国的发展并非一帆风顺。据不完全统计，截至 2020 年底，有至少 8 家外企在华公司／项目关停或者股东变更，其中就包括日本礼爱的北京礼爱上河村社区养老中心项目。外资的养老服务机构主要布局在北京、上海、广州等一线城市以及大连、青岛、常州、南京等二线城市（尤其是长三角地区），这主要与外资养老服务机构定位高端有关，他们倾向于选择有一定消费能力、老龄化趋势明显、尚有开发空间的城市。入华养老外企的布局区域有一定规律性，多分布在经济发达的一、二线城市，其中北京、上海是重点布局城市，比如，哥伦比亚太平洋管理有限公司与远洋养老运营管理有限公司共同投资运营的椿萱茂·凯健（北京亦庄）老年公寓；其次为江苏、山东、广东三个人口大省。

 案例 1

美国健瑞仕养老服务

基本情况　Genesis 集团作为美国规模最大、实力最强的康复、养老和护理服务供应商之一，在美国拥有 30 余年行业经验，遍布全美 25 个州，不同业态中运营约 350 家护理及养老服务机构。Genesis 同时也是全球最大的认知症照护服务提供商，除了为认知症患者提供护理和康复服务外，更有特别针对认知症设计的独立单元和一套完整的认知症照护康复体系，为认知症患者提供最佳照护。

2014 年 2 月，GRS 开始进入中国市场，同期广州健瑞仕健康服务有限公司（GRS-HS）落户广州，是 Genesis 在中国的全资子公司。

主要特点　一是美国养老康复品牌，30 多年成功行业经验，全球最大规模的养老和康复美国上市公司。二是结合多年中国本土化经验，在北京、广州、杭州、秦皇岛、香港等落地。三是核心城市实体康复机构，GRS 卓越体系已成为中国成熟的针对养老和康复的专业体系。四是团队专业。常年活跃于一线，包括财务、运营、临床及人力资源的团队；汇集国际康复专家、临床专家、物理治疗师、护理专家的多层级技术团队。

简要评析　随着老年人身体机能的下降，大部分老人会伴随着与慢性疾病共存的状态，因此，康复护理成为老人的刚性需求。虽然当今医学的快速发展，使得如心脑血管疾病、脑卒中和癌症等疑难重症患者可以抢救成活，但同时遗留下来了不同程度的功能障碍，而功能障碍是手术和药物难于取效的，这就凸显了康复治疗和康复护理的重要性。健瑞士瞄准中国庞大的老年人服务市场，通过引进国外的先进技术和管理经验，结合中国的实际情况进行落地，相信会有非常好的发展空间。

日本日医学馆

基本情况　日本日医学馆（Nichii Gakkan Company）成立于 1973 年 8 月，是日本最大的养老服务公司。最早承接医疗业务委托管理，1996 年开始健康护理业务。2007 年正式参与团体之家、收费老人之家等机构类护理服务，并建立了可满足顾客各种需求的"全面护理服务"提供机制。2012 年，成立日医福利器具贸易（上海）有限公司，逐步进入中国市场开展业务。其商业模式是，公司需要向保险公司支付税金（属政府财政收入），保险公司向养老公司支付的 90% 服务费，其中 50% 来自介护险费，另 40% 来自税金，也即由政府负担的部分。公司随着日本 2000 年护理保险制度的推行而逐渐发展起来，现有员工 30508 人。公司有四大业务：介护服务、医院管理服务、健康照顾培训、托幼服务等。

　　主要特点　一是提供综合性的服务，包括医院、诊所、药店管理服务，照护产品及药品分销服务，医疗机构管理运营外包服务，上门介护服务（帮助进餐、洗澡、家务并帮助盲人外出、读和写），长期介护服务，医疗护理，医疗机构管理培训，护工培训及认证，饮食教育，保姆培训，语言培训，托幼服务，家政服务，送餐服务。二是日医学馆在全日本有签署合作协议的医疗机构 10431 家，长期介护机构 1284 家，教育培训中心 392 家。尤其在日本的关东、中部、劲力、东北这些地区机构更密集。三是 2000 年日本护理保险制度实行，在全国范围内开办护理服务点。但是，在该制度确立的第一年，由于对制度的认识不足，加上社会福利法人等此前承担护理业务的机构原封不动地继承客户的情况较多，因此护理保险制度的利用率和利用额均不高，企业被迫苦苦支撑了一年多。

　　简要评析　外资养老企业进入中国市场，为中国的养老行业带来了全新的养老概念、服务理念和养老科技，更为养老市场带来了多元的养老服务和产品，使得养老市场更具生机与活力，驱动中国养老市场不断升级。

回顾外资养老企业入华的 20 多年，中国养老市场实现外资企业从

0 到至少 40 个的升级，也体现着许多外资企业兴衰沉浮的故事。他们将多样化的养老文化、理念、产品和服务输入到中国，也因此带给中国长者更多样的养老方式选择，并且为中国的养老市场带来了活力。

三、国企 / 央企参与养老服务

为适应民生需求和国家战略需要，国资国企不断在民生保障、基础设施、战略性产业等方面加大布局。"十三五"期间，国有企业在健康养老产业持续布局，一方面，大量央企开始布局国内主要区域市场，借助自身资源能力与背景，从体制层面加入养老产业。另一方面，各地方国企聚集区域，深度绑定所在地区发展养老产业。

2019 年初，国家发改委牵头启动"城企联动普惠养老专项行动"，部分央企也参与其中，他们改变原头部企业布局一线城市高端市场的方式，在区域选择与客群选择方面进行下沉。其中，国家开发投资集团旗下国投健康公司在布局上海时，开办上海市虹口区彩虹湾老年福利院，选择以公建民营方式进入。该项目为普惠型的社会福利机构，客户主要定位为虹口区失能失智及长护险 4 级以上老人，每月收费价格从 3000元到 7000 元不等。

中国健康养老集团作为普惠养老重要发起者与参与者，首先以楠山康养品牌落地武汉，与武汉市 7 个城区签订"城企联动普惠养老专项行动合作协议"，同时开工建设普惠养老项目。签署与武汉市 15 年合作期，中国康养集团将为当地新增不少于 10000 张养老床位（护理型床位不少于 50%），其中 8000 张为普惠型养老服务床位 [1]。除武汉外，中国

---

① 杨良敏等：《中国康养高擎普惠养老的旗帜》，《中国发展观察》2020 年第 19—20 期合刊。

康养又与沈阳市政府、青岛市市南区政府签订合作协议，其中沈阳市的合作协议中规定中国健康养老集团将在沈阳新增不少于4000张养老床位，其中3000张用于普惠型养老服务，建设116个养老服务骨干网合作项目[①]。可以预见，未来一段时间，企业将在合作的区域市场实现城市康养产业深耕。

此外，中国铁建公司在青岛成立中铁建康养投资有限公司，中核集团全资子公司中国宝原投资有限公司与国投健康成立合资子公司进军苏州市场，华润健康增资重组辽宁省健康产业集团，华尚维麟收购成都哺恩堂与重庆合展，光大养老收购重庆百龄帮等，无不显示"十四五"期间央企在健康养老产业的布局，逐步走向二线发达城市，在同城市内深耕多元客群连锁化布局的产业发展模式。

在地方国企与平台公司层面，各地动作频繁。四川能投与四川省人民医院合作成立四川省健康产业投资有限责任公司，鲁商集团则通过鲁商健康产业发展股份有限公司发展山东省大健康产业等，企业与所在区域产业发展深度绑定，以省产业发展与投资主导企业的身份与角色，布局各地的健康养老产业。

国资国企在群众中长期享有社会责任及资源能力等信誉，有利于打造养老产业品牌。养老事业事关国计民生，是一项人心工程，积极参与养老服务产业，是国资国企响应党中央关于发展大健康产业、养老产业的重要行动表现。目前，针对普通消费者的社会资本经营的普惠性养老机构较为缺乏。国资国企实力雄厚，不追求短期效益，自身品牌形象能够打消人们的疑虑，得到更多老年消费者认可。良好社会美誉度和市场公信力也让国资国企在企业融资、政府政策资源配置

---

① 李海英：《市政府与中国健康养老集团签署城企联动普惠养老战略合作协议》，《沈阳日报》2019年10月19日。

等方面均具备优势。比如，党政机关和国有企事业单位培训疗养机构数量多、资产规模大，部分机构位于城市核心区，有地理位置优越、基础设施完备、配套医疗资源完善的优势，经过简单改造即可转型为养老服务设施。[①] 目前我国养老产业尚处于发展初期，正处于政府主导向市场化过渡的阶段，充分发挥国资国企在整合资源方面的优势，能高效推动健康养老事业和产业高质量发展，打造国资国企在养老服务业内的优质口碑。

武汉楠山养老院

基本情况 近年来，中国健康养老集团（以下简称中国康养）以发展普惠养老为己任，充分发挥中央企业的引领作用，努力打造普惠养老品牌，成为中国普惠养老领跑者和一面旗帜，为更多老人提供质量有保证、价格可负担的健康养老服务。楠山康养作为中国康养旗下的首个全资子公司，是由汉钢医院，也称武汉市汉阳区晴川街社区卫生服务中心发展而来。

主要特点 一是战略愿景。以社区卫生服务中心为依托，以医养结合为发展方向，专注于社区公共卫生服务、基本医疗、养老服务三大业务，增强公共卫生服务能力，发展口腔、中医康复、老年慢性病等特色专科，提升养老服务品质，推进居家养老服务布点，打造集"预防、治疗、康复、护理"于一体的高品质社区医养结合示范机构。二是业务定位。老年人健康管理、慢性病管理、预防

---

① 周晴：《老龄社会来了，广西如何应对?》，《市场论坛》2020 年第 5 期。

免疫、儿童保健、妇女保健、健康教育、中医药健康管理等14项。三是主要措施。架构重组和流程再造是根据战略愿景和业务定位，为了促进预防、治疗、康复护理三者的深度融合，真正实现医养结合；从组织架构和工作流程方面做改造是指目标牵引充分赋能，在架构重组和流程再造的基础上，打破旧的薪酬绩效体系，建立以目标为导向的激励机制。绩效不是简单与经营收入挂钩，而是与职责履行情况和目标实现情况挂钩；加大投入，进行适老化改造：楠山康养接收汉钢医院后，作为旗下第一个医养结合项目进行打造。在养老设计方面，充分满足适老化需求，打造温馨时尚舒适的宜居颐养环境，创新运营模式。汉钢医院在院内推进医养结合的同时，以城企联动普惠养老专项行动为契机，积极与汉阳区民政局和晴川街道联系，将汉钢医院纳入政企联动汉阳片区骨干网建设，打造中心辐射式智慧居家养老网点。引入楠山康养智慧养老服务平台，植入"互联网＋"功能，并与汉阳区智慧养老指挥平台对接。在基本的助餐、助洁、助医功能基础上，重点打造健康管理和康复训练，并由家庭医生团队提供上门服务，为居家老人和社区居民提供个性化、专业化的社区医疗服务；康养病房与康养楼开业以来，入住老人及家属对本中心的服务给予高度肯定，无一例因服务原因退住，无一起服务纠纷。汉钢医院医养结合项目作为武汉市城企联动普惠养老专项行动首批项目，得到了服务对象和社会的认可和好评，并成为国家首批老龄健康医养结合远程协同服务试点单位。

　　简要评析　作为国有企业，重在社会责任，要从社会效益、环境效益、经济效益三个层面综合考虑企业的发展。应该充分发挥国企、央企的公信度、诚信度，在对社会责任，对产业转型，对为百姓谋福利谋福祉方面首先要做好表率，起到引领和带头作用，力争

在全国养老方面树立一面旗帜，引领更多企业参与到这项民心工程中来，不仅服务于我国老人，同时走出去引进来，与国际养老产业形成互动联动，实现一、二、三产业高度融合发展[①]。

本节按机构养老的属性划分为公立养老机构和非公立养老机构、国有国资参与养老服务三种类型。其中公立养老机构包含公办公营、公办民营和公建民营，另外国企和央企作为重要的一支力量也介入养老服务业；非公立养老机构主要包含民办非营利、民办营利性以及外资养老企业。并对养老机构未来的发展趋势和各模式的特点进行了归纳总结，旨在让更多的老年人根据自身的服务需求匹配到不同需求的服务机构。

第四节　机构养老的新定位

一、以专业化为支撑，向社区居家养老辐射

党的十九届四中全会《决定》提出"加快建设居家社区机构相协调、医养康养相结合的养老服务体系"，为协调推进我国养老服务体系建设指明了方向。机构养老的优势在于专业化服务，即向老年人提供专业化、标准化养老服务；通过专业化的服务能力向周边社区居家辐射，是未来发展的趋势。在2019—2020年出台的《养老机构等级划分与评定》国家标准和《实施指南》中均对养老机构的标准进行了划分，特别指出五星级的养老机构必须要有社区居家养老服务，这是评定五星级养老机

---

① 齐力：《秉国企使命担当建造中国养老产业航母——专访中民国控养老产业》，《中国对外贸易期刊》2019年第9期。

构的必要条件。

机构养老是根据地、是枢纽，是开展社区居家养老服务的支撑。通过机构养老服务积累的口碑效应，依托机构向周边提供社区居家专业的服务，更容易赢得长者客户群体的信任。养老机构是社区居家养老中的重要支撑。体现在传统的居家养老以社区居委会为核心，然而社区居委会虽然是群众性自治组织，但大部分时间需要承担政府安排的行政事务，难以提供比较专业的居家养老服务。因此所在地区根据现有发展状况，转型工作模式，采取引进养老机构入驻社区居家养老服务中心提供服务的方式，由社区居委会协助，让机构自主运作，从而借助依托机构和市场的优势来完成居家养老服务的优化与提升。[1]

在当前建设的养老服务体系中，养老机构不仅仅是建筑设施与床位，更重要的作用是养老服务体系建设的基地和大本营。除了为失能半失能老人提供专业照护服务外，同时向社区辐射，建立社区居家养老服务中心，并提供居家上门服务，满足不同目标群体的需求。这种养老机构参与社区居家养老的模式在区域社会养老服务体系的建设和社区居家养老服务的发展中起到了良好的支撑和补充作用，养老机构的功能可将整个养老服务体系的基础和框架都涵盖在内。[2] 依托养老机构的服务能力向周边的老年人、失能、高龄老年人提供家庭养老照护的服务。一方面从硬件着手，把养老院护理型床位"搬"到老年人家里，对老年人家庭进行适老化改造，配备相应的老年辅具、安装相关信息监测等设施设备，让老年人的家居环境更加地适合养老，同时也适合养老机构远程监

---

[1]　李健丰：《论养老机构在社区居家养老中的支撑作用——以南京市 A 养老机构为例》，江西财经大学，中国优秀硕士学位论文全文数据库，2018 年。

[2]　李健丰：《论养老机构在社区居家养老中的支撑作用——以南京市 A 养老机构为例》，江西财经大学，中国优秀硕士学位论文全文数据库，2018 年。

测和服务老年人在家里养老。另一方面从服务着手，把养老院机构专业化照护服务送到家，养老机构派人上门为老年人提供照护服务，让老年人在家享受养老机构的专业化服务。

二、以连锁化、品牌化发展为方向，为品质规模养老发展助力

养老服务机构在经历了数量规模的发展后，伴随老年人的新需求，规模品质依然是发展方向。2019 年 4 月发布的《国务院办公厅关于推进养老服务发展的意见》中提出：要"支持养老机构规模化、连锁化发展。支持在养老服务领域着力打造一批具有影响力和竞争力的养老服务商标品牌"①。从养老服务业的发展来看，连锁化符合未来发展方向。一是促进了养老运营多元化和合作化开展。养老机构连锁化运营不仅可以整合国内优质资源，还能引入国外先进管理和服务经验，用于我国养老机构的改进和完善。在连锁化运营中，让市场充分发挥其优势和作用。在多元养老机构主体连锁运营过程中，政府应发挥保障作用，提供一定的场地支持和资金支持，并对其运营项目进行减免税等政策优惠，为其顺利、持续运营提供政策支持。二是推动了养老产业规模化和集约化运营。部分养老机构管理理念滞后、服务水平不高、服务设施陈旧，运营管理方式相对较为保守，市场竞争力不强，规模化发展的意愿和能力较弱。通过连锁化运营实现产业化、规模化运营，整合内外部资源，打造集饮食、保健、照料、护理、治疗、休闲娱乐为一体的集约化服务模式。三是加快养老机构规范化和有序化发展。行业协会通过制定细化、量化的服务管理标准，强化在消防安全、卫生等领域的要求和标准。相关部门应定

① 马彦：《居家养老服务机构规模化连锁化发展路径的探索——以苏州"居家乐"为例》，《劳动保障世界》2020 年第 2 期。

期对连锁运营养老机构进行评估和考核，按照服务、运营和管理的效能进行评定，及时有效沟通和共享关于养老政策动态和行业专业知识等信息，对其运营与发展进行指导和监督，提升养老机构的营运能力和市场竞争力。随着经济社会的发展和老年人对养老服务专业化需求的提高，未来养老机构的专业化、品牌化、连锁化的趋势将更加明显。

三、以公办机构发展为基础，托起基本养老服务需求

"十二五"和"十三五"时期，我国先后制定并实施了两部国家级基本公共服务规划，覆盖全民的基本公共服务制度基本建成，各级各类基本公共服务设施持续改善，国家基本公共服务清单项目全面落实，保障能力和群众满意度逐步提升。但是，仍然存在着发展不平衡不充分、质量参差不齐、服务水平与经济社会发展不适应等问题。《关于建立健全基本公共服务标准体系的指导意见》明确，要从国家、行业、地方、基层四个层面构建基本公共服务标准体系，并明确了"十四五"末和到 2035 年两个时间节点的具体目标。国家发改委印发《"十四五"积极应对人口老龄化工程和托育建设实施方案》明确指出，支持企事业单位等社会力量举办托育服务机构，支持公办机构发展普惠托育服务。各省市相继发布了基本养老公共服务清单，政府在基本公共服务中承担兜底职能，坚持基本公共服务由政府主导提供，使全民能够享有与经济社会发展水平相适应的基本生存和发展权利。例如公建民营设施的原则是政府托底、保基本，社会力量在运行受托养老服务设施时，须承担公建养老服务设施的"保基本、兜底线"责任，也就是说政府基本公共服务养老保障对象就是公建民营设施的主要服务对象，因此首先要保障的是低保、低收入、优抚等托底保障且等级评估 2 级以上的对象。这类服务对

象通常是困难对象，也都是政府补贴对象；其次是公共基本服务对象。

传统的公办养老设施是由政府出资、政府运营管理，为某类特定老年群体提供特定服务，也具有公益性的特点。但其公益性的出发点是体现政府兜底救济了被市场和社会排除在外的困难人群，履行政府应负的职责，更像是一种角色任务和责任使然。而公建民营运行机制在充分接受和发挥政府应负的职责之外，更深层次地延伸了公益性的意义。也就是说，公建民营养老设施不管是从服务对象范围还是功能上更多体现为公共利益属性而非福利性。实现全体老年人享有基本养老服务，是促进老有所养、老有所依的重要方面，也是中国特色养老服务体系的重要内容，建立基本养老服务体系是新时期养老服务工作的重点。"十四五"时期，民政部将推动逐步建立养老服务分类发展、分类管理机制，形成基本养老服务与非基本养老服务互为补充、协同发展的新发展格局；完善兜底型养老服务。健全城乡特困老年人供养服务制度，有集中供养意愿的特困人员全部落实集中供养。深入实施特困供养服务设施（敬老院）改造提升工程，每个县（市、区）至少建有1所以失能、部分失能特困人员专业照护为主的县级供养服务设施（敬老院），基本形成县、乡、村三级农村养老服务兜底保障网络。

四、以护理型彰显养老的本质需求，为失能老人照护赋能

《"十四五"民政事业发展规划》不再保留"每千名老年人拥有养老床位数"指标，设置了"养老机构护理型床位占比"指标。可见，在机构养老中更加注重对护理服务的需求和重视。养老机构护理型床位是指在养老机构内面向失能、失智老人照护服务需求，体现基本生活照护功能和与生活密切相关的医疗护理服务功能的床位设施。其实，通过设置

"养老机构护理型床位占比"指标，是对医疗资源的一大节约，避免了医疗床位长期占用的现象，对医院的医疗床位进行分流到专业的养老机构进行照顾。

在目前的养老机构中，入住的大多都是生活能自理的老人，大部分失能失智老人都是在家中，由家人或保姆照护，没有真正发挥机构养老所具有的功能。这部分居家老人深受病痛折磨，身心俱疲，往往会积存大量的负面情绪，久而久之容易产生心理问题；而且如果没有正确的护理方法，老年人也会出现病情加重的情况。因此针对高龄、失能、半失能老年人的医疗服务、康复护理服务是最急需的，针对广大老年人的健康促进、健康管理服务也需要加强，护理型养老机构显得尤为重要。大力推动护理型养老机构建设，可能是解决失能半失能老人养老的关键。对此，各地政府应放缓泛泛地建设一般性的养老服务床位，转而加大对康复护理床位的建设力度和扶持力度，并将每千名老人的康复护理床位拥有率作为建设发展指标是非常重要的战略布局。加强我国老年医院、老年病房建设力度，在人口居住密集、医疗资源过剩的城市地区，推进养老机构与医疗机构的整合发展。一般不批准新增医疗资源，适时适量地将闲置或低效运转的医院转型成为老年护理院，或者将部分医院床位调整为养老护理床位，形成规模适宜、功能互补、安全便捷的健康养老服务网络。

五、以激活民办养老机构发展为抓手，满足多元化养老服务需求

2013 年 9 月 6 日，国务院发布《关于加快发展养老服务业的若干意见》，意见要求各省、自治区、直辖市人民政府，国务院各部委、各

直属机构完善市场机制，充分发挥市场在资源配置中的基础性作用，逐步使社会力量成为发展养老服务业的主体，营造平等参与、公平竞争的市场环境，大力发展养老服务业，提供方便可及、价格合理的各类养老服务和产品，满足养老服务多样化、多层次需求。为充分发挥市场在资源配置中的决定性作用，逐步使社会力量成为发展养老服务业的主体。2015 年，民政部联合十部委发布《关于鼓励民间资本参与养老服务业发展的实施意见》，提出鼓励民间资本参与居家和社区养老服务、机构养老服务、养老产业发展的具体举措，并就推进医养融合发展、完善投融资政策、落实税费优惠政策、加强人才保障、保障用地需求等做出了相关规定和政策优惠。鼓励社会力量举办规模化、连锁化的养老机构，鼓励养老机构跨区联合、资源共享，发展异地互动养老，推动形成一批具有较强竞争力的养老机构。基于此，民办养老服务机构作为我国社会养老的有益补充，在满足老年人多元化养老服务需求、提升养老服务质量等方面发挥了重要作用。

民办养老服务机构更能满足老年人多元化养老服务需求。由于身体条件存在差异，以及收入水平不同，老年人的养老服务需求各异。民办养老机构依托民间资本，以市场需求为导向，能更好地为老年人提供多元化、个性化养老服务需求。例如，针对高龄老年人口，一些民办养老服务机构通过医养结合方式，集医疗、护理和精神慰藉等服务内容于一体，为有需求的老人提供更高水平的服务。在市场力量推动下，通过引进民间资本兴办的民办养老服务机构，在硬件以及软件设施上，往往能最大程度地满足不同身体状况、不同收入水平的老年人的多元化、个性化服务需求。①

---

① 洪易：《民办养老服务机构可持续发展之策》，《人民论坛期刊》2019 年第 13 期。

机构养老作为相对比较成熟的养老服务体系中的一环，不再强调机构养老床位数，而是追求养老的服务质量，通过标准化规范化的制度建设提升养老服务质量，形成以养老机构为核心，向社区居家延伸服务的态势。机构养老服务的专业性和规模化以及人力成本的最大化提升在此就显得非常有意义。通过机构的辐射服务功能向社区居家进行延展服务，这是未来发展的方向和重点，但是核心仍然是机构养老的专业化和规范化起着至关重要的作用。期待通过对养老机构综合能力的提升，满足千千万万老人的多层次多样化养老服务需求。

 延伸阅读

　　本章通过分析新形势下机构养老的定位变化，即从"机构养老为支撑"到"机构养老为补充"变化背后的原因以及机构养老的各种模式和典型案例，最后指出机构养老变化的新定位，对机构养老的过去、现在、未来进行抽丝剥茧，一一道来，其目的是引导读者，认清机构养老在整个养老服务体系中的地位作用，弄清机构养老作为养老方式的一种选择，它应该起到什么样的作用，该走向何处？请扫描本书二维码延伸阅读。

未来机构养老是养老方式选择之一

第 四 章

健康养老保障新探析

每个个体才是自身健康保障的主人。

科学饮食适度锻炼保健康

　　健康，是这个时代美好生活的最强音符，是亿万老年人有尊严、有品质生活的底色和保障。让人民过上高品质的健康生活，是党"为人民谋幸福、为人类谋进步"的题中之义，也是全国人民共同的奋斗目标。早在 2016 年，习近平总书记就指出："要把人民健康放在优先发展的战略地位，以普及健康生活、优化健康服务、完善健康保障、建设健康环境、发展健康产业为重点，加快推进健康中国建设，努力全方位、全周期保障人民健康，为实现'两个一百年'奋斗目标、实现中华民族伟大复兴的中国梦打下坚实健康基础。"健康，体现了新时代中国人的价值观、国家意志和社会正能量。党中央、国务院实施健康中国战略，为每个公民的老年期健康品质提升奠定了基础。我国从 2005 年开始探索"医养结合"到现在，老年人养老生活中的"缺医"现象基本得到解决，养老中由于缺少医疗服务给老年人带来的恐惧和不安大大减少。实施医养结合，为我们全面认知健康和健康养老创造了条件，为深入探究在医养结合基础上的健康养老打下了基础，也为做好健康观引领下的健康养老赢得了先机。

第一节　什么才是健康养老

　　中华医学会老年医学分会制订的《中国健康老年人标准》概括为：健康老年人就是"大病没有、小病稳定，智力正常，心态健康，生活能

自理，生活方式良好"。一般认为，健康老年人的外观征象有八大特征：
"眼有神、声息和、牙齿坚、尿路畅、便有规、脉形小、腰腿灵、形不
丰。"下面让我们一起来探讨健康养老。

一、何谓健康养老

（一）什么是健康

1948 年，世界卫生组织（WHO）对健康概念所下的定义是："健康是
整个躯体、精神和社会都很完美的状态，而不仅仅是没有疾病或身体虚
弱。"这个定义包括三个层次：躯体健康；心理健康；社会适应能力良好。

我国传统文化和中医理论认为，能自组织平衡、自适应状态和自强
不停息就是健康。

（二）怎样理解养老

传统养老概念是对老年人衣、食、住、行等生活的基本照料和护
理，以及精神文化生活和健康的保障和促进，同时也包括老年人自身积
极主动方面的养心养性。顺应家庭、社会场景，顺应人体自然衰老规
律，维持相对健康的状态，快快乐乐、悠然自得地生活，达到颐养天年
的目的，直至无疾而终或善终。

在积极老龄化、健康老龄观指导下，当低龄活力老人成为老年人的
大多数，他们既不用养，也不脆弱，更不是弱势群体。这时候的养老概
念就需要重新定义。已由过去被动的被服务、照料为主，转变为积极的
主动适应老年生活为主。

"养"在中华文化中本身具有养生、养护、调养、保养和修养等含
义，都包含主动积极地去获得提升或完善之意。所以，养老并不是一个

很被动的词，而是包含主动性自我适应的含义在内。因此，老年阶段也应像人生的其他阶段一样，是一种养护、维护的过程。

（三）何谓"健康养老"

健康不仅是指一种平衡或和谐的状态，更是老年人自身所拥有的各种机制和能力，也是人们追求的一种目标。在人生的老年阶段，甚至从中年开始，应努力地学会保养促进健康、恢复保持健康和建设提升健康。现在，大多数老年人"不怕死，就怕老"。让老年人无痛苦或少一些痛苦地老去，恢复并保持健康，健康地衰老，这是老年人的最大的需求和愿望。

为何养老要以健康为主要目标呢？首先是因为我们长寿了。在过去寿命相对比较短的时代，很多疾病没有时间和机会暴露出来。现在长寿了，各种检测手段先进了，患病发生的机率就增加了，无疾而终的目标也难以实现。因此要把健康关口前移。其次是除去物质生活需求，健康生活和精神文化生活已成为老年人品质生活的需求，健康养老成为新时代养老服务的重要目标。这是健康养老的主要内涵。

除去疾病期的治疗，健康养老重在老年病和慢性病防治。积极采用保养健康的方式和方法，让身体得以相对地延缓衰老，让病情减少恶化、减少发展或让疾病尽可能往好的方面转轨，或者恢复到一种相对正常的健康状态，并让心情保持一种快乐状态，这种自然而然的健康保养和人智人为的疾病防治，就是健康养老模式。

二、健康老龄化和医养康养

与健康养老相近或相关的概念还有很多，如健康老龄化，医养结

合、康养或医养康养结合……这些概念或理念值得系统梳理，对更好地理解和把握健康养老大有裨益。

（一）健康老龄化

联合国对于人口老龄化的高度关注并决定采取正式的国际行动，始于 1982 年在奥地利维也纳召开的第一次老龄问题世界大会。1990 年，在哥本哈根世界老龄大会上，WHO 提出了"健康老龄化"的发展战略。包括三个方面的内容：一是让老年人自身维持良好的生理、心理和社会适应功能，拥有较高的生活质量；二是让老年群体中健康、幸福、长寿的老年人口占大多数，且比例不断增加；三是进入老龄化社会后有能力克服老龄化所带来的不利影响，保持社会持续、健康和稳定的发展，为生活于其中的所有人的健康、富足、幸福的生活提供物质基础和保证。2016 年，世界卫生组织发表了《关于老龄化与健康的全球报告》和《中国老龄化与健康国家评估报告》。这两个报告赋予了"健康老龄化"新的思想和内容。前者将健康老龄化定义为"为发展和维护老年健康生活所需的功能发挥的过程"。同时强调："健康的老龄化并不仅仅是指没有疾病。对大多数老年人来说，维持功能发挥是最为重要的。"后者则针对我国的情况指出："实现健康老龄化要开展健康促进工作，这些健康促进工作要贯穿终生，同时要立足于社会价值体系、家庭和个人。"

随后，世界卫生组织于 2017 年发布的《关于老龄化与健康的全球报告》，再次强调功能是由个人的内在能力和居住环境以及它们相互之间的互动所决定的。

综上看来，健康老龄化为健康养老提供了理论和思维指导。强调通过健康服务，使老年人积极主动地进行自我健康建设，提升自身健康能力，完善其健康系统，积极参与健康产业发展或健康事业活动，进而让自己实现有意义、有价值、有尊严的完美人生。

（二）医养、康养

我国围绕应对人口老龄化和养老提出了医养、康养等概念。这些概念和理念，对探究健康养老的实现方式和路径具有重要意义。

1. 医养

所谓医养，简单理解就是"医疗＋养老"，即"医养结合"。这个概念的缘起，目前最早可推知是在 2005 年 3 月全国两会期间，由全国政协委员联名提出，并在部分地区陆续实施。

进入 20 世纪，快速富裕起来的国人因为生活方式和饮食习惯的改变，慢性病比例不断增加，加之人口老龄化持续加深，催生了医疗与养老相结合，医养结合在全国普遍展开。

2. 康养

在医养深入推进的同时，康养概念得到大家的重视。康养是健康养老的组成部分，很适合我国老人养生、养老。

健康有两个层次的意思，"健"侧重于身体健壮，"康"侧重于精神愉悦。为什么说老人要"康养"，而很少说要"健养"呢？因为，对老人来说强健体魄可能已经不是首要的了，而要保持心情愉悦才是首要的。

从经络学来看，"康养"有这样的含义："气脉者，健；关窍者，康"，即气脉能量足则健，经络关窍通则康；反之，气脉能量不足就是不健，经络关窍不利就是不康。这里"健"的含义是气血能量充足，或使之强壮、有活力或变动不居的意思。而"康"就是经络通道和关节孔窍通畅的意思。故"中医"曰："不通则痛，通则不痛"，可见，不通就会不康。

由此可见，老年人应注重精神修养和加强意识能量的摄取，以弥补因减少气血等物质能量的不足和消耗，也因此，养老要重在养康、养

心、养性，提升精神意识境界。换言之，康养是旨在保持或增进老年人的精神健康机能，以弥补身体健康机能的衰弱。因此，在此意义上的养老，康养意义更加重要。因为康养产业是以康为目的，以养为手段的健康产业体系，是指在医疗卫生和生命科学的基础上，更加关注精神心理的健康，以维护、改善和促进人民群众健康为目的，为社会公众提供与健康直接或密切相关的产品和服务的生产活动的集合，具有产业链条深长、产品附加值高、市场需求量大等鲜明特征。

三、"医疗养老"与"健康养老"

首先，让我们对医疗养老与健康养老的区别作以分析。

（一）目标不同。医疗养老的核心目标是"疾病"治疗。而健康养老的核心目标是"健康"保持和维护。

医疗养老的侧重点是医疗防病治病，旨在保障老年人的生命安全，主要是针对患有重大或疑难病症的老年人，其核心目标是"疾病"诊疗，是针对疾病的防治来构建的养老模式。

健康养老侧重的是对健康的保养维护或建设恢复，其核心目标是"健康"，是针对健康做一些建设性的工作，这种健康建设有助于慢性病的自我康复和老年病的延缓自控。

（二）内涵不同。健康养老是包括医疗养老和健康管控在内的，但主要不是医疗救治和修复，也不是简单的医康养的结合，而是要用健康保养服务或健康建设促进的手段来解决老年人的身心健康和生活健康问题。通过健康服务来使老人身心恢复或保持健康，即通过调理保健的手段和心灵的沟通服务，既不伤及老人的身体，又不伤害老人的自尊，更有利于其身心的健康促进。

（三）意义不同。健康养老意义重大。老年人中并没那么多人都是病人。有的只是指标异常，只是致病因子。况且，这些指标异常有的长期潜伏，不一定就必然是"病"。即便当"病"而医治有些收效也不一定满意。而从老年疾病和老年人生理特点出发，综合施策，兼顾"调""养"，甚至会有曲径通幽的效果。

（四）理念不同。医疗养老的理念偏重于问题导向思维，是旨在为老年人去解决疾病问题。要知道，问题永远是解决不完的，尤其是疾病问题，是治病又致病的；而健康养老的理念则是采取目标导向思维，直奔健康这个根本目标而去，健康养老侧重于对健康的保养维护或建设恢复，其核心目标是建立健康、保持健康和维护健康，是针对健康做一些建设性的工作，是由疾病治疗向健康计划和健康建设转变。健康养老是一项包括保障老年人的健康需求目标、老年人参与健康产业目标和实现人生健康事业目标在内的老龄事业，也是一项老年人自己身在其中、亲历亲为、共同参与的事业。每个老年人都要积极参与健康养老事业，要积极、主动应对自己的身体老化。能够积极、主动以健康理念和思维应对老年期生活的老年人，才能赢得在自身健康管理和建设中的主动和成功。

第二节　为何要实施健康养老

面对人口老龄化，我国乃至世界各国都在积极地寻求应对良策，甚至从政治学、经济学和社会学的角度来考量，用医药学和管理学来救治和防控。从健康学、生物学和生命学角度来看，老年人的健康需求是非常突出的。

一、国人"长寿但不健康"

进入 21 世纪以来，我国老年人慢性病高发，成为"长寿但不健康"的重要方面。

（一）超 1.8 亿老人患慢性病

近年来，老年疾病谱转变为以慢性疾病为主的退行性疾病。心脑血管疾病、癌症等成为这一时期威胁人们健康的主要危险因素。

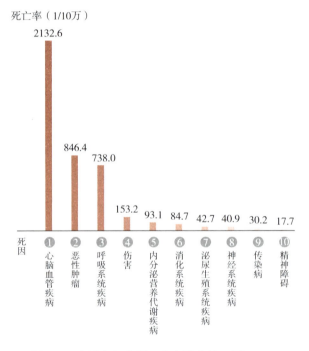

图 4-1　中国老年人群死亡率最高的死因 TOP10

数据来源：《中国健康城市建设研究报告（2017）》。

根据《2020 全球癌症报告》，我国 2018 年癌症死亡病例数达 290 万例，占当年全球癌症死亡人数的 30%。

　　数据表明，我国超 1.8 亿老年人患有慢性病，75%以上老年人至少患有 1 种慢性病。当前，我国人群的五大主要疾病负担均为慢性病，分别是中风、缺血性心脏病、肺癌、慢性阻塞性肺病和肝癌。研究推算，我国已经成为世界上认知症（阿尔茨海默症、帕金森、中风后遗症）患者最多的国家，2020 年已达 1500 万人。

　　研究表明，进入 21 世纪的 10 年中，我国人口的超重率上升40%，肥胖症上升 100%。这也是导致慢性病的重要因素。

男性

	余寿（年）	完全自理（年）	轻度失能（年）	中度失能（年）	重度失能（年）
65—67岁	15.03	10.08	3.79	0.7	0.47
80—82岁	6.81	2.78	2.71	0.74	0.57
89—91岁	4.07	1.07	1.72	0.66	0.62

女性

	余寿（年）	完全自理（年）	轻度失能（年）	中度失能（年）	重度失能（年）
65—67岁	17.5	10.28	5.28	1.12	0.82
80—82岁	8.03	2.79	3.31	1.05	0.88
89—91岁	4.72	1.04	1.96	0.85	0.87

图 4-2　不同性别—年龄组老年人群体的自理状态生命表

数据来源：张立龙、张翼：《中国老年人失能时间研究》，《中国人口科学》2017 年第 6 期。

　　慢性疾病的发生首先是由于平均预期寿命的延长，但也与久坐少动、营养过剩和精神压力大等现代生活方式紧密相关，其主要特点是不可逆转、不可治愈且带病存活时间长。对于个体来说，由于罹患慢性疾病的时期占据生命长度较高的比重，所以这一时期的生活质量也深刻影响着个体生命的整体质量。因此，国民疾病谱的转变亟待医疗模式的同步转变。面对日益庞大的慢病老年群体，用医养结合模式来积极应对成为必由之路。

中国
新养老

（二）失能老人超 4400 万

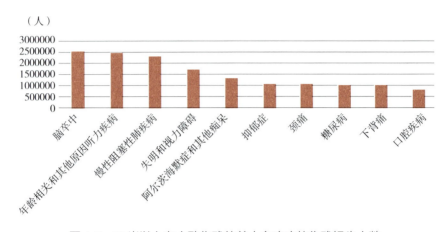

图 4-3　70 岁以上老人致伤残的前十名疾病的伤残损失人数

资料来源：全球疾病负担数据 IMHE。

　　2019 年，国家卫健委新闻发言人介绍，全国失能、半失能老年人 4400 万，占老年人口 17.6%。北京大学人口研究所所长郑晓瑛一项研究显示，到 2030 年，我国失能老人规模将超过 7700 万，失能老人将经历 7.44 年的失能期。

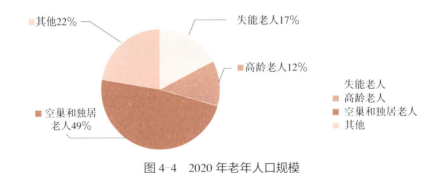

图 4-4　2020 年老年人口规模

数据来源：民政部。

　　慢性病老年人不仅有疾病治疗的需求，照护需求也不断扩大。抽样调查数据显示：2015 年，我国城乡老年人自报需要照护服务的比例为 15%，农村比城市上升更快。80 岁及以上老年人自报需要照护服务的比例上升到 2015 年的 41%。城乡老年人对照护服务的需求是非常迫切的，农村老年人更是如此。

根据《中国城乡老年人生活状况调查报告（2018）》，我国仅有 5.4% 的失能老人可以在家中获得来自医疗护理机构、养老机构、家政服务机构以及其他个人提供的照料。

一人失能，全家失衡。整个家庭会因一人得慢性病而进入另一种生活状态，生活质量将大幅下降。2019 年，我国仅痴呆老人就达到 900 万，比 1990 年的 370 万净增加了 530 万。这些失能老年人的生活问题关系千家万户。

（三）心理健康问题不容小视

我国进入老龄化社会 20 年来，老年人的功能发挥得到全面提升。社会、经济的高速发展，城镇化率的不断提高，让老年人的生理健康得到了长足进步，但同时也拉大了部分老年人的心理健康差距。

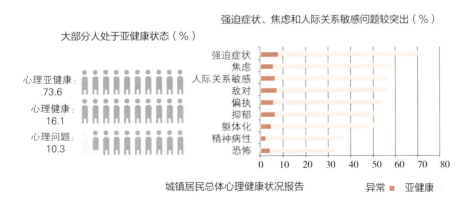

图 4-5　中国城镇居民心理健康图示

资料来源：《中国城镇居民心理健康白皮书》（2018 年）。

过去 10 年间，心理健康状况的地区差异仍然显著，东部地区人们的心理健康状况显著优于其他地区。以抑郁调查结果为例，东部地区的抑郁高风险检出率为 13.4%，东北地区的检出率为 12.4%，中部地区的检出率为 20.6%，西部地区的检出率为 20.1%。

针对日趋严重的老年心理问题和精神疾病，迫切需要构建起老年人心理健康服务体系。以上海市为例，2019 年，上海市开展了老年人心理关爱项目，探索建立老年人心理健康评估机制，初步建立本市老年人心理健康评估标准，研究建立老年人心理健康信息数据库，推动各部门老年人健康信息、评估等数据共享互用。

二、如何管控慢性病

当一个国家或地区的老龄人口占有一定比例时，如何应对老年慢性病就会成为健康养老的重要问题。

（一）面对慢性病高发期怎么办

20 世纪 60 年代，美国就忙于应对慢性病高发期问题，在运用各种医疗和药物方式应对无果的情况下，转而从"营养学""分子生物学"和"功能医学"等方面下手解决，但结果也还是不很理想。由资本主导的医疗体系，已让部分致病的个体美国人一病返贫流落街头；美国对疾病防治投入预算年年增高，成了一个无底洞。

从第四次全国老年人生活状况调查对老年人健康情况的分析看，我国老年人的"三高"和慢性病比例很高。由"三高"、器官自然衰退而导致的老年病和慢性病，仅靠药物、手术等"治疗"手段不能完全解决他们的痛苦，有时甚至起反作用。慢性病现在常规治疗手段就是药物，药物依从性是影响疗效的重要方面。长期服用药物，还可能加速老年人身体机能的衰退，甚至产生副作用和并发症，加重他们的痛苦。

在慢性病的预防中，慢病防治和慢病管理习惯于用管理学的思维来推进医药学的技术。应用药物和营养物质，以物制物，如果线性发展，诸如一些癌症治疗，走到极端，会出现两败俱伤或自取灭亡的绝境，这样单一的传统性策略维度偏低，成本很高。

慢性病管理的主要方面包括：坚持合理用药、均衡膳食、合理运动、情绪调适。应用康复学和健康学理论，可以探索、尝试用调养筋骨、食养脏腑和修养心性，从身体物质层面、生命精神能量和心性信息调控等高维能量层面，来综合管理慢病，这样防治策略维度升级，成本也低。

（二）用医养康养相结合控制慢性病

2021年6月27日，由人民日报健康客户端主办的人民康养座谈会上，清华大学杨燕绥教授介绍："目前我们国家的卫生支出占GDP的6.5%。'十四五'期间进入中度老龄社会，逐渐会达到7%—8%"，而发达国家数据显示，卫生支出62%用在预防和康复、30%用于医疗、8%用于照护。

我们在癌症的慢病管理上强调坚持预防为主、防治结合、中西医并重，加强癌症防治体系建设，提高癌症防治能力，实施癌症综合防治策略和措施，为遏制癌症增长、降低癌症疾病负担奠定了基础。

慢性病控制，同时也需要医养与康养相结合，也即"健康科技＋健康文化"。其中，文化康养也应占有重要位置。

慢性病大都是由不良生活方式造成的，故又称生活方式病，自然就应该通过生活方式的调整来解决，养成健康文明的生活方式很重要。应努力构建新健康文化知识体系，提升全民健康素养。全民健康素养提升了，才能养成健康的生活方式，慢性病也就能得到相对有效地管控。

（三）用文化康养化解精神健康问题

衰老是一个自然而然的生命现象。一个人进入老年时，其身体的机能在自然减退，由于衰老带来的生病的几率就会提高。同时，老年时心智系统仍然在成长和发展中。所以，让老年人充分发挥精神健康能力，对于促进老年人健康生活而言意义重大。

对于老年人的养老问题，吃穿住行固然重要，但精神文化生活的修习和调适也同样重要。没有积极乐观的人生心态，物质条件再好，再富足充裕，也谈不上真正的健康养老。

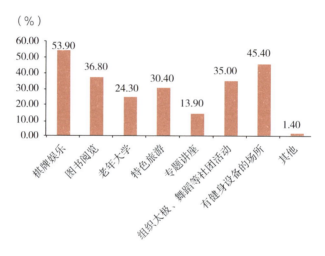

图 4-6　老年人希望获得的文化娱乐和体育健身服务

资料来源：河南省许昌市 280 例老年人社区养老服务需求研究。

 案例 ……………………………………

老年大学一座难求，"学霸"占额不愿毕业

基本情况　我国 7.6 万家老年大学"一座难求"，报名需要"熬夜排队"、网上报名"秒空"。还有相当一部分老年学员"不肯毕业"，出现许多"延毕学生"，成为老年教育机构的常驻学生。辽宁老干部大学有位学员学了 24 年仍不想毕业，成都市老年大学一位八旬"学霸婆婆"在学长达 28 年、拿了 8 张毕业证，浙江安吉老年大学有位学员 20 年里始终甘当"留级生"等。已不止一次听到有老年学员喊出誓言，要"打破他们的纪录"。

　　简要评析　这种奇特的学习现象，学什么已经变得不重要了，重要的是老年人获得一个团体，有一个归属的集体，找到自己生活和精神的落脚点，填补或弥补了因年龄原因导致的社会人际关系的某些缺失和失落。

有老人的地方，就有老年人的社交群体，老年人的社区。老年人应该积极参与家庭和社会活动，给自己搭建新的社会活动舞台，参与一些健康类的群体活动、健康学习和健康训练。

三、如何"活得长又活得好"

"健康期望寿命"是一个相对数据，估算的是一个人在完全健康状态下生存的平均年数。2019 年 11 月 1 日，国家卫生健康委召开专题新闻发布会，介绍建立完善老年健康服务体系指导意见有关情况时表示："我国老年人健康状况不容乐观，2018 年我国人均预期寿命为 77.0 岁，但据研究，我国人均健康预期寿命仅为 68.7 岁。"对比数据可知，我国老年人有 8 年多是在带病生存。这就是通俗意义上的"活得长了"，却没有"活得好"。

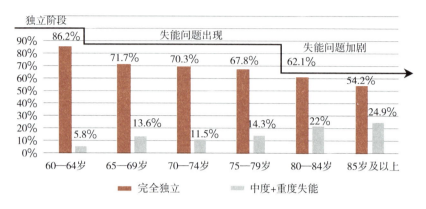

图 4-7 不同年龄段 ADL 失能状态

如何缩短带病生存时间呢？老年人需要预防疾病的发生。医学中常用到的概念是三级预防。一级预防是在未患病时积极通过行为改变预防疾病发生；二级预防是在疾病初期，早发现早治疗；三级预防是疾病已经发生时防止疾病进一步发展。在此基础上，我们从健康学角度来分析这三级预防中的健康维护原则。

（一）健康能力尚强而稳定阶段

健康维护原则：做好健康计划、健康建设、健康保持。

他们是内在能力强而稳定者，如在 60—80 岁的大多数老年人应该是处在这个阶段的，即便有亚健康状态也可以算是处在这个阶段，因为，亚健康者是可以自我再恢复到健康状态的。因而，其健康维护策略的重点应该是尽可能长久地维持这种状态。

还有健康能力和工作能力的老人，不需要特别照顾，如果给予过多的"孝敬"和"被养"，其效果可能适得其反。应该给予他们的是正常的学习和工作的机会。

邬沧萍教授——百岁践行健康老龄化

基本情况 我国人口学和老年学的开拓者、参与了我国第一次人口普查的中国人民大学一级荣誉教授邬沧萍先生，今年已经百岁，还站在讲台上讲课，坚持写作，修订自己写的教材《社会老年学》，开直播为"00后"分享健康长寿之道。他说："我提倡健康老龄化，自己必须亲身参与，否则无法说服人！"

简要评析 有专家学者站出来提问："谁养他了？"该案例背后的道理是：站直了，自力养老，也可以长寿。

我国老年人的健康养老，应该重点放在低成本促进"自主健康"的健康计划、健康建设、健康恢复和健康保持上。即有计划地用建设健康、恢复健康和保持健康的方式和手段，指导老年人学会自觉、自主、自建和自强健康，并让其得以相对地延缓衰老，或让老年人的病情相对地放慢恶化、减少恶化，甚至不恶化、不发展，让疾病尽可能往好的方面转归，恢复到一种相对"正常"的健康状态；抑或是带"病"生存，与"非正常指标"相伴，与"癌"为友，并让他们的心情保持一种快乐状态。

现在，有近2亿老人是健康活力老人。健康养老能够调动和挖掘健康活力老人的自我、自主、积极健康潜力，他们都有可能成为自主健康大军的一员。这些活力老人只需要重视健康科普、注重科学保养，多用绿色、自然的方法，去不断地建设健康、恢复健康、保持健康或提升健康，就能大大增加健康老人的比例，就能大大减少我国养老事业的社会综合治理成本。

（二）健康能力衰退及慢性病阶段

健康维护原则：慢性病康复计划和健康管理维持。

对于健康能力已开始下降的慢性病患者，要加强抗衰老或精神健康能力建设，达到延缓衰老和增进健康能力的目的；针对慢性病积极开展康复，做健康建设、健康恢复，同时，适当借助医疗手段进行必要的干预；对于健康机能已基本衰竭或慢性病已很严重，其健康干预的重点应该是健康维系，逐渐以预防疾病为主，使疾病对个体总体健康功能的影响最小化。

这一阶段的老年人最需要的是要有助于阻止、延缓或扭转机能衰退。导致慢性病发生的根本原因不是疾病本身，而是自身健康能力虚弱，抑或是健康系统机制紊乱了，正如传统医学所说的气血能量不足或经络关窍不通。为此，自我提升健康能力、修复自身的健康运行系统和恢复生命秩序是首要任务。

（三）高龄、重大病或失能阶段

健康维护原则：提供长期照护。

健康老龄化的一个标志就是将自己的带病生存时间压缩到最短，让自己活得长、活得健康，这也是每个老年人管控自己健康的重大职责。

对于已是高龄或患有重大疾病、面临严重失能风险或者已失能失智的老年人，其生活自理能力基本丧失，很难再恢复，照护依赖已是常态。但是，这个阶段的健康养老仍然很有必要。维护老人的健康是最基本的要求，因为健康权、自主权和尊严保障是人最基本的权利，如果老年人还具备对影响他们的事务做参与决定的能力，则需要尊重他们的选择。

我国的医疗卫生服务体系基本上是按照年轻社会的需要设计的，应对庞大规模的带病老年人群，需要对现行医疗卫生服务体系作出战略性调整，逐步把重点转移到积极应对人口老龄化上来。通过机制创新，使之既能够服务于每一位公民的活力老化，又能够在疾病发生后提供有效的服务供给。我国目前还属于中等收入国家，应对规模巨大的带病老年人口的医疗卫生服务能力还比较薄弱。如何应对，必须算大账，应当考虑低成本。在低成本应对人口老龄化的选择上，最有效的途径就是全民改变不良生活方式，把疾病耗费医疗卫生服务资源的压力降到最低点。通过这种方式来提高全民的生活水平和生活质量，同时也有利于经济社会协调、可持续发展。

第三节　医养结合支撑当前养老

改革开放 40 多年来，医院与医疗保障一直在面临深刻挑战。看不起病、就医难、医患矛盾等一系列问题，成为国家着重改革的方向。在本世纪第二个 10 年，国家积极推进医疗卫生与养老服务结合，让亲历改革开放的几代老年人受益匪浅。

一、健康养老迈出了稳健的"第一步"

在健康中国战略的整体思想指导下，我国的健康养老已迈出了稳健的第一步，国民的健康指标已达到预期目标，医养结合保基本的国民健康战略已经落实，老年健康服务体系的初级健康保障已基本夯实，并已展现出新的发展前景。

（一）健康指标居于中高收入国家前列

2019 年，《"健康中国 2030"规划纲要》提出健康中国三步走的目

标：2020 年，主要健康指标居于中高收入国家前列；2030 年，主要健康指标进入高收入国家行列的战略目标；2050 年，建成与社会主义现代化国家相适应的健康国家的长远目标。

当我们将老年健康目光集中在 2020 年，我们达到了《"健康中国 2030"规划纲要》第一步的目标了吗？答案是肯定的。2021 年，世界卫生组织（WHO）发布了一年一度的《世界卫生统计》报告，提供了全球最新卫生统计数据。2019 年，我国整体预期寿命为 77.4 岁（男性 74.7 岁，女性 80.5 岁），比世界平均预期寿命 72.6 岁（2018 年数据）高出 4.7 岁。健康预期寿命为 68.5 岁（男性 67.2 岁，女性 70.0 岁）。相较于 2016 年数据有所延长，但主要体现在女性寿命的改善上，男性整体预期寿命和健康预期寿命甚至都还略有倒退。可以说，2019 年，我们既已达到了《"健康中国 2030"规划纲要》第一步的目标——主要健康指标居于中高收入国家前列。

这第一步目标，得益于医药卫生体制改革和医养结合的这套初级健康养老服务模式。

（二）"保基本"促进健康养老

20 年来，"保基本"的原则不仅保证了城镇职工基本医疗保险事业的顺利发展，而且成功指导了新农合和城镇居民基本医保制度的建立和发展，进而被写入《中华人民共和国社会保险法》，成为社会保险法的核心理念。社会保险法提出，包括医疗保险在内的社会保险制度要坚持"广覆盖、保基本、多层次、可持续"的方针。"十二字"方针具有内在的必然联系。其中，医养结合服务体系在"保基本"中处于核心地位，也成为实践健康养老的基础，因为我国老龄人口的健康风险不容低估。

钟南山院士——提高县医院的服务质量和管理水平

基本情况　早在 2011 年，钟南山院士接受采访时尖锐地指出：改革公立医院，是缓解"看病贵、看病难"的重要途径。如果能将诊治战略前移，早期诊治，控制病情，小病就不会演变成重病、大病。看病难，主要是在大医院看病难。大量的病人涌到大医院看病，造成了看病难。公立医院改革的重点，应该放在处于基层的县医院。根据 2010 年卫生统计年鉴，县医院有 9200 多家，占全国医院 45.5%，覆盖了全国 9 亿人口。加强这个环节的建设，提高县医院的服务质量和管理水平，是解决当前看病贵、看病难的切入点和重要抓手。政府投入资金建立新农合制度后，县医院新农合患者比例为三甲医院的 4 倍。在这种患者回流县医院的状况下，强化县医院的建设已十分迫切。相信经过 5 至 10 年的努力，塔体会变得坚实，大部分患者的问题可在塔底、塔体就获得解决，"看病贵、看病难"的现状将会大有改观。

简要评析　2020 年底，全国共有县级医院 16804 所，县医院这个"塔底"较好地发挥了作为基层老年人健康"守门人"的职责，农村老人生病敢去掏钱治病了，基本实现了"大病不出县"，这对占绝大多数的基层老年人的健康养老非常关键。

2018 年，一项针对全国万名居民的调查显示，上门医疗和疾病监测紧急救助是居民当前最希望发展的服务内容。老年人是当前医疗卫生服务体系关注的重点，相关调查显示，无论是疾病发生概率，还是医疗费用负担，老年人是我国目前主要疾病负担人群。新冠肺炎疫情中，老

年人也成为最易出现重症和死亡的群体，成为各国抗疫中的重点关注对象。

2019 年，健康中国行动推进委员会成立。2019 年，十九届四中全会进一步提出"加快建设居家社区机构相协调、医养康养相结合的养老服务体系"，把健康问题作为养老服务体系建设的两大关键要素之一。老年医疗卫生政策重心逐步从重视病后治疗转向病前预防，以治病为中心转到以健康为中心。

（三）托住失能失智老人照护底线

2021 年 6 月，《"十四五"积极应对人口老龄化工程和托育建设实施方案》发布，强化对失能失智特困老年人的兜底保障。相对于农村公办的敬老院，这是个非常大的保障，有助于缓解农村五保户老人因为没有床位而住不进敬老院的难题，给农村五保户老人带来了福音。

到 2022 年底，国家将培养培训 1 万名养老院院长、200 万名养老护理员、10 万名专兼职老年社会工作者。这样，就有大批的专业护理员可以下沉到基层敬老院，为五保户老人、失能失智老人，提供更好的专业服务。

"十四五"期间，国家要扩大养老机构护理型床位供给，要从"十三五"时期的 48％，提高到 2025 年的 55％，更好地满足高龄失能失智老年人护理服务需求。在农村，"十四五"期间，将着力补齐养老服务体系的短板，力争每个县至少建成一个县级失能半失能照护机构、两个乡镇级农村区域养老服务中心。同时，大力发展农村互助型养老设施，为农村老人提供居家养老服务，基本构建起县、乡、村三级农村养老服务网络。

如此一来，这就稳稳托住了失能失智老人照护的底线。

二、医养结合服务能力持续提高

为低成本、保基本、高质量地应对人口老龄化，2013 年，国家积极推进探索医疗卫生与养老服务的结合模式——医养结合。这些年，医养结合作为健康养老的基本国策，为健康中国战略的实施奠定了坚实的基础。

（一）医养结合支撑当前养老

医疗保障制度主要是针对公民老年期的疾病风险，保障公民晚年病有所医。由于慢性病已被认定为生活方式病，病因主要是个人行为所引起，每个人都要自己支付一定的保险费作为防病之备，这种以个人为基础的保险系统是十分有效的。

自 20 世纪末以来，我国逐步建立起相应的医疗保障制度，包括四个层次：城镇职工和居民基本医疗保险制度；新型农村合作医疗制度；城乡医疗救助制度；机关事业单位实行公费医疗制度。

通过这几项制度，保障了广大老年人的基本医疗需求。同时，经过新中国成立后多年的努力，建立了相对完善的医疗卫生服务体系，包括医疗服务系统、基层医疗卫生服务系统和公共卫生服务系统，满足了广大老年人的基本医疗卫生服务需求。

研究表明，医疗支出如果长期超过家庭总支出的三分之一以上者，这样的家庭就属于"灾难性"家庭。

作为发展中国家，由于人口平均健康水平相对较低，医疗保障和医疗卫生服务体系尚不健全，在人口快速老龄化的条件下，我们面临的挑战也是世界上独一无二的：带病老年人口大幅增长。许多纯老户家庭属于医疗支出较高的家庭；老年人口疾病就医费用负担日益沉重。研究表

明，60 岁及以上人口的医疗费用是 60 岁以下人口医疗费用的 3—5 倍，医疗保障制度面临持续冲击。我国的基本医疗保险实行现收现付制的筹资模式，在人口老龄化条件下，缴费人群不断减少，享受人群不断增多，不仅支付压力越来越大，制度的可持续发展将面临直接挑战；医疗卫生服务体系面临巨大压力。

在现阶段，医养结合对于老年人的健康和整个老年人群来说，是非常必要的，因为目前整个社会提供的健康服务模式中，医疗卫生这一种最有效，其他的如健康保养或健康建设还只是初创时期，在此方面的基础理论研究也非常不足。另外，中国人的疾病谱也在发生巨大变化，提倡预防、保健、养生固然重要，但有一个建立和发展过程。所以，医养结合是当前重要的养老支撑。

（二）医养结合服务体系初具规模

2020 年我国卫生健康事业发展统计公报显示：2020 年，全国卫生总费用占 GDP 百分比为 7.12%；社会卫生支出占 41.8%，个人卫生支出占 27.7%。人均卫生总费用为 5146.4 元。

对于生命质量的投入是一项促进人力资本可持续发展的战略性投资。唯有健康老龄化，提高全体国民的健康水平，才能从源头、从根本上降低老龄化的健康成本。世界卫生组织提出，用于老年人的公共卫生支出应当被视作一种投资，且这种投资能够降低家庭和社会的照护成本，并为老年人的参与和贡献创造条件。

近些年，随着医药卫生体制改革的深入推进和政府对老龄化问题的日渐重视，老年健康服务体系建设不断健全，其中，主要是医养结合服务体系建设最为可观，其次是基层医疗卫生机构设施条件持续改善，针对老年人的健康服务水平逐步提升。

截至 2020 年底，已经建成：国家老年医学中心 1 个；全国设有国家老年疾病临床医学研究中心 6 个；设有老年医学科的医疗卫生机构 3459 个，其中，设有老年医学科的二级及以上综合性医院 2642 个；设有临终关怀科的医院 510 个；全国医疗卫生机构与养老服务机构建立签约合作关系的共有 7.2 万对；具备医疗机构执业许可或备案，并进行养老机构备案的医养结合机构共有 5857 家；另外还有：老年医学科医师已纳入医师规范化培训范围。全民医保体系不断健全，基本医保参保率持续保持在 95％以上。城乡居民大病保险、重特大疾病医疗救助和疾病应急救助全面推开，商业医疗保险起步，对老年人健康初步形成了较为系统的保障。涵盖养老机构增设医疗机构、医疗机构开办养老服务和社区层面推进医养结合服务在内的综合性的医养结合体系也在迅速发展。推行长期护理保险试点地区的老年人护理和康复等保障水平明显提升。

一个覆盖城乡、涵盖多领域服务的医养结合养老服务体系已基本形成，撑起了老年健康服务体系的初步形态。

（三）医养结合四大模式

2020 年，国家卫生健康委确定 199 个案例为"全国医养结合典型经验"。2021 年 4 月 8 日，在例行新闻发布会上，老龄健康司总结认为：我国医养结合的政策体系、服务体系、标准体系、人才体系、信息体系基本建立，医养结合服务能力持续提高。此次新闻发布会，简单介绍了四类医养结合发展经验。这四种医养结合范式，是医养结合典型经验中最具说服力的模式，为此本书作详细介绍。

远程平台——中日友好医院模式

基本情况　中日友好医院国家远程医疗与互联网医学中心是5G医疗标准的制定单位。2020年，在国家卫健委老龄健康司的支持下，中日友好医院国家远程医疗与互联网医学中心建立了老龄健康医养结合远程协同服务平台，与全国5300余家医疗机构建立了远程合作关系，通过融合5G新技术，为医养结合的老人提供更加便利的医疗服务。

主要特点　中日友好医院"远程平台＋医养结合"服务特点：一是在线复诊与远程医疗相结合。互联网在线复诊可以与远程医疗相结合。老人的病情发生变化，不适合做互联网诊疗时，就可以立刻转到远程医疗到大医院。足不出户在线复诊后，能送药到家，同时可以得到经常性诊疗与康复指导或药学指导。二是慢性病预防与重症救治相结合。互联网诊疗的最大价值是慢性病管理，对一些患者实现连续性的管理。通过互联网的复诊平台可以给患者提供一个方便再就诊和开药的途径。三是提升了医养结合效率，应用信息化手段便民、惠民。中日互联网医院开设的联合门诊，可以帮助新发病例在发病初期就能找到专家。患者可以在当地医院申请中日互联网医院联合门诊，专家与当地医师一起接诊"基层首诊"患者，这样就能有效地保证医疗质量以及患者安全。

简要评析　远程平台助力医养结合，解决"目前医养结合机构存在的医务人员数量不足，大部分医务人员是全科医生，无法提供较高质量的专科医疗服务；有些医养结合机构不能提供专科护理服务；医护人员缺乏标准化能力体系，也没有继续教育和长期终生教育的机制；医养结合机构之间缺乏连通的工作平台和互助机制"等一些共同的痛点和堵点问题。医养结合远程协同服务平台能够有助于医养结合机构，特别是基层 70% 的社会办的养老机构，节约看病的时间成本，提高就医效果，能够让老年人感受到现代技术带来的便利和关爱。

居家：曲阜鼓楼社区模式

基本情况　2014 年，山东省曲阜市鼓楼社区卫生服务中心率先实施"医康养一体化"新模式，为 65 岁及以上老年人、重病、失能半失能、计划生育特殊家庭、精准扶贫户等五大服务群体，提供居家健康教育、健康管理、疾病诊治、康复护理、心理关怀、安宁疗护、生活护理等医养服务，打通了医养结合的"最后一公里"，实现了"1＋1＞2"的叠加效应。

主要特点　一是居家医养即让符合条件的高龄、失能半失能老年人足不出户享受医疗服务，现已服务老年人近万人。二是医中有养医疗机构内设养老病床，为老人提供日间生活照料、疾病治疗等服务。三是养中有医医疗机构进驻养老院，与 18 家养老机构签订合作协议，在其内部设立高标准医疗服务区，实现了老人有病及时治疗，无病康复养老，真正让养老机构和医院融为一体。四是医养同办医疗机构举办养护院，为失能半失能及临终关怀患者提供全天候医养服务，做到医疗、养老、康复、临终关怀"四位一体"，实现医养工作精细化、专业化、优质化。五是医养签约医疗机构联姻城市社区日间照料中心、农村互助养老院，与老年人签订家庭医生签约服务协议，针对不

同类型老年人，提供个性化签约服务包，真正将家庭医生签约"纸上写的"变成现实。六是精准医养面对严重精神障碍患者，曲阜市精神病防治院建成特殊人群养老服务区，设置 46 张养老床位。

简要评析 当前，我国 90% 左右的老年人选择居家养老，所以医养结合服务的重点应放在居家和社区。山东曲阜市畅通养老"最后一公里"！不仅做到了"可以治病"，更做到了"治得起病"，还将医疗服务从医院服务延伸到了居民身边。这种多层次、广覆盖的养老服务体系守护了城乡老人。这种做法，曲阜市老人月均住院时间由 14 天缩减到 7 天，医疗费用分别比二级、三级医院减少30%、50%，节约医保资金，减轻了群众的负担，维护了家庭和谐，受到了群众的认可。

医院：成都八院模式

基本情况 成都市第八人民医院为公立三级老年专科医院，隶属于成都市卫生健康委员会，全国首批四川首家"老年友善医院"、四川省唯一的"养老照护试点医院"。2014 年，尽管医院床位增加到了 600 张，但仍然不能满足老人的需求。针对新的情况，成都八院主动走出去，和周边的养老机构、养老服务中心、护理院或者日照中心、社区卫生机构的社区卫生中心签约，开展医养协作关系，为这些机构的老人提供快速的转诊或者绿色就医通道，组建了专业的队伍，给对方提供健康宣教、健康管理、医疗巡诊、康复或照护培训，同时给予营养指导或心理指导等，通过这种方式逐步把医养结合的服务延伸到社区。

主要特点　一是医护康养一体化，医养结合强"专科"。重点打造了康复医学科、阿尔茨海默症中心、安宁疗护中心、老年医学科四大特色科室。二是专业资源走出去，医养结合联"基层"。搭建"医养联盟"。医院于 2014 年成立健康服务部，与 40 余家养老服务机构、社区卫生服务中心等签署协议，把健康送到居民家门口。三是整合升级，医养结合重"共享"。作为西南片区"老年医疗照护培训基地"，医院被省、市卫健委确立为医养结合标杆，建设西部"老年医养健康远程信息网络中心"，使医养结合工作更加高效。四是医养之魂——关爱文化。该院着力打造"孝爱医和合"的医院文化。设立老年大学分校，开设音乐、太极等课程；开展"一日护工"活动，每人每年到病房做护工一次，发现病人的需求和服务中的不足，换位了解护工的辛苦；携手市慈善总会，募集爱心助老基金，惠及失能、失独、贫困和高龄老人；从 2014 年开始，成立"关爱老人、情暖夕阳"志愿服务联盟，弘扬孝善敬老美德。现有 100 多家单位加入，拥有 11000 余人长期稳定的志愿服务队伍。

简要评析　该院把脉老龄社会需求，打造"医疗康复为基础，专业照护显特色，机构社区广覆盖，社会关爱聚能量"的特色服务模式，走出了医院医养结合的创新之路。

农村：邢台长护险模式

基本情况　2016 年，河北邢台市出台《长期护理保险实施方案》，开始探索农村留守老年人医养结合工作。

巨鹿县实施了"医养一体、两院融合"改革。融通了民政、卫

计、人社等部门间政策；采取托管、协议合作或创建"医养综合体"等方式，推进县乡村三级医疗和养老资源设施共用共享、互通互联，盘活闲置医养资源；发挥县医院医护技能和县中心养老院养老技能培训两大平台作用，培养"一专多能、一岗多责"医养领域复合人才，实现了人员联通。按照每张床位2000—4000元的标准给予一次性建设补贴；机构享受入住对象每人每年1200元运营补贴和2000—4000元取暖补贴；将长期护理险缴费标准定为每年每人50元，并从医保结余基金和福彩公益金中划拨1080万元作为启动基金；职工护理险的个人、财政、医保基金统筹额度分别为10元、10元和30元，农民护理险分别为3元、4元和40元。先后启动了重度和中度失能人员长期护理险，医疗专护一级医院的定额为每人每天90元，二级医院为每人每天120元；机构护理定额统一设为每人每天50元。护理险报销不设起付线，在县域内接受医护服务的，报销比例为定额的65%；在统筹区外接受医护服务的，报销比例为定额的55%。

威县建立了贫困人口家庭病床专项基金，按病种提供70%—90%的报销额度，个人自付部分再由民政部门利用医疗救助资金解决80%，最终个人实际自付部分仅占医疗总费用的4%左右。在16个乡镇卫生院专门成立家庭病床科，抽调4名全科医师和执业护士组成团队，县政府出资16万元、卫生院各自筹资1万元、一家公司为每院资助3680元，统一为16所乡镇卫生院配备一部电动汽车，专门用于家庭病床巡诊。

主要特点 一是医中有养。将乡村的养老机构、幸福院和乡村医疗机构建在一起、连接在一起，用乡村医疗机构直接为乡村的养老机构提供医疗服务。二是养中有医。在养老机构设置卫生室和护理站，派驻医护人员，提供医疗服务。出台了《邢台市推进医疗卫生与养老服务相结合的实施意见》，对符合条件的养老机构内设医疗机构，按规定纳入基本医疗保险定点管理范围。三是失能有保。2019 年，在邢台全市推行长期护理保险制度。四是建立了计划生育养老家园。

简要评析　扩大医保保险范围、尽快普及长护保险是农村医养结合养老服务业可持续发展的重点。医养结合机构一直都暗含公益性特征，绝不可任由其完全遵循市场规则定价，应制定一个基准化的收费标准，在此基础上允许各医养结合机构结合本单位服务的特色自主定价。同时，还应将医保定点支付范围纳入医养结合机构中，并尽快实现医养结合养老服务机构长期护理保险全覆盖，以解决老年人护理支付难题，实现农村医养结合养老服务的可及性。邢台市的医养结合模式满足了当前群众无病疗养、有病治病、医疗保健型养老的新需求，大幅提升了入院老人的获得感和幸福指数。

三、完善长期照护保障模式

从 1980 年到 2020 年，我国独生子女数量已超过 1.8 亿人。"十四五"时期，第一次出生高峰人口和第一代计划生育与独生子女的父母大量进入到老年期和需要护理的时期，这些家庭需要社会养老。

我国空巢已经十分普遍，早在 2013 年底，我国独居和空巢老人家庭已经超过 1 亿户，占全国家庭总数 4.3 亿户的四分之一。预计到 2050 年，独居和空巢老人家庭将增加到近 2 亿户，其中，高龄失能老年人空巢家庭的数量占相当比重。第七次人口普查数据显示，我国失能老人的人数超过 4200 万，每 6 个老人中，就有 1 个生活不能自理。同时，我国目前平均每个家庭户的人口为 2.62 人，家庭小型化已成趋势，传统的家庭养老功能日渐式微。现在，越来越多的父母已经不期望子女照顾

自己了。子女照顾父母在未来将是这个世界上很奢侈的服务。面对家庭养老功能的弱化，构建完善的老龄服务体系迫在眉睫，尤其是老龄服务体系的核心——长期照护保障制度。

从"保基本"的思路来看，高龄失能失智人群需求，是长照险的基本照护范围，植物人就是这类人群的典型代表。目前，植物人群体大约有 30 万—50 万人。胃管、尿管、气切管维系着植物人的生命，他们需要精心的养护，每天 6 次胃管流食，24 小时监护。如果护理得当，植物人平均存活 10—20 个月，少数人可能存活数年以上。植物人的医疗需求涉及糖尿病、高血压、贫血、泌尿系统感染、呼吸道感染、肺栓塞等。现在，卫健委、民政部尚未出台植物人集中托养的主管、审批、管理政策。而在当前，建议将植物状态直接评定为"重度失能"，领取失能护理补贴，支付护理部分的医保；植物人托养中心给与护理院的机构身份，可以进入医疗系统报备，拥有相应的医保报销资格；植物人托养中心享受养老服务机构床位补贴以及水电气暖等优惠。

"十四五"时期，国家将发展长期照护保障，推动建立长期照护服务项目、标准、质量评价等行业规范和全国统一的老年人能力评估体系，基本形成适应我国经济发展水平和老龄化发展趋势的长期护理保险制度政策框架，推动建立健全满足群众多元需求的多层次长期护理保障制度。届时，需要家庭帮扶的老年人，可以住在家庭病床。需要入住机构的老年人，可以借助护理型床位和认知障碍照护床位，接受长期护理服务。

四、社区是"医养结合"的重要支撑

社区医养结合模式，是老年人群就近医疗的基础，也是家庭养老床位、家庭病床和上门服务的基础。社区医养结合，需要解决好下列问题：一是解决医保问题，让上门医疗服务能够和医院一样实现医保支付。二是公共卫生医生、全科医生，普通专科下沉到基层，医防融合，全专融合。三是落实分级诊疗，常见病、急救等都要在社区医院解决，即经济又及时。四是由三甲医院为龙头和支持，每个社区医院都要对应一所三甲医院，为重症和疑难病建立绿色通道。五是网格化管理。通过公共卫生和健康检测平台，让老年人能够在社区卫生医疗平台上，实现动态和应急管理，实现精准医疗和服务，实现居家社区养老的联动，实现慢性病、康复病人的有效治疗，直至失能失智的照护、临终安宁服务。

第四节　夯实健康养老保障体系

"十四五"期间，我国的健康养老会在力求全民健康、全面健康、全域健康的基础上，建立整合型的老年健康服务体系，发展多层次的健康养老新业态，推进城乡基本公共服务均等化，在加强生命健康领域长远布局，建设更高质量的活力老龄社会。

一、推进全生命周期健康保障体系

全生命周期是指贯穿个体的生命孕育期、婴幼儿及学龄前期（0—6岁）、儿童青少年期（7—20岁）、成年期（21—64岁）、老年期（65岁及以上）和临终关怀期六个阶段。

全生命周期健康促进和健康教育，指的是在上述生命周期的各个阶

段，针对各自特点推进健康促进和健康教育，核心是以健康为中心，以防控为重点，强调"生命出生前""风险未出现时""疾病未发生时"的全程健康管理。在实施时，将预防、治疗、康复保健、心理健康、长期照护和安宁疗护纳入其中，从而延长健康预期寿命。

2020 年，接受健康管理的 65 岁及以上人数 1.27 亿人，按照规范要求进行高血压患者健康管理的人数 1.1 亿人，按照规范要求进行 2 型糖尿病患者健康管理的人数 0.35 亿人。

"十三五"期间，大力践行的健康养老指的不仅是要保障老年人口的身体健康机能和精神健康机能，也是立足于全部人口的"全民健康""全面健康""全域健康"。实施全人群、全生命周期的健康中国战略，即维护人的生命健康全过程，这也是"十四五"期间应对人口老龄化的最基础、最核心的战略选择。

健康养老需要全民参与，共建共享。坚持政府主导与调动社会、个人的积极性相结合，推动人人参与、人人尽力、人人享有，落实自主健康为主，推行健康生活方式，减少疾病发生，强化早诊断、早治疗、早康复，实现全民健康。这也是老年健康服务的基本路径。

健康老龄化的影响因素贯穿于生命全周期，出生前的生殖健康、营养条件、未来的环境暴露均会影响个体机体能力的发挥，出生后个体的社会特征又会影响其面临的暴露、障碍与资源可及性，进而影响机体健康和功能发挥。研究表明，儿童期的肥胖会提高成年后肥胖的概率，进而影响未来慢性病的患病概率；在儿童期、青春期和成年早期，充足的钙摄入能够使个体获得最佳峰值骨量，可减轻老年期的骨质疏松，此外增加饮食中的钙摄入、适当的体育锻炼和阳光照射、良好的生活方式等均对骨质疏松有预防作用，因此在生命早期、中期和后期等各阶段进行干预、营造支持性和促进健康的优良环境，对延长老年人预期寿命、维护老年人健康十分重要。

青年、中年时期能实现全面健康，才能为老年期的健康生活奠定基础。国家倡导公民树立人的全面和终身发展的理念，将政策干预的关口前移，统筹解决不同年龄群体的"生育、教育、就业、退休和养老"等问题，在中青年时期就全面做好今后养老的物质、健康、技能、精神等准备，就能够很好地避免中青年时期的诸多问题，延缓或积累到老年期集中爆发，避免让自己的老龄时段负担过重。发展普惠托育服务体系，健全婴幼儿发展政策，有利于缓解育儿压力，进而有利于增强家庭养老功能的发挥。从全生命周期视角看，婴幼儿的发展水平很大程度上决定了未来老年人口的身心健康状况和人力资源水平。积极老龄观、自主健康观、健康老龄化的教育，应该从生命之初就开始。

人的全生命周期健康及其相对应的专业照护是一个连续的整体，如何有效实现以健康为中心的医防结合与防治融合，学者王辰、刘远立提出需要把握以下关键点。

（一）以家庭医生团队为核心，充分发挥基层医疗卫生机构在落实防治融合中的基础性作用。积极扩大家庭医生签约服务的人力资源供应。应该允许和鼓励私人开业或在各级各类医疗机构工作的有资质、有意愿全职或兼职承担家庭医生签约服务的医师和助理医师，选择自己组团或参与现有的团队作业。

政府委托行业学会、协会负责对团队长的资质进行审核与考核，对于一些重点人群和短缺领域，政府提供运营经费补贴。由地方政府制定本地"家庭医生签约服务基本目录"，实行家庭医生首诊制。除非急诊等特殊情况，没有家庭医生的转诊而发生的诊疗费用社保不予报销。

（二）以建设紧密型医联体或医共体为抓手，大力加强医疗保健集团在管理防治融合中的统筹作用。大力提倡在县域内组建医疗保健集

团，实行资源纵向和横向整合。集团内可以成立若干个分工明确并紧密协作的功能中心，包括将县级疾病预防控制中心加以重组并更名为"健康管理中心"。在组建医疗保健集团的同时，要精心设计新的补偿和支付方式。提倡在按人群疾病风险调整的总额预付制基础之上的打包式付费制度改革，不断提高存量资源的配置效率。

（三）以实施健康中国战略为契机，切实健全公共卫生系统在规范防治融合中的指导性作用。大力加强中国疾病预防控制中心的能力建设并扩大其职能，通过整合爱国卫生运动和卫生监督等资源，使之成为健康中国建设的监测评估中心、技术指导中心、重大健康促进行动的组织协调中心。大力加强新型公共卫生人才队伍建设。公共卫生学院今后的重点应该转向硕士学位及以上的人才培养，以培养更多优秀的管理型公共卫生专业人才。国务院授权疾病预防控制部门接触并利用国务院各个相关部委和部门的数据，为落实"将健康融入所有政策"提供基于大数据分析的我国人群健康及其危险因素动态变化的监测评估和决策支持。

二、完善老年健康服务体系

为加快构建强大的公共卫生体系，推动优质医疗资源扩容和区域均衡布局，提高全方位、全周期健康服务与保障能力，国家发展改革委、国家卫生健康委、国家中医药管理局和国家疾病预防控制局共同编制的《"十四五"优质高效医疗卫生服务体系建设实施方案》，展示了"十四五"期间我国公共卫生的前景。

该方案以人民健康为中心，加快提高卫生健康供给质量和服务水平，更加注重早期预防和医防协同，更加注重优质扩容和深度下沉，更加注重质量提升和均衡布局，更加注重中西医并重和优势互补，集中力量解决一批全国性、跨区域的大事、急事和难事，为全面推进健康中国建设提供强有力的支撑。到 2025 年，基本建成体系完整、布局合理、分工明确、功能互补、密切协作、运行高效、富有韧性的优质高效整合型医疗卫生服务体系。

在积极应对人口老龄化背景下，优质高效医疗卫生服务体系建设，将为推动国家健康老龄化建设在发展理念、提供技术路径上给与支持，推动在现有老龄服务体制上进行改革与创新，实现建立优质整合型老龄服务体系。

2019 年 11 月，由国家卫健委、民政部等部门联合印发的《关于建立完善老年健康服务体系的指导意见》将建立完善老年健康服务体系的目标界定为：到 2022 年，老年健康相关制度、标准、规范基本建立，老年健康服务机构数量显著增加，服务内容更加丰富，服务质量明显提升，服务队伍更加壮大，服务资源配置更趋合理，综合连续、覆盖城乡的老年健康服务体系基本建立，老年人的健康服务需求得到基本满足。

积极应对人口老龄化的战略目标之一是打造高质量的为老服务和产品供给体系。有效地整合为老服务各方面的力量与资源，随着优质高效医疗卫生服务体系的不断完善，相信在 2025 年，整合型的老龄健康服务体系将建立，人民健康将迈上一个新的台阶。

（一）补齐老年健康服务体系

老年人的身体经不起折腾，解决老人慢性病和老年衰退需要特别温和并有效率的健康养老。也因此，老年健康服务的主体内容集中体现在对健康的建设维护上，即健康文化普及、健康检测评估和健康保养维护，这些部分需要补齐。

在健康文化普及方面。中华文化就是一部健康文化。健康文化是解

决健康问题最有效的手段之一。健康问题的主要因素之一是人的心智系统出现障碍，从源头化解健康问题需要健康文化做先导。

健康文化的先导服务就是健康文化知识宣导、健康文化课堂教导、健康观念转变引导、健康生活方式指导、健康文化创意倡导、健康文化旅游向导和健康修行俱乐部领导等。

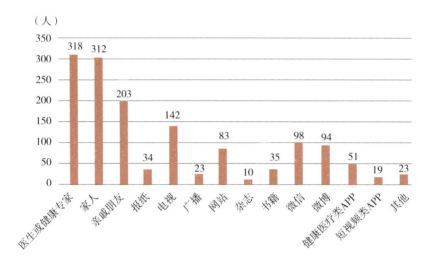

图 4-8　老年人获取健康信息的途径

资料来源：腾讯广告与腾讯新闻数据实验室，《大健康行业数据调察报告 2019》。

我国的健康长寿文化应该从幼儿园抓起，在启蒙教育读本中，就应该播种健康长寿的种子。

在健康检测评估方面，主要有以下几种。

（1）健康信息检测。近年来，一些智能硬件和软件、可穿戴健康设备不断涌现，从量化自我的智能手环、血压仪、心电仪和胎语仪等，到量化环境的室内环境监测设备，再到主打情感需求的各类健康监测系统和设备纷纷上市。这些都为实现保养健康服务的第一环节，提供了全新的发展思路和方向，也为人体健康大数据的采集提供了可能和方便。

（2）健康辨识评估。根据采集的生态环境以及人体体征数据，应用健康学理论和健康原理，运用现代工程技术方法，将监测到的生理健康或病理参数转化为状态参数，并对状态参数进行量化，设计成各种分析模型，进而辨识出人体健康状态的变化。

（3）智能化分析评估。随着现代科技的发展，未来智能化的辨识分析评估系统，不仅可以持续给出辨识分析、评估判断或健康状态辨识结果，还可以适时做到当室内环境或自然环境超过某些标准值时，对当前环境会怎么影响老人的健康问题而作出报警。当连续体征数据出现异常时，对照大数据结果也会给出高危风险的预警提示等。

在健康保养维护方面。现在，当拿到健康体检机构的体检报告之后，就无以为继了。大多数健康体检机构只给出一堆数据，却没有更直观或更实际地告诉你，有哪些可行的方案可以让你变得更健康。

健康保养维护则会根据体检两个环节——信息采集和分析评估的结果，进一步设计出解决方案来，相当于医疗健康服务行业中的医生给病人开出"处方"或处置方案。

在有了对健康状态辨识评估和解决方案的基础上，通过实施健康认知教育、自我身心调理、外在的专业保养等手段，可以达到改善或提升健康状态的目的。

如果说"养老管家"是宏观上指导老年生活，"老年健康管家""家庭健康医生"或"互联网健康医生"，则会给老年健康针对性地指导。

（二）构建环境健康赋能体系

健康是人类的普遍权利，是可持续发展目标不可或缺的内容，除了《联合国可持续发展目标》（见图 4-9）中直接提出了健康问题外，其他可持续发展目标都间接涉及了健康问题。

图4-9　联合国可持续发展目标

资料来源：2015年联合国可持续发展峰会。

老年人随着身体的衰老和健康状况的下降，四肢和感官机能退化，对于可持续城市、社区、居住环境建设的必要性和紧迫性要高于其他群体。

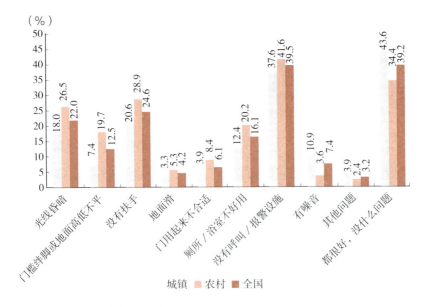

图4-10　城乡老年人现住房存在的问题

当前，我国老年人居住环境的宜居性仍然较低。相关报告指出，造成老年人因非故意伤害就诊的首要原因就是跌倒、坠落，而45％的老年人跌倒、坠落是发生在家中。

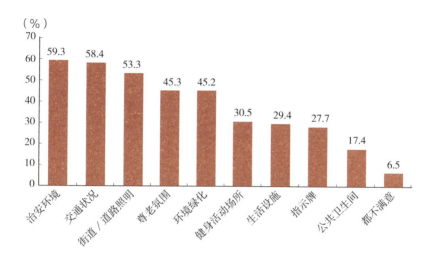

图 4-11　老年人对社区设施的满意度

资料来源：成红磊、侯显：《中国老年人住房及宜居环境状况研究》，《中国社会工作》2018年第17期。

自然生态环境和社会人文环境对老年人的健康促进有很大帮助，这些被称为"健康环境赋能体系"。近年来，从城乡、社区、家庭等多个层次着手，加强年龄友好型健康支持体系建设——构建老年友好城市的建设、老年友好社区和老年友好家庭适老化改造，都做了卓有成效的工作。例如，免费安装、有偿使用的共享电梯，解决了老旧楼安装电梯的难题，方便了高层老人出来晒晒太阳。各地还多措并举探索营造医疗机构"老年友善"环境。

近年来，国家在推进健康中国的过程中，各地也都在着力打造全龄、全域、全周期的安全、便捷、舒适、健康的老年友好型宜居环境。

通过一系列的措施，有效应对了当前和未来老年人所面临的健康问题。

2007 年，世界卫生组织开始在全球推广老年友好型城市建设，制定出台了《全球老年友好城市建设指南》，将"老年友好"的内容分为 8 个方面：交通、住房、户外空间与建筑、社区支持与健康服务、交流与信息、社会参与、尊重与社会包容、公众参与与就业。

"十四五"期间，除在社会保障、养老服务、健康服务等方面集中发力外，还应在环境宜老、智慧助老、依法护老、政策适老、文化敬老上下功夫。

（三）布局健康数据监测评估体系

2018 年起，北京市开展了居家养老巡视探访服务。在老人家中安装一个网关和几个红外传感器，全面覆盖老人的日常活动区域，持续采集活动数据。如果老人长时间没有活动，或者在一个位置滞留过久，系统将发出预警，并将信息分别发送至监护人的手机和监控中心。目前，已开始为社区高龄独居老人免费安装这种行为监测系统。

健康老龄化，需要测评和监督。一方面，需要从政府治理结构、政府组织及行政体系方面进行整合，建立健康影响评价制度，将健康作为政府公共政策的核心目标之一。另一方面，老年人需要通过健康数据监测，强化个人健康责任、提高健康素养、保护生命安全。

以互联网、物联网、人工智能和大数据为核心的第四代技术革命，基因技术、精准医疗和互联网医疗等技术创新，正在成为老年健康体系构建的重要支撑。

健康数据监测是前沿技术应用的重点领域，发展方向包括以下三方面。一是体征大数据分析，建立移动智能终端、无线传输、大数据和物联网平台的融合机制，对生理数据进行抽取、融合、挖掘和预警分析处理，对人体健康状况长期跟踪，达到"以预防为主"日常监护的目的。二是医学知识和物联网技术的交叉融合，实现医学知识、护理对象、智能分析及数据的交互和无缝连接，达到对健康监测领域各种行为和体征变化的实时控制、管理和科学治疗。三是人工智能技术、专家系统和社会群体智慧方法在公共卫生监测系统的应用，以提高医疗监测系统的智能性和准确性。

建立老龄健康动态监测评估体系。构建老龄健康动态评估监测体系是优化卫生健康服务系统、实现全人群、全周期、全过程健康促进的基础。首先，要设计制定统一的老龄健康评估标准，以保证老龄健康动态监测评估体系的针对性、标准化与长效性。其次，整合多元评估主体，以现有的医疗机构、养老机构及专业评估机构为基础，建立动态监测评估平台，有效整合评估资源。再次，建立分级老龄健康监测评估数据库与信息管理平台，常态运营维护老龄健康动态监测评估资料，深度挖掘数据，为老龄卫生健康服务发展预测、干预和监管等提供数据支持。最后，将评估指标与政府绩效考核紧密结合，促使其融入卫生政策、社保政策与老龄政策。第四代技术革命带来的数字信息，通过华为系统的物联，可以让老年人的健康养老真正走进养老全周期数字化监管之中。

三、培育"社会适应健康"体系

2015 年，世界卫生组织发布《关于老龄化与健康的全球报告》，强调健康老龄化要关注老年人在行动能力和社会功能上的健康。这是健康老龄化战略的焦点，也凸显了对老年人主体性的强调。功能发挥，指的是"个体能够按照自身观念和偏好来生活和行动的相关因素"，它包括了"行动力""建立维持人际关系""满足基本需求""学习、发展和决策""贡献"等五个维度，其概念被定义为"发展和维护老年健康生活

所需要的功能发挥的过程"。

近年来，我国老年人在社会适应健康方面成绩可圈可点。

（一）终身学习激发老龄化社会活力

北京物美成为首家引入老年大学的超市。老年大学位于甘露园店三层，教室处在上行电梯的前方，能够容纳 20 多名学员同时上课，配备钢琴、白板、舞蹈形体镜等设备。每次授课 2 小时，12 次的课程 599 元。开设有旗袍舞蹈、歌唱、古典舞、手机操作 + 手机摄影等，一天最多可以排 5 节课，最多每周可授课约 1000 人次。

从北京老年大学的发展可以看出，我国建设学习型社会的步伐在加快。

受教育是公民的一项基本权利，联合国可持续发展目标提出要让"全民终身享有学习机会"。老年教育是终身教育的重要组成部分和最后环节，也是终身教育发展的重要标志和体现。

从 20 世纪 80 年代，山东省成立了全国第一家红十字会老年人大学开始，2002 年党的十六大提出构建终身教育体系、建设学习型社会。2010 年《国家中长期教育改革和发展规划纲要（2010—2020 年)》提出，以加强人力资源能力建设为核心，把老年教育纳入继续教育体系，推动了全国各地全方位、多层次、多功能、开放式的老年教育教学体系形成。

《"十三五"健康老龄化规划》明确提出要积极开展社区老年教育，引导开展阅读、讲座、学习社区、游学、志愿服务等多种形式的老年教育活动，面向全社会宣传倡导健康老龄化的理念，营造老年友好的社会氛围。

早在 2010 年，《国家中长期教育改革和发展规划纲要（2010—2020)》中提出，"生命教育是教育发展战略中'四个重视'教育之一"，这成为老年大学开展生命教育的助推器。

老年人度过幸福晚年需要对生命价值、自我发展的理性思考。老年生命教育的目标应是为了让老年人愈加爱护自我生命和关照他人生命，在学习中完整认识生命的本质，提升生命的质量，做到"活得幸福""活得出彩"和"活得有意义"。

研究表明：老年人教育参与动机得分最高的动机取向是求知兴趣和生命质量。在有益家庭、求知兴趣和社交接触三个取向上，得分自70—79岁区间达到顶点，随后滑落；在社会服务维度上，60—69岁年龄区间到达顶点就滑落；年龄越大，对生命质量更为关注，生命质量动机取向得分会上升。

老年生命教育是集老年人的生命之长、生命之宽、生命之高为一体的教育，是自然生命、社会生命和精神生命完整统一、共同发展的教育，是伴随老年人"从摇篮到坟墓"的终身教育。尊重老年人生命的存在价值，培育老年人生命的主体意识，在日常生活和社会实践中凸显老年人生命的丰富内涵，帮助老年群体自身在学习与生活中认识生命、敬畏生命和成全生命。鼓励老年人通过自身的生命体验丰富生命价值，促进他们的社会参与。

通过老年教育学习潜能的开发，培育老年人养成"核心素养"，助力老年人生成一种反思型的思维模式，进而发现生命的深层价值，从而有效开发老年人的自我实现潜能和人力资源。

在信息量巨大的知识时代，为了适应时代发展，老年人需要养成"时时学习、处处学习、个个善学"的终身学习理念。终身学习代表了社会融入能力，对老年人的幸福感有显著的正向影响。多年来，政府鼓励老年教育以服务成功老化为发展理念，培育"有作为、有进步、有快乐"的新时代"三有老人"。老年人的社会融入、幸福感得到极大提高，给老龄化社会增添了社会活力和社会凝聚力。

（二）大力培育老年社会组织

近年来，各地探索以社区为基础的互助养老新模式。以社区为基础的公益参与模式，是发挥老年人社会参与的积极性和主动性，增加自我成就感的良好方式。

第四次中国城乡老年人生活状况抽样调查数据显示：从全国来看，45%的老年人参加了公益活动。其中，参与率排名前三的公益活动分别为：帮助邻里（34%）、维护社区卫生环境（20%）、协助调解邻里纠纷（17%）。从调查数据可知，部分老年人还直接参与公益活动组织，但比例不高，不足25%。在老年人参加的公益活动组织中，以文化娱乐组织为主（4%）。

具体而言，在维护社区社会治安、维护社区卫生环境、参加文化科技推广活动方面，城市老年人参与的比例高于农村老年人，而农村老年人在调解邻里纠纷帮助邻里等非正式公益活动中参与比例高于城市老年人。

民政部社会服务发展统计公报的数据显示，我国社会组织数量从2012年的32万家增加到2021年的90万家，增幅明显。社区互助型养老设施在2018年有9.1万个，比2014年增加5万余个，表明老年个体在参与老龄社会治理中的地位不断加强，参与水平不断提高。除了政府组织外，还有大量的老年社会组织，他们为政府分忧、为老年人解愁，发挥了独特作用。目前全国基层老年协会有55万个，覆盖了80%以上的城乡社区，他们自我管理、自我教育、自我服务，在开展老年人思想教育、维护老年人权益、组织老年文化体育活动、帮助高龄失能有病困难老年人等方面，做了大量工作，成为政府老龄工作的得力助手，这就是中国特色。一大批老年人都愿意不计报酬地志愿服务，他们积极性高、素质强，充满了创新的活力。在党的统一领导下，政府积极作为，老年人们凝聚起来自助助人，这就是中国方案。

（三）引导老年人积极参与政治和社会治理

近年来，各地积极引导老年人参与基层社区治理。十九届四中全会提出"建设人人有责、人人尽责、人人享有的社会治理共同体"。乡贤能人是基层社区治理的重要力量，各地多渠道、多方面积极引导离退休老党员、教师、医生和企业家等人员充分发挥自身优势，参与社区治理，提高老年人社会参与率。

老年群体在政治生活中扮演的角色越来越重要。随着老年人口占总人口的比例不断提高，根据数据分析，有51%的老年人近三年参与了社区或村委会选举。总体上男性高于女性，在农村这种性别差异更加明显。与农村不同的是，城市女性老年人参与社区选举的比例比男性高。

第四次中国城乡老年人生活状况抽样调查数据显示：65%的老年人参加了最近一次的社区选举；仅有不足35%的老年人未参加最近一次的社区选举。进一步分析数据可知，60%的城市老年人参加了最近一次的社区选举，而72%的农村老年人参加了最近一次的社区选举，农村高于城市。

伴随着年龄的提高，老年人政治参与的比例逐步下降。从文化程度来看，小学学历的老年人参加社区选举的比例最高，为52%；其次为大专及以上文化程度的老年人，为50%；"不识字"的老年人政治活动参与率与大专及以上的老年人差不多，为50%；高中/中专和初中学历的老人参与率稍低，分别为49%与48%；文化程度为"私塾/扫盲"的老年人政治参与率最低，为44%。参与社区选举的概率与文化程度并没有正向关系，内部差异并不大。

从老年人政治参与上看，经济较发达地区的老年人参与政治选举活动的积极性高于经济欠发达地区的老年人。城市老年人积极性不及农村。总体上看，近年来我国老年人政治参与的比例有显著提升，基层民主建设取得新的进步，老年人在政治生活中发挥的作用越来越明显，未

来老年人政治价值将逐渐凸显。

四、推进"健康产业老龄化"

如果给健康老龄化升级换代，应该是"健康产业老龄化"。健康产业老龄化要比健康老龄化更有深意，它是健康职业的老龄化，是一场人力资源重估或重组变革，也是解决社会人口老龄化的方案之一，并能开启一个崭新的时代——老年健康文明时代。

（一）将老龄人口转变为健康人才

自我建设提升健康能力并修复完善健康系统，恢复生命系统的秩序很重要。疾病康复的主要方面应是内求于己去调节、调和，扶正自身的正气，恢复其生机。这是休养生息、自力更生、自强不息，并自我完善、自我建设、自主强大的过程，这正是中华文化的根本内涵。复兴中华文化的根本目的就是为了生命自律、健康自主、疾病自治。

全面复兴中华文化，创新健康文化知识体系，就是旨在提升全民健康文化素养。践行"健康文化＋健康科技"，养成健康的生活方式，建立自觉、自主、自治的健康观念和生活习惯，社会生活健康、自然生态健康以及人民的健康水平和福祉才能得以真正的提高。

健康知识体系包括对人的生命健康的认知，健康学科理论体系建设，健康保养技术和产品的研发生产，健康文化知识的生产和国民健康素养的提升，以及健康恢复、健康维护和健康提升等应用理论、技术和方法。

健康产业的人才不仅需要医学领域的支持，也需要文化领域的支持。医学科学、药物和医疗器械只能尽物之性，而不能尽人之性。没有人文的关怀和教化，人的很多健康问题是无法彻底化解的。

当前，亟须在健康学思想理论和技术方法等系统支撑和操作应用下，培养出一批高素质的健康学科研究人才和专业技术服务人才，他们有"健康第一"和"健康职业化"的信念，能够开展相关健康研究和发展健康产业。

老年群体也是健康人才的组成部分，他们有中华文化记忆传承，他们乐意学习健康文化和总结人生经验，他们需要成为自主健康的内行，对自身的健康进行修整或恢复。可以说，将"老龄人口"转化为"健康人才"是完全可行的，从"人口红利"转化为"人文红利"是可行的。

（二）让老人积极参与健康产业

健康产业是个朝阳产业，要发展健康产业，必须有大批的健康专业人才。这一产业，其从业者需要进行系统的健康专业的教育培训，需要把握健康观念、掌握健康技能、拥有健康文化思想的健康导师，需要训练有素、技术过硬的建设健康的人才队伍，共同去帮助建设健康和促进健康成长，建立和完善健康保障体系和健康文化促进体系。

那么，到底是哪一类人最有可能成为健康产业发展的专业人才呢？答案是，新老年人群最有可能，他们最合适、最应该成为健康产业发展的主体部分。

未来十年及更长时期，是我国康养产业爆发期、黄金期。五六十年代，也包括部分七十年代前期出生的几代人，是经历了整个中国改革开放，包括经济全球化红利的最大的人群，他们拥有全新价值观，有经济能力，也有享受美好生活的愿景，所以他们将让未来的康养产业的需求重新定义。发展健康产业，实施健康中国战略，其主力人才队伍必将来自以上提到的我国中老年人，我国的老龄人口恰好是健康人才战略的突破口。

物质文明＋精神文明＝健康文明。能将物质文明和精神文明集于一身，具有完整的健康格局，唯有老年人有此条件。退休后的老年人，

正是展现生命之光和梦想之时，顺道而行，直接切换到人生的下半场，把人生的主战场转到精神健康文明的建设上来。

为此，应创造条件给新老年人来展现人生的光彩和收获果实，把一部分对中华文化有一定造诣的新老年人培养成为健康中国的建设者，健康产业的倡导者。在他们一生的总结阶段和收获季节，必将结出健康幸福的硕果，体现出人生的价值。让新老年人自主健康，安享晚年，帮助指导家人及其他人维护健康和重新获得健康。这既是对新老年人价值的充分肯定，是对人的尊重，也是对推动社会发展力量的科学评估和重新分配，还将会推进"退休制度"的深刻变革，以便使每个人都能自我适应这个新时代。

这样的人力资源的重估和健康人才的重组，可以化解人口老龄化的社会危机，将当今社会对"老龄人口"的"焦虑"转化为"健康人才"的"智慧红利"，是扩大了社会生产力人口，是增量经济。从而将极大地助力中华民族的伟大复兴，加快构建人类命运共同体、人类健康共同体，推进世界的和谐大同。

（三）发展老年健康文化产业体系

我国正处于一个科技驱动的转型期，对体力劳动的需求在持续减少，互联网和 5G 正在重新组合生产要素，人工智能和机器人将彻底解放人力资本，老年人的价值将被重新认识、定位和发掘。

我国历史上最大的生育高峰期人口，未来将会有 3 亿多老年人陆续进入退休状态。创造条件，积极引导这批新老年人投入健康文化产业意义重大。

中华民族的伟大复兴已势不可挡，其核心是中华文化的复兴，中华文化是关乎天、地、人的健康文化。实施健康中国战略也呈必然之势，落实健康中国战略，关键是要中华文化来主导并完成战略落地。老龄社会的根本问题是老年健康保障，修习中华文化既可以让老年人自主健康，还可以参与并引领健康产业。

由此来看，健康中国战略目标→老龄社会的健康幸福→中华民族的伟大复兴，这三者都指向或期待着中华文化的复兴。"健康文明时代"主要是指健康中国建设、健康产业发展和人民健康幸福的时代。它是新时代中国特色社会主义建设的最重要内容，是全面建成小康社会，建设富强、民主、和谐、文明的社会主义现代化强国的重要标志。同时，这也是整个世界或未来社会应追求的高级文明时代。

 **延伸阅读**

"十四五"期间，健康养老将迎来"换挡升级"，实现5个转变：一是随着医疗资源的下沉和智慧医养的互联，居家养老最短缺的上门医疗和疾病监测紧急救助，将得到长足发展。二是特殊群体老人、失独老人等将能够享受政府兜底服务，接受全生命周期的国家养护。三是长期护理保险全国落地实施，国家加大对商业医疗保险、商业保险政策的支持力度。四是更加重视老龄人力资源开发，实现由人口红利向人才红利转变。五是国家将积极应对人口老龄化工程和托育建设，逐渐向脱贫地区、民族地区、边境地区、革命老区等重点地区倾斜。扫描二维码，即可分享更多阅读。

科学饮食适度锻炼保健康

第五章 养老产业发展新趋势

信息科技赋能为养老产业添彩。

养老产业内容丰富（养老服务、养老用品、养老设施、养老器具、养老金融、养老文化）

伴随我国人口老龄化程度的不断加深，与老年群体息息相关的养老服务需求急剧攀升。以保障和改善老年人生活、健康、安全以及社会参与为核心，提供老年人安享晚年所需的相关产品、设施以及服务的养老产业，迎来了快速发展。展望"十四五"，党的十九届五中全会通过的《中共中央关于制定国民经济和社会发展第十四个五年规划和二〇三五年远景目标的建议》提出，要加快构建以国内大循环为主体、国内国际双循环相互促进的新发展格局，明确了"十四五"和未来更长时期我国经济发展的战略部署。作为世界上唯一一个老年人口超过 2 亿的国家，我国的养老产业潜藏着巨大的消费潜力，随着人口老龄化的趋势不断加深，"新老年人"逐步步入老年阶段，"银发经济"势必将进一步激活内需消费，成为构建"双循环"新发展格局的重要组成部分。本章重在从养老产业的界定、现状、分类描述入手，分析阐述养老产业发展的基本趋势，以期为老年人需求和产业发展提供参考。

第一节　我国养老产业发展的现状

一、"十三五"时期我国养老产业发展概况

"十三五"时期，我国养老产业发展成就显著。根据国家社会科学基金"养老消费与养老产业发展研究"课题组测算（如图 5-1），中国养老产业规

模将从 2016 年的 5463 亿元增至 2020 年的 8437 亿元，年均增长率为 9.08%。

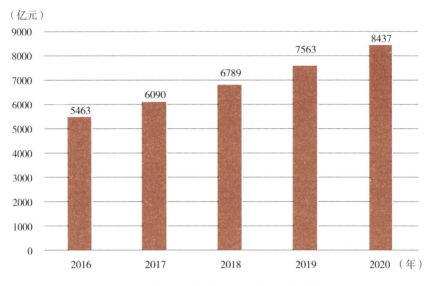

（亿元）

图 5-1 "十三五"期间中国养老产业规模

以养老服务业为例，"十三五"期间，我国养老服务业实现了由福利性事业向市场化运作改革的转变，养老服务产业化发展道路基本确立，发展的机遇期已经到来。各类资本竞相涌入养老服务市场，特别是2016 年国务院办公厅、国家发改委、民政部等陆续发文提出全面放开养老服务市场，鼓励民间资本、外商投资进入健康养老领域，进一步推动了养老服务市场的繁荣。各类养老服务机构如雨后春笋般层出不穷。依据民政部社会统计公报显示，截至 2019 年底，全国共有各类养老机构和设施 20.4 万个，较"十二五"末增加 6.4 万个。

以居家为基础、社区为依托、机构为补充的养老服务体系已初步成型，比如北京的"9064"模式及上海的"9073"模式。发展社区居家养老服务，促进社区聚焦养老服务提质增效已经成为"十三五"以来国家层面推动养老服务发展的重点所在。民政部先后在 203 个地区投入 50

亿元开展居家和社区养老服务改革试点，打造各具特色的区域养老模式。在提升服务保障能力方面，"十三五"时期我国持续增加各类养老机构数量，截至 2019 年底，全国共有各类养老机构和设施 20.4 万个，各类机构和社区养老床位 770.5 万张，较"十二五"末增加 44.8 万张；社区养老照料机构和设施逐年攀升，截至 2019 年底，我国社区养老照料机构和设施 6.4 万个（其中社区养老照料机构 8207 个），社区互助型养老设施 10.1 万个，共有床位 336.2 万张（见图 5-2）。

（单位：万个）

图 5-2 2014—2019 年我国社区养老照料机构和设施、社区互助型养老设施

数据来源：民政部社会统计公报。

二、我国养老产业政策环境

近年来，国家发布的养老产业相关政策逐渐密集，养老产业政策法规体系基本建立，系列政策相互补充。从养老设施建设、用地、政府购买服务、社会资本进入、医养结合、养老服务体系建设、"互联网＋养

老"、智慧健康养老、标准化建设、人才培育、养老服务补贴、金融支持、税费优惠等均提供配套支持的全方位政策。据不完全统计，为大力扶持我国养老产业的健康发展，国家及地方层面陆续出台了养老产业相关的规章制度及政策文件约 300 余部，可见养老产业获得了各级政府的高度重视，且体系化、制度化、规范化的管理体制也在逐步建设。

一是在完善"三支柱"养老保险体系方面，鼓励商业养老保险发展，多样化商业养老保险产品供给，探索建立长期护理保险制度。2017 年国务院办公厅发布《关于加快发展商业养老保险的若干意见》提出，要积极发展安全性高、保障性强、满足长期或终身领取要求的商业养老年金保险。

二是在建立多层次养老服务体系方面，强调建立以居家养老为基础的多层次养老服务体系。《健康中国行动（2019—2030 年）》明确提出，"建立和完善老年健康服务体系。优化老年医疗卫生资源配置，鼓励以城市二级医院转型、新建等多种方式，合理布局，积极发展老年医院、康复医院、护理院等医疗机构"。

三是在构建多渠道养老服务产业投融资模式方面，强调了市场在养老资源配置中的基础性、决定性作用。2017 年国务院办公厅发布《关于加快发展商业养老保险的若干意见》，鼓励商业保险机构通过各种方式投资养老服务产业、积极参与养老服务业综合改革试点。

四是在培育多元化养老产业方面，促进养老产业融合发展。国家出台了一系列支持政策，鼓励养老产业与医疗、康复、文化、旅游、体育、教育等相关产业融合发展，大力推动养老产业从满足刚需"医养"到"颐养""乐养"的发展转变。

当前，"积极应对人口老龄化"已经上升为国家战略。"十四五"纲要中重点强调要发展银发经济，为"十四五"时期养老产业的发展进一步明确了方向。

三、我国养老产业市场现状

从市场需求来看，我国老年人口逐年攀升，预期寿命不断延长，老年人口高龄化现象突出。老年人的消费能力不断增长，社交娱乐、医疗康养领域持续多年呈现增长态势，反映出老年人对健康和精神满足的强烈需求。

从市场规模来看，依据艾媒咨询《2019中国养老产业发展剖析与发展趋势分析报告》的调研数据显示，2018年中国养老产业规模已达6.57万亿元，2021年预计将达到8.81万亿元。

从市场结构来看，我国养老呈现"9073"结构，家庭养老占据绝大比例，家庭养老产品和服务占整个养老市场供给的最大份额。随着新一代信息技术的发展，智慧健康养老用品发展迅猛，目前我国养老用品市场需求覆盖率不足20%，仍有约80%的养老产品需求有待开发。在不同的养老产品和服务供应商中，地产企业在布局养老完整解决方案中占据优势，具有提供一条龙养老产品和服务的能力。从区域分布看，华北、华东和西南区域是我国养老产业发展的领先区域，市场总体规模占据全国的领先位置，其中华东地区是我国目前养老产业发展最领先的区域（见图5-3和图5-4）。

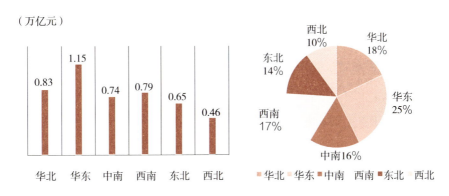

图5-3　2018年中国区域养老市场规模分布

数据来源：《2019中国养老产业发展白皮书》。

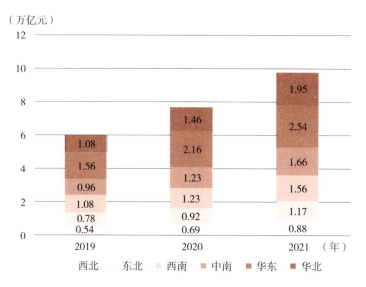

图 5-4　2019—2021 年中国养老产业分区域预测数据

数据来源:《2019 中国养老产业发展白皮书》。

四、我国养老产业投资情况

随着我国对养老产业发展的不断重视和政策指引,央企、房企、险资陆续通过多种方式加大对养老产业的探索与布局。当前,通过"并购重组",收购运营模式成熟或市场前景良好的专业养老机构,以资本助力养老机构(企业)迅速扩张,抢占市场,实现养老产业的规模扩展和多方位多业态融合发展布局,已逐步成为推进养老产业发展的重要举措之一。目前,已有超过 80 家上市企业涉足养老产业,包括万科、保利、绿城、鱼跃医疗、九安医疗等知名企业,其中约 39% 的企业开展了养老地产业务。泰康人寿、中国平安、中国太保、中国人寿、大家保险、新华保险等 13 家保险公司也已完成养老产业布局,截至 2019 年 9 月,上述保险机构已投资建设了 47 个养老社区项目,分布于北京、上海、海南、江苏、广东、安徽等 20 个省区市,总床位规模约 84155 张。

在养老服务业方面，资本属性多样化，外资养老机构纷纷进入中国市场。养老服务领域相关项目投资持续活跃，相关数据显示，2020 年上半年，恒宁健康及松龄护老两笔交易投资额合计 25.9 亿元人民币，占其他医疗机构投资总额的 71%，是其他医疗机构中交易规模最大的业务板块。

第二节　养老产业主要分类

我国养老产业细分领域各有不同，为进一步分析我国养老产业的发展现状，本书选取了目前发展进程较快，市场需求旺盛的细分领域进行逐一分析，为社会大众尤其是适老人群构建养老产业的具体画像，使其对于养老产业有更为直观且清晰的概念。

一、养老服务

广义的养老服务是以满足老年人生理需求和精神需求为目的，向其提供所需的生活服务，涵盖老年人衣、食、住、行等方方面面。我们在这里探讨的养老服务主要涵盖满足老年人生活需求的养老照护服务，包括居家养老服务、社区养老服务以及机构养老服务，重点聚焦老有所养。

（一）居家养老服务

根据 2008 年发布的《关于全面推行居家养老服务工作的意见》中给出的定义，居家养老服务是指政府和社会医疗依托社区，为居家的老年人提供生活照料、家政服务、康复护理和精神慰藉等方面服务的一种服务形式。

福寿康——智慧化的居家养老上门服务提供者

基本情况 福寿康是上海及长三角地区居家康复护理服务行业的优质企业之一，主要向老年人提供社区托养、居家照护等养老服务，服务类型主要包括长护险服务、护士上门、居家照护、陪诊陪护、院后康复、上门助浴、代配药、日间托付、社区长者照护、社区诊所、养老院等。目前，福寿康的服务网点已经覆盖 11 个城市。

主要特点 一是"线上＋线下"，提升服务效率。一方面，福寿康在上海市老人较为集中的区域设置服务网点，集中老年人照护服务需求，减少了服务人员的人力成本损耗；另一方面，福寿康通过线上服务平台，进一步提升服务效率，降低服务成本。目前，消费者可通过支付宝、微信、平安健康等网络端口，预约福寿康的各类养老服务，护理员于后台接单即可开展服务。二是主打长期照护险服务。福寿康是上海市长期照护险的定点协议机构，长护险的参保人群即为福寿康的主要客群，很大程度上保证了目标客群的稳定性。针对长护险覆盖的服务，福寿康与地方医保部门协商服务定价，同时在医保范围外，福寿康为老年人提供定制化的服务方案，满足老年人多样化的服务需求。

简要评析 福寿康上门养老服务紧紧抓住当前养老服务的"短板"，并且以长护险试点地区为主战场，发展迅速。作为新兴养老业态，把住了养老服务需求的"脉"，抓住了切入的时机，扭住了平台运营、信息赋能、客户导流的关节点，为居家养老服务增添了新生力量。

广西一通居家养老

基本情况　广西一通居家养老服务中心，是由广西老年基金会、广西老龄产业协会、广西一通投资理财顾问有限公司支持搭建的民办企业，先后投资运营了柳州市社区服务中心、桂林一通居家养老服务中心、贵港市百通居家养老服务中心、防城港市桂通居家养老服务中心、贺州一通居家有限责任公司、自治区政府机关一宿舍关爱之家等，建成了"单位统一购买、老人呼叫服务""子女网上下单、老人线下体验"的虚拟养老服务体系。

主要特点　一是建成"互联网＋智慧养老"的服务模式，以信息化为服务支撑，以标准化为服务手段，将居家、社区和机构养老进行融合发展，运用"线上紧急求助，线下居家服务"模式解决老年人居家和社区养老服务的问题，使老人足不出户就能一站式享受到安全便捷、质优价廉的多样化、精准化上门服务。二是一键通全方位打造居家养老服务体系，在老人居家紧急情况下，"一键通"的SOS键帮助老人连通老年人救助指挥中心、老年人家属、社区和急救医院。此外，老人轻按服务键提出服务项目，即有工作人员响应并派遣商家或志愿者、义工上门服务，满足老人需求。三是结合社区实际，从居民的急切需求出发，在社区内成立"关爱之家"，体现社区养老的社会力量参与，建立企业和社区消费者的互信机制，整合社区消费资源，形成社区服务个性化、规模化、低成本、收益稳的服务模式，为广大社区居民提供方便、周到、有效的服务。

简要评析　国家发改委等23部门联合发布《关于促进消费扩容提质加快形成强大国内市场的实施意见》提出，要大力发展"互联

网＋社会服务"消费模式,支持发展社区居家"虚拟养老"服务。"虚拟养老"是一个大概念,是指信息服务平台通过整合各种社会或社区资源,将实体门店可提供的居家服务进行整理分类、调度配送,家庭一端做好诉求、接收及反馈,形成居家养老与配送服务的良性循环,从而使虚拟养老发挥居家养老服务的积极作用。线下服务能力、服务质量高低是做好虚拟养老的重要前提。目前,全国"虚拟养老"形式各异,但都是围绕线下服务,如日常照料、家庭护理、代买餐食、外买服务、线上咨询等。无论线上模式怎样进行变化、整合,线下的"买送服务"都是支撑整个虚拟养老服务业态的关键。疫情防控常态化以后,居家养老护理等新需求项目激增,而许多养老机构却无客上门。原因为何? 在于根据防控要求,养老机构限制探视或停收老人。因此从市场的角度来看,居家养老的需求是非常大的,而助餐、助医、助洁、助急、助浴、助行等爱心商家和企业及志愿者(义工)都是居家养老专业化服务的积极力量,"虚拟养老"服务或将引领养老的新趋势,后疫情时代"虚拟养老"服务将大有作为。

(二)社区养老服务

依据《养老产业统计分类(2020)》的分类界定,社区养老服务主要包含由社区养老服务机构、社区嵌入式的养老服务设施和带护理型床位的社区日间照料中心等机构提供的照护服务。

诚和敬——连锁标准化的社区养老服务提供者

基本情况 北京诚和敬投资有限责任公司于 2012 年出资设立

的养老健康产业集团。目前诚和敬已在北京布局了 100 余家养老驿站，通过搭建"北京市养老驿站联盟"，实现了北京主城区和城市副中心的全覆盖，服务老人达 100 万人次。

主要特点　一是以养老驿站为基点，扩大养老服务辐射范围。诚和敬依托养老驿站，结合其机构养老品牌——长者公馆及诚和敬乐智坊（为认知症（痴呆）和帕金森病提供综合性服务）、智慧养老管理平台等其他养老服务，形成了"大—中—小—家"网络布局，扩大服务的辐射范围。二是施行标准化的服务运营流程，确保服务质量。目前，诚和敬养老驿站公司已经取得了国际标准化组织标准化认证，在驿站管理层面，形成了标准化的服务规范和质量控制体系。

简要评析　社区是居家养老的支撑，同时社区养老也是养老服务的重要方式。诚和敬通过建设功能完善、服务规范的养老服务中心、养老驿站，搭建养老服务联盟扩大养老服务的辐射范围，为老年人实现就近养老提供了良好的基础和保障。

（三）机构养老服务

机构养老主要指由各级政府、企业和社会力量兴办的养老院、老年福利院、老年公寓等综合性养老服务机构，为在机构中集中养老的老年人提供包含生活照料、康复护理、健康管理、精神慰藉、文化娱乐等全方位服务。

虽然，机构养老是当前社会资本参与程度最高的养老服务领域，但老年人对机构养老的接纳程度仍旧不高，依据清华大学老龄社会研究中心的调研数据显示，仅有 3.2% 的受访老年人偏好机构养老。但随着我国家庭平均人数的减少，也就是对老年人照料的年轻人的缺乏，以及老

年人生活品质的提高，机构养老的需求将会有新的变化。机构的发展将呈现出更多适应时代和老年人需求的新场景、新要素、新模式、新气象。

 案 例

长春市南关区仁大医养中心

基本情况　长春市南关区仁大医养中心地处长春市南部都市经济开发区，距城市交通主动脉人民大街 800 米，距长春市政府 2.5 公里。项目总占地面积 8000 平方米，建筑面积 30000 平方米，项目总投资 4 亿元人民币，设置床位 350 张。是吉林省目前同类项目中规模较大，功能完备、设施齐全，符合现代化要求的综合性高端养老服务机构，是吉林省、市长护险、照护保险定点单位，具有良好的发展前景和创新能力，对培育和发展养老产业，繁荣和促进养老市场起到积极的引领和带动作用。中心恪守"仁爱奉献，大爱无疆"的服务宗旨，坚持医养结合发展方向，打造"四结合"（文养结合、康养结合、医养结合、智养结合）、"两服务"（生活照护服务、智能养老服务）、"四保障"（老年慢性病和心脑血管类病的保障，康复类疾病的保障，健康管理中心、亚健康状态的保障，同时打造医疗广场和医疗超市）科学养老服务模式，共接待入住老人 1500 人次，入住率始终保持在 95% 以上，受到各级政府充分肯定和社会各界普遍好评。

主要特点　一是中心内设老人起居生活中心、文体活动中心、医疗康复中心、营养膳食中心、后勤保障中心。起居生活中心适老化设施齐全，养老房间分为单人房、双人房及多人房间，全部设置防滑设施，室内视听设备完善，呼叫和供氧系统齐全。中心在每个楼层都设有交流区域。凡是进入中心的老人，都可以利用和选择自己休闲时间广交朋友，舒缓老人的精神压力。中心设有1000平方米的活动娱乐中心和1000平方米的康复大厅。活动娱乐中心按功能区域划分，设置有国学大讲堂、文艺表演专区、棋牌球类活动专区、电影欣赏专区以及书法绘画专区，开展老年人喜闻乐见的棋牌、球类、茶艺、歌舞、美术、剪纸、书法、交友等各类文化娱乐活动。康复大厅针对不同患者需求，实施运动康复、中医康复、医疗康复以及多功能康复器械于一体的康复区，是目前全省康复设备、辅助器械最为先进的康复场所。二是中心建有可供百人同时就餐的老人餐厅，按照营养配置餐饮，实行每日五餐，含上下午营养间餐，实行长者自助形式，每日中午保证七菜，主食米、面样式丰富，根据入住老人生化指标情况，营养配餐分低脂、低糖、低盐和正常餐饮四种营养膳食。为了满足失能长者节假日家庭团聚的需求，专门开设了家庭聚会的餐厅，凡是入住的长者，特别是失能、半失能的长者，家属都可以借助这个场所，为老人举办生日、节日宴会等家庭聚会，为老人提供更多与家人欢聚的机会。三是依据入住老人的不同需求，中心全面推行多种形式个性化的护理服务，并配有医师、护士、康复师、药剂师、养老护理师、营养师、水疗师、美发师、心理咨询师、社工师共十师团队为老人提供全方位的服务。四是中心全面推行智能化养老服务系统，由机器人接待来宾来访，介绍企业概况以及入住流程、收费标准、功能设置、服务引导，对失能、半失能长者提供智能机器人送餐、送药服务；智能床垫、智能枕头实时监控长者血压、心跳情况、睡眠状态；智能侦察兵全面承担中心安保和消防任务，发现隐患随时报警，提升了养

老服务质量，降低了养老服务的风险。五是坚持医养高度融合为入住老人服务。对入住老人，全面实行健康体检，通过核磁、CT、DR、生化指标检验，掌握入住老人身体状况，由专家会诊后制定医疗处方、运动处方和饮食处方，实行医疗、护理、照护三位一体全方位服务。

　　简要评析　长春仁大医养中心配套了较为完善的养老服务和医疗保障功能，尤其在养老机构"医养结合"方面走在前列。长春仁大医养中心通过其配套的二级综合医院，构建了较为完备的医疗服务体系，使得居住在此的老年人可以享受到便捷且优质的医疗诊疗服务，很大程度上提升了老年人养老生活的质量。此外，"医护康养乐"五位一体的养老服务理念也是仁大医养中心的一大特色，中心尤其重视老年人的心理健康，通过提供精神慰藉、旅居生活、中医保健、心理咨询等专业服务，减少老年人的孤独感，为老年人打造温馨而幸福的生活家园。

二、老年医疗健康

　　要做好"老有所养"，就必须做到"老有所医"。养老产业的健康发展离不开老年医疗服务的有力支撑。由于老年患者一般都具有多病共存，慢性病多，且伴随着老年综合症（如衰弱、认知障碍、营养不良、焦虑、抑郁等）等特点，老年医疗存在一定的特殊性。老年疾病的诊治与管理需要多学科协作，共同管理，制定适合老年人的综合诊疗及疾病管理方案。

　　老年医疗主要可以分为老年健康服务、老年医疗服务、老年康复护理及安宁疗护等四大类。

三、养老金融

近年来，养老金融已经逐步成为国家社会关注的重点，国务院金融委提出了"两条腿走路"的养老金融改革方向，鼓励开展业务创新，大力发展具备养老功能的专业养老金融产品，国家层面出台了一系列的支持政策，出台了支持"以房养老""个人税收递延商业保险试点"等的试点政策，为做大做强养老保障体系第三支柱，推进养老金融产业发展指明了方向。

目前，我国养老金融服务的提供主体包括银行、保险、证券、基金、信托、理财及财富管理公司等金融机构，主要的养老金融产品包括企业年金、银行养老理财、养老目标基金、商业养老保险产品、养老信托产品等。

（一）企业年金

企业年金是企业及职工在依法参加基本养老保险的基础上，自主建立的补充养老保险制度，其支付主体为企业和个人。由于企业年金并不强制企业参加，因此其规模偏小，覆盖率低，基本只以国有企业为主的大型企业建立了企业年金制度，且我国企业年金的税收优惠力度小，远低于国际平均水平，对企业的激励效果有限。截至 2019 年底，我国共有 9.6 万户企业建立了企业年金，参加职工 2548 万人。

（二）银行类养老金融产品

商业银行是老年人接触最多的金融机构，拥有良好的客户渠道和信用基础。据不完全调查，我国有近 90% 的老年人都选择储蓄养老，较为常见的形式是一年定期这样的短期储蓄，以备不时之需。随着积极应

对人口老龄化成为长期战略，商业银行越来越重视老龄客户的个性化需求，成立了专门的养老金融服务机构，例如中国银行、工商银行等都成立了专门的养老金融业务部门。同时，银行类养老金融服务产品推陈出新，试水"住房反向抵押贷款"服务，养老理财服务发展迅速。

1. 住房反向抵押贷款

住房反向抵押贷款指允许老年人将其自有房产抵押给金融机构，由金融机构依据房产价值、借款人年龄、预期寿命等因素进行综合评估后，将房产价值化整为零，按年或按月向老年人发放贷款。老年人享受房屋的永久居住权，在老人去世后，相应的金融机构获得房屋的产权，并享有房产增值部分的收益。住房反向抵押贷款是"以房养老"模式的重要实践，能有效提高老年人的养老收入，大大改善老年人的晚年生活质量。目前，许多商业银行开始探索"住房反向抵押贷款"，如中信银行率先试点"养老按揭"业务，在"住房反向抵押贷款"的基础上，充分考虑中国养老传统与需求，允许老年人的法定赡养人和老年人本人同样作为"养老按揭"贷款的借款人。

2. 养老理财产品

养老理财产品是银行为满足其客户多样化的养老投资需求，追求养老资产的长期稳健增值，设计开发的养老金融产品。与基金和保险行业相比，我国商业银行的养老理财服务起步较晚，但依托于商业银行庞大的客户网络和信用优势，银行养老理财产品发展迅速。目前已经有21家商业银行及6家银行理财子公司发行了养老理财产品，总规模已经突破千亿，产品数量近400款。其中，中银理财、建信理财、光大理财、交银理财等6家养老理财子公司发行的产品数量占到了总规模的28%。

表5-1　部分商业银行养老理财产品

产品名称	年份	发行方	期限	收益率	资产配置
安愉养老财富1号	2014	兴业银行	1101天	5.30%	债券，利率，其他，票据
和盈资产管理平安养老	2014	平安银行	1826天	5.70%	债券，利率，其他
久久养老月丰	2015	交通银行	364/98/189/42/70天	4%—5.35%	利率，其他
珠联璧合（养老尊享，限55周岁以上）	2017	南京银行	371天	3.95%	债券，利率
稳健富荣金色时光悦享养	2020	北京农村商业银行	277天	3.60%	债券，利率，其他

我们也必须看到，商业银行发行的养老理财产品体量虽大，但养老特征比较模糊，与其他普通的理财产品在产品期限、产品投向、风险等级、起售金额等方面并无本质的区别。例如，在产品期限方面，养老理财作为长期投资产品，期限一般需要在10年及以上，但目前市场上养老理财产品的期限偏短且较为分散，没有体现出养老理财对未来养老的保障功能。

（三）保险系养老金融产品

养老保险体系是养老金融产业发展的核心支撑力量，其提供的个人商业养老保险、个税递延型养老保险、企业年金、保险资管产品及住房反向抵押养老保险等正在成为构建养老保障体系第二及三支柱的主流趋势。目前，我国共有8家专业的养老保险机构，包括国寿养老、太平养老、平安养老、泰康养老、长江养老、大家养老、新华养老、

人保养老。此外，"建信养老金管理公司"是唯一一家获批由商业银行设立的养老金管理公司，恒安标准人寿是首家获批设立的外资养老保险公司。

1. 长期护理险

长期护理险作为我国社会保险的"第六险"，主要是为被保险人在丧失日常生活能力、年老患病或身故时，侧重于提供护理保障和经济补偿的制度安排。长期护理险属于健康保险的范畴，旨在解决重度失能人员基本生活照料和医疗护理的主要支出。我国自 2016 年起开始试点长期护理险制度，取得了不错的成效。截至 2019 年 6 月，我国共有 8854 万人参保长期护理险，享受待遇人士达 42.6 万人。2020 年 9 月，经国务院同意，国家医保局会同财政部共同发布《关于扩大长期护理保险制度试点的指导意见》，将长期护理保险制度试点城市扩大至 49 个，力争在"十四五"期间基本建立适应中国经济发展水平和老龄化发展趋势的长期护理保险制度政策框架。

2. 个人商业养老保险

我国商业养老保险种类繁多，包括了人寿保险、健康和意外保险、财产保险及商业养老年金保险等，其中，限期缴费的年金保险占据了商业养老保险的主流市场，即投保人退休前向保险公司缴纳保费，在退休后或从合同约定的时间起，定期领取养老保险金，直到投保人去世。商业养老保险可以作为一种强制储蓄手段，帮助年轻人提前进行养老规划，避免过度消费。截至 2020 年 12 月，商业养老年金保险实现保费收入 551 亿元，保险责任准备金 5623 亿元。

目前市场上的商业养老金产品大都以"年金＋万能险"的形式出售，部分产品还将年金险与重疾险结合，提供相应的养老保障，例如中国太平的"盛世颐享人生年金计划"及泰康人寿的"汇享有约养老年金保险"

等。此外，增额终身寿险①也是近年来众多保险公司养老商业保险的主
力销售产品之一，例如中意人寿的"永续我爱终身寿险"、中国平安的
"平安稳增保终身寿险"等。

表 5-2　增额终身寿险及养老年金产品

保险公司	产品名称	产品类别	投保年龄	保障内容
爱心人寿	映山红	增额终身寿险	出生满 7 天—70 周岁	当年度有效保险金额等于基本保险金额等于上一个保单年度的有效保险金额 ×（1＋4.0%）
横琴人寿	传世金彩	增额终身寿险	出生满 28 天—70 周岁	当年度有效保险金额等于基本保险金额等于上一个保单年度的有效保险金额 ×（1＋4.0%）
中英人寿	安鑫传家	增额终身寿险	出生满 30 天—70 周岁	当年度有效保险金额等于基本保险金额等于上一个保单年度的有效保险金额 ×（1＋3.1%）
长生人寿	优加加	增额终身寿险	出生满 30 天—65 周岁	当年度有效保险金额等于基本保险金额等于上一个保单年度的有效保险金额 ×（1＋3.5%）

---

① 增额终身寿险：保费不变，最终赔付的保额会随着时间不断复利增值，兼顾"人生保障"
和"投资储蓄"两种属性。

续表

保险公司	产品名称	产品类别	投保年龄	保障内容
君康人寿	金生金世（黄金版）	增额终身寿险	出生满28天—80周岁	当年度有效保险金额等于基本保险金额等于上一个保单年度的有效保险金额 ×（1＋3.5%）
中华联合人寿	福瑞金生	养老年金	出生满30天—64周岁	被保险人年龄达55、60、65、70周岁（任选一种）后，每年领取基本保险金额直到终身，保证领取20年（年领）
北京人寿	京福颐年	养老年金	出生满28天—65周岁	被保险人年龄达55、60、65、70周岁（任选一种）后，每年领取基本保险金额直到终身，保证领取20年（月领／年领）

3."保险＋"产品

由于保险资金具有规模大，追求长期、稳定投资收益率等特点，适宜投资养老服务机构。保险机构将商业养老保险产品与养老社区开发、养老服务提供等结合在一起，推出"保险＋"产品，部分社区由产品对接，统筹要求为60万—300万累计保费，符合该条件的客户享有入住资格（即无需会员卡就可以入住）、有限入住权限即部分折扣优惠等。目前，已有13家保险机构布局养老社区产业，计划投入金额已超过1000亿元人民币。保险机构推出的此类"保险＋"产品主要针对中高端人群，虽然险资养老机构目前尚处于初级阶段，大多数的养老社区处于运营亏损状态，但与之相关的保险产品却销售火热。以泰康为例，截至 2018 年 12 月，其"幸福有约"产品自 2012 年上市以来保单购买客户接近 7 万人，以每单 200 万应交保费（入住门槛）计算，则累计贡献的保费规模达 1400 亿元。

表 5-3　主要的险资养老社区布局

机构	项目名称	项目定位
中国人寿	苏州"国寿嘉园雅境"、北京"国寿嘉园韵境"、深圳"福保社区颐康之家"、海南乐城"乐城馨苑康养中心"等	度假型活力养老社区、普惠型高品质社区养老项目、康养中心
中国太保	成都国际颐养社区、大理颐老院国际乐社区、杭州国际颐养社区、上海国际康养社区项目	
新华保险	北京莲花池尊享公寓、海南博鳌乐享社区、北京延庆颐享社区	康复护理型养老机构、度假型活力养老社区、CCRC
中国太平	上海梧桐人家、云南古滇名城（非自建）	度假型活力养老社区、CCRC
泰康保险	北京燕园、上海申园、广州粤园、成都蜀园、苏州吴园、武汉楚园等	CCRC
大家保险	城心产品线：北京友谊社区、朝阳社区等；海外产品线：加拿大 RETIREMENT CONCEPTS	CCRC

4. 个税递延型养老保险

个税递延型养老保险是允许个人用于购买商业保险的保费支出进行税前列支，其应缴税费递延至未来领取养老金时缴纳，通过税收优惠鼓励民众投保。2018 年 5 月起，我国正式在上海市、福建省（含厦门市）

和苏州工业园区开展个人税收递延型商业养老保险试点，扣除限额按照当月工资薪金、连续性劳务报酬收入的 6% 和 1000 元孰低办法确定，23 家保险公司获准经营税延型养老保险产品。但受制于确定流程复杂、税收优惠力度较小等因素，市场上对个税递延型养老保险的投保热情并不高。截至 2020 年 4 月，个税递延型养老保险累计实现保费收入约 3 亿元，参保人数 4.76 万人，规模较小。

表 5-4 个税递延型养老保险产品类型

产品类型	产品内容
A 类收益确定型	积累期提供确定收益率（年复利）的产品，每月结算一次收益。
B 类收益保底型	在积累期提供保底收益率（年复利），同时可根据投资情况提供额外收益的产品，每月或每季度结算一次收益。根据结算频率不同，分为 B1 类（每月结算）和 B2 类产品（每季度结算）。
C 类收益浮动型	在积累期按照实际投资情况进行结算的产品，至少每周结算一次。

5. 住房反向抵押养老保险

住房反向抵押养老保险将"住房抵押"与"终身养老年金保险"相结合，投保人将房屋产权抵押给保险公司，在身故前继续占有和使用房屋，拥有相应的收益和处置权，并按照约定条件领取养老金。身故后，保险公司获得房产处置权，处置所得优先偿付养老保险相关费用，适合于无儿女赡养的老年人。我国于 2014 年正式开展住房反向抵押保险试点工作，不过受制于传统的养老观念和尚未完善的政策体系，住房反向抵押保险发展缓慢、规模较小，目前只有幸福人寿和人民人寿两家保险公司经营该项业务。

（四）养老目标基金

养老目标基金为公开募集证券投资基金，以追求养老资产的长期稳健投资为目的，鼓励投资人长期持有，最短持有期限不低于 1 年，主要以 FOF 形式运作，包括目标日期基金[①]和目标风险基金[②]两种类型。养老目标基金产品能够很好地满足个人长期投资、资产稳健增值及其他个性化的养老投资需求。总体来说，目标日期基金适合退休时点确定，有一定风险承受能力的长期投资者；目标风险基金自主选择空间更大，适合有一定的金融专业能力的投资者。相较于养老理财及保险产品，目标基金投资在权益类资产的比例更大，收益优势明显，对于投资者来说，是极具吸引力的养老投资产品。

我国养老目标基金的发展时间较短，首批养老目标基金于 2018 年 8 月发行，但发展势头迅猛，2021 年 3 月，我国已经成立了 128 只养老目标基金，规模超过 643 亿元，覆盖人口达 182 万户。

（五）养老信托

养老信托是信托制度在养老产业的应用，内容涉及养老需求端的财产管理与服务消费以及供给端的养老基础设施发展和医疗服务，主要可以分为三大类：养老消费信托、养老财产信托和养老产业信托。目前我国养老信托规模较小，仅有部分信托公司涉足养老信托领域，业务模式和盈利模式仍需创新与探索。例如中航信托鲲瓴养老信托计划，就是将

---

① 目标日期基金（Target-Date Fund，TDF），是指随着投资者自身年龄的变化动态调整权益资产配置比例，以匹配投资者随着年龄的增长变化的风险承受能力和预期收益，达到长期养老投资的目标。

② 目标风险基金（Target-Risk Fund，TRF），是指根据特定的风险偏好设定权益类资产、非权益类资产的基准配置比例或其他组合风险衡量指标，如波动率等，使基金组合风险始终控制在目标范围内。

养老服务、受托传承、投资保值相结合，创新性地设立了专属信托账户，以实现养老费用支付、养老社区入住以及保值增值等目标。通过与大型养老社区合作，形成专业医养照护体系和医疗保健中心，并提供个性化专项定制养老服务。

养老信托的发展离不开良好的政策制度环境，"十三五"以来，支持发展养老信托业务的政策导向已然清晰，为养老信托发展带来了良好契机。2019 年国务院办公厅印发《关于推进养老服务发展的意见》提出，支持银行、信托等金融机构开发养老型理财产品、信托产品等养老金融产品。随后，银保监会指出，将会同其他相关部门尽快出台养老信托有关税收优惠政策，推动养老信托规范、健康发展。

四、养老地产

养老地产是在日益繁荣的房地产市场和日益严峻的人口老龄化双重背景下，由房地产开发商、保险机构、医疗机构及相关的社会资本以满足老年人健康生活需求和社会活动需求为目的，在适老化住宅的基础上，配备老年人所需的日常照料、医疗康复、健康管理、文娱活动等配套基础设施，开发出的适宜老年人生活居住的产品。为更好理清概念，我们在这里说的养老地产，聚焦于适老化的房地产开发，大致区分为大型综合养老社区和老年公寓两大类型。与普通的房地产开发相比，养老地产具有产业链长、涉及面广、参与主体多、市场带动效应强的特点。

（一）大型综合养老社区

大型综合养老社区即以 CCRC 模式运作，一站式、全方位、综合性的居住社区，配备医疗中心、康复护理中心、老年大学、文化娱乐中心、商业休闲中心等相关基础设施，提供自理型、半自理型、非自理型养老服务，满足老年人在不同年龄段和身体状况下的养老需求。这类社区一般位于城市郊区或度假风景区，土地成本相对便宜。根据不同的土地性质和参与建设主体，盈利模式有产权出售、会员制、租赁制和租售结合等。

泰康之家——"跨界"的机构养老服务提供者

基本情况　"泰康之家"是泰康保险投资建设的高品质养老社区，采用 CCRC 模式（即在一个社区内同时为活力老人、半失能老人即失能失智老人提供不同类型的养老服务），为老年人提供覆盖全生命周期的健康养老服务。

主要特点　一是机构养老与养老金融的深度融合。泰康保险通过发售特定的保险产品（如"幸福有约"养老计划），将养老金融与机构养老服务相结合，给予满足条件的保险客户入住养老社区的资格、优先入住权限和部分折扣优惠等，实现机构养老服务与养老金融的融合发展。虽然，目前泰康的大多数养老社区还处于运营亏损状态，但相关客群贡献了可观的保费收入。二是强调医养融合，提供全生命周期健康服务。"一家社区＋一家医院"的医养融合模式是"泰康之家"养老社区运营的重要特色之一。例如，"泰康之家·申园"配有 120 张床位的二级康复医院，建设"三大中心、两大体系"作为养老社区的医疗支撑。其中，三大中心包括老年医学中心、康复医学中心、体检健康管理中心，两大体系包含急诊急救体系和慢病管理体系。

简要评析　泰康之家的养老社区，由于都是新建，功能完善，

因此是"高起点"。它不仅具有机构养老的特点，也反映出居家和社区属性，是一定老年人群的合适选择。

（二）老年公寓

区别于保障型的公办养老院，老年公寓一般为商业化的养老服务机构，根据老年人的不同需求，为其提供自理型、半自理型、非自理型等养老服务，收费一般较贵。依据商业模式的不同，老年公寓一般采取会员制、押金制和出租制不同的收费模式。

表5-5　养老地产的分类

基本类型	养老模式	地理位置	代表案例
大型综合养老社区	机构养老	城市郊区、风景度假区	万科随缘嘉树、旅程乌镇雅园、泰康之家燕园
老年公寓	机构养老	城市中心	万科幸福家、汇晨养老公寓

五、老龄文化

老龄文化是养老产业发展中至关重要的组成部分之一，它镌刻着中华传统文化的传承，展现了我们中华民族的独特气息，是人口老龄化与人民日益增长的美好生活需要的重要载体。老龄文化产业主要包括老年旅游、老年体育与老年教育三大主线，以满足老年人群精神文化需求为主要目的，为其提供安度晚年所需的精神力量，实现"文化养老"，助力老年群体树立自尊、自立、自强的自我意识，促进老年人群更多更好地参与到社会文化活动中，弥合老年人对于退休后生活的心里落差，使得老年人在社会生活中找到获得感与认同感，将"老龄"转变为"乐龄"，真正实现老有所得，老有所乐。

（一）老年旅游

近年来，我国老年人群尤其是活力老人对旅游的需求越发强烈，据统计，我国每年旅游的老年人数占比已经超过全国旅游总人数的 20%。携程网于 2019 年发布的《老年群体旅游行为报告》中显示，老年人是高频次的旅行用户，约 2/3 的受访老年人每年出游 3 次以上，半数以上的老年旅游用户选择和朋友出游，且越来越多的老年人可以独立进行在线预定。2018 年我国老年人旅游消费超过 4000 亿元，预计到 2021 年将超过 7000 亿元，增速可达 23%。旅游已经成为老年人重新融入现代社会的途径，是老年人重要的生活方式之一。

（二）老年体育

老年体育主要是以体育健身为手段，将体育产业与养老产业融合发展，对老年人进行以增进健康、延缓衰老、防治老年疾病，丰富晚年生活为目的的身体锻炼活动。老年体育是全民健身运动的重要组成部分，是全面推进健康中国建设任务，实现"健康中国"远景目标的重要举措之一。依据小豹研究中心的调查数据显示，有健身习惯的中老年人占比高达 88.4%，其中有 66.4% 的中老年人保持每天健身的习惯。可以说，体育健身已经成为老年人生活中不可或缺的一部分。

华友智慧健身——专注服务初老银发人群

基本情况　华友智慧健身是以延长健康寿命为目的，借鉴国际

及日本成熟的福祉事业服务经验，在与日本具有 50 年历史的日医学馆建立战略合作下，服务人员经过日医学馆的培训和指导，为银发人群提供充满温度的专业化服务。

主要特点 一是依据中老年人群身体特征研发科学智慧健身系统。华友智慧健身与上海体育学院及原瑞金医院信息科多位教授共同研发的科学智慧健身系统。通过运动机能及人体成分的检测评估，制定个性化运动处方；采用智能化心电监控系统，进行有氧、抗阻、伸展运动三要素的完整锻炼；为中老年亚健康人群建立运动数据档案；通过手机、电脑查询锻炼效果，形成闭环式运动健身管理模式。二是提供客制化特色服务。华友智慧健身通过智能化数据系统随时接收客户的需求信息，给中老年客户提供无微不至的服务体验和感受。扫描记录银发人群身体数据的同时，进行分析评估并提供一对一的运动处方建议，帮助老年人进行科学健身。

简要评析 华友智慧健身紧紧抓住目前"老年人健身专业化缺乏"这一市场短板，重点关注 50—70 岁初老银发族，全面打造智能科学运动空间，以"华友伴您慢慢变 YOUNG"为理念，运用高科技智能化产品为银发人群创造优质的健身环境。未来将会成为一种银发族新消费趋势。华友智慧健身抓住了老年人的需求"痛点"，既具有社交属性也有运动属性，解决了银发族群健康和心理孤独两大需求。同时，华友以日本的优质健康运动理念、优良的服务、优秀的信誉推广正确的科学运动方式，改善中老年人的运动健身理念，增强中老年防控疾病的意识，从而延缓衰老提高健康水平，有利于推动健康老龄化，促进全民健康事业，提高全民健康水平，改善精神面貌和心理健康。

华友智慧健身实景图

（三）老年教育

区别于普通教育，老年教育主要是指根据老年人的生理和心理特征，由政府、社区、社会力量或者企业举办的使老年人增长知识、丰富生活、开阔视野、增强体质的教育活动，其主要目的是提升老年人的获得感、幸福感和成就感。现阶段老年教育主要以生活兴趣教育为主，例如器乐、舞蹈、书法、养生、烹饪等，通过课程学习，为老年人搭建融入社会的渠道。可以说，老年教育是老年人丰富精神生活，打开新世界大门的钥匙。

六、养老用品

老年人是异质性很强的群体，有着多元化的特殊需求。区别于养老服务产业，养老用品产业体现的是"物"的概念，与老年人的日常生活密切相关，涉及老年人衣食住行的方方面面。目前，不论是学界还是产业界对于养老用品领域都尚无统一的定义，大多使用"老年用品""老龄用品"概念统称，涵盖的方面也各有不同。参照《养老产业统计分类（2020）》，养老用品可以主要区分为老年食品、老年日用生活器具、老年保健品、老年药品及医疗器械、康复辅具、老年智能产品等六大细分领域。

（一）老年食品

民以食为天，在人民生活水平不断提高与消费升级的大背景下，老年消费正逐步从满足生存需求向提高生活品质转变。根据普华永道的调研数据，中国老年群体人年均消费 22600 元，食品餐饮消费为 7972 元。食品相关消费占到老年人日常消费的 39%，占比极高。

（二）老年日用生活器具

由于老年群体的异质性显著，面向老年人群日常生活需求的生活用品与相关辅助产品需要充分考虑老年人的生理特征、心理需求、健康状况和生活环境等因素，进行更为人性化的设计。一般来说，老年日用生活器具主要包含老年服装和手套、袜子、围巾、帽子、鞋、眼镜、登山杖等日用品和辅助产品；适老化厨卫产品和适老化家居产品；以及老年洗护化妆品；等等。

（三）老年保健品

老年保健品主要包括老年保健食品（如防治心血管疾病、防癌、防治老年脑部疾病的保健食品等）及老年保健用品（如艾灸枕、艾灸贴及老年人康复按摩用的保健用品等）两大方面。目前，我国是全球保健品产业最活跃也是最重要的地区之一，随着生活水平的提高和健康意识的增强，保健品已经成为老年人提高生活品质的重要方式之一，老年人对保健品的消费意愿不断上升，老年保健品行业的市场规模呈现高增长态势，2020 年，我国老年保健品市场规模达 1501.8 亿元，相较于 2018 年的 1079.2 亿元，增长 28.14%。但也应该看到的是，由于老年保健品市场监管不完善及老年人专业知识薄弱等原因，老年保健品市场存在良莠不齐、掺假售假、虚假宣传、价格虚高等问题，老年人被欺骗的情况常有发生，亟须规范。

（四）老年药品及医疗器械

目前，我国已经进入了以慢性病和退行性疾病为主的疾病模式阶段，在 60 岁及以上的老年人群中，多种慢性疾病共存的现象颇为常见，其中肿瘤、高血压、心血管疾病、糖尿病等为主要病种，催生了对药品及医疗器械产品的庞大需求，尤其是与慢性病管理相关的药品、检验治疗设备和医疗耗材的市场需求。虽然与发达国家相比，我国医疗器械行业起步较晚，技术水平较低，但随着深化审评审批、医疗器械注册人制度等政策的陆续出台，加快了我国医疗器械的国产化应用步伐。

北京蓝田医疗——国内领先的康复医疗设备集成供应商

基本情况　北京蓝田医疗设备有限公司作为全国领先的智能医疗系统及解决方案提供商，与国际康复器械研发机构和医疗临床机构合作，引进先进的国外理念和技术，从事新型运动疗法和作业疗法康复设备的研发与制造，致力于为广大患者和残疾者的功能改善和提高，使他们能够追求品质生活，重返社会。北京蓝田医疗设备有限公司是全国卫协康复创新管理中心副主任单位、是中国康复医学会云康副理事单位、中国康复大联盟创始单位。目前在全国大部分区域均有产品服务代理中心。

主要特点　一是将养老服务与专业康复医学深度匹配。蓝田医疗通过其自有的康复医疗设备与配套的整体解决方案，为中老年人提供有针对性的康复养老解决方案，通过对中老年人日常体温、心率、血压等生命体征的监测和建档，实现健康数据的有效管理，同时满足常见、轻型疾病的治疗以及慢性骨关节疾病的康复治疗，提高其生活独立性、改善生活质量、降低医疗护理费用。二是康复医疗技术与设备在国内处于领先水平。蓝田医疗通过与国际康复器械研发机构和医疗临床机构合作，引进国外先进理念和技术，实现医疗和健康的信息化、数字化、智能化与一体化，打造了集"专业康复设备、专家团队、康复教育、技术培训、售后培训、康复科整体运营管理"为一体的全方位6S康复体系，为国内各大养老和医疗机构提供专业化的康复医疗设备和智能医疗系统支撑。

简要评析　蓝田医疗具备世界领先的评估设备，其康复训练设备均具有情景反馈功能，能够清楚反馈出患者的训练效果，同时具备了脑瘫、养老、疼痛、心肺、OT等模块，涵盖了躺、坐、站、立、行等功能，应用领域广泛。同时，蓝田医疗还将自身在康复医疗设备制造领域的领先优势与养老服务深度融合，开发出了"蓝田智慧养老"社区建设体系，为老年人提供有据可依、范围覆盖、精准评估、精准康复的健康服务，满足了老年人对先进康复养老医疗器械的现实需求。

HT 水疗产品图示

骨盆筋膜链训练器图示

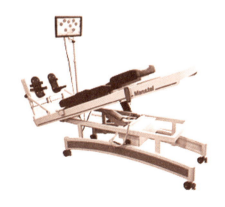

PT 运动疗法双下肢康复训练系统图示

8 段多功能治疗床图示

（五）康复辅具

康复辅具主要包括老花镜、助听器、拐杖等助视助听助行器具；排泄器、坐便椅、老年纸尿裤、护理垫、护理湿巾等老年护理器具和用品等。老年人由于身体机能的衰退、健康状况的下降，需要不同程度的辅助，是康复辅具的重点服务对象之一。目前，2.6亿老年人给康复辅具产业带来了巨大的市场需求，2019年我国康复辅具市场规模达6495.5亿元，相较于2014年的2750亿元，增长了236%，发展态势迅猛。然而，我国的康复辅具产业普遍存在国产化产品种类单一、同质化现象严重、产品研发设计能力不足、品牌认知度不够、高端市场长期被国外品牌把控等问题亟待解决。尤其是在助老、适老化康复辅具领域缺乏自主创新和研发能力，市场需求旺盛。

 案例 1

汇通佳仁：智慧康复辅具的研发者

基本情况　烟台汇通佳仁医疗科技有限公司是2018年度三部委（工信部、民政部、卫健委）联合评定的国家级智慧养老示范企业，专注于智能监测床垫，无拘束智能生命体征监测设备研发、生产商，市场覆盖国内所有省份，同时，产品批量出口到日本、澳大利亚、中国台湾等国家和地区。

主要特点　一是产品功能齐全。智能监测床垫主要功能涵盖实时监测老年人在床／离床状态（何时离床、离床几次、离床多久）；针对长期在床的老年人，监测实时心率、呼吸率、体动等生命体征数据与状态；针对离床、心率呼吸数据超限或数据异常等，进行主动报警；睡眠规律统计及睡眠质量模糊分析；对于失能或半失能老人，提供翻身提醒、翻身监测功能等。二是产品应用场景广阔。智能监测床垫广泛适用于医疗机构、医养结合机构、养老机构、社区及居家使用，公司针对活力老人、失能/半失能长者的不同需求，研发了不同规格、型号的产品，匹配长者的个性化需求。三是提供实时无拘束监测。对于长者而言，长者只需要躺在床垫上，就可以实现实时生命体征监测，没有任何负担；对于护理人员而言，实时监测功能可以让监护人员及时了解每位长者的身体状况；对于机构而言，实时生命体征监测，可以规避或减少潜在的、意外的风险发生，提升服务质量的同时，还可以大幅度减避意外纠纷带来的风险；对于长者家属或监护人而言，通过智能化的监测床垫实现实时监测老人的生命体征数据情况，做到安心、舒心、放心。

简要评析 智能养老产品，不仅要智能，最重要还得不增加老人的身心负担。汇通佳仁研发的智能监测床垫，完全无拘束监测，没有任何身心束缚，不仅在国内取得了二类医疗设备注册证，也在日本、澳洲等老龄化较为严重的发达国家取得了广泛的认可，抓住了养老护理、机构管理中的提升质量、管控风险的"痛点"，是国家智慧养老产品目录中的推荐产品。智能化产品，未来一定会是养老服务过程中的有利帮手。

邦邦机器人：全球领先的智能辅具服务商

基本情况 上海邦邦机器人有限公司创立于2016年，致力于用科技构建全球养老助残新生态，为弱能群体创造更美好的生活方式。公司利用远程医疗、居家康复、辅助机器人等技术赋能辅具，

引领辅具 3.0 时代的变革。公司主打的三条产品线：康复辅助产品线、出行产品线、护理理疗产品线构造了从亚健康群体到轻度失能群体再到重度失能群体的系统化智能化解决方案。目前，公司已进入全球 10 余个国家地区。在国内市场达到地市级城市市场覆盖，并且公司自建了 100 余家直营体验站点。

主要特点 一是产品创新力强。公司旗下的希望之星、邦邦代步两款产品均为全球性创新型产品。其中希望之星针对截瘫、偏瘫等各类下肢运动功能障碍，实现了自主站立、转移、居家复健、生活自理辅助一站式解决。二是产品质量过硬。邦邦机器人智能康复辅具生产基地设立了工程中心、质量检测中心和供应链中心，包含采购、制造、质检、认证等多个板块，为邦邦旗下产品提供从原理机打样、工业设计、供应链开发、测试认证、工艺优化以及生产资料转化等全生命周期服务。目前邦邦机器人的智能康复辅具产品已经通过 CE、CR、CFDA、FDA、TFDA 认证，具备中国大陆和港台地区、亚洲、欧洲、美洲市场准入资格。三是产品成熟度高。目前邦邦机器人产品已经进入国内多个省份残联辅具目录，工伤保险报销目录，辅具租赁目录。公司核心产品均纳入到四部委联合推进的居家养老示范产品目录，得到政府和市场的高度认可。

简要评析 邦邦机器人以技术为驱动，在目前国内老龄化趋势进一步严峻的形势下，利用自身的创新优势发展迅速，正在努力成为智能辅具行业代表中国的一张闪亮的名片，为全球的养老助残行业提供更体贴、更高效、更高性价比的产品和服务。

（六）老年智能产品

随着科技的进步，智能产品正在改变老年人的生活方式。老年人日益衰退的身体机能和慢性病管理需求更需要智能化产品的辅助。例如采集老年人身体健康状况的智能手表、智能手环、血压计、心率监测仪等智能终端设备以及具备自动报警功能、智能陪伴功能、远程呼叫功能、远程问诊功能等的智慧家居产品。在政策推动、老龄化进程加快、老年人消费观念转变等多重背景的叠加影响下，老年智能产品将迎来井喷式发展。据前瞻产业研究院的预测，我国智能养老设备产业的年增速将达到20%—25%，到2026年智能养老设备产业市场规模有望突破1760亿元人民币。

武汉守护佳智能科技有限公司
——一站式智慧养老综合服务平台

基本情况　武汉守护佳智能科技有限公司是一家专业从事养老产业智慧化、信息化研究与建设的高新技术企业。公司旗下"守护佳"一站式智慧养老综合服务平台，主要面向中、日两国的社区居家养老、机构养老、家政公司、健康管理等类型客户提供全方位的智慧养老技术与服务解决方案。目前，平台在北京、山东、陕西、湖北等20多个国内省市已有广泛应用。

主要特点　一是致力于养老服务的闭环式智慧管理。不同于传统信息化、服务型和物联网等养老思维，守护佳智能看护系统致力于自主构建"互联网＋养老＋AI"的完整闭环式智慧养老服务形态，在传统"互联网＋"的基础上，以"AI＋"为核心，将日本先进养老服务理念融入技术研发，立足养老市场真实需求，跨终端"智慧"连接养老机构、社区、服务商及养老家庭，实现管理信息

化与看护智能化的高效融合。通过智慧管理系统为行业赋能，一站式助力养老机构提高服务管理效率、降低运营风险，减轻养老家庭负担，提升老年人养老生活品质。二是致力于依托人工智能技术场景化攻克夜间照护等养老难题。以场景需求代替概念引导，注重人工智能技术在真实养老应用场景的实践，成功打造夜间无人看护、应急呼叫、智慧生活照料等特色智能看护场景。

简要评析 守护佳智慧养老解决方案紧紧围绕养老产业一线应用的核心"痛点、断点"进行深度剖析，在"互联网＋养老服务"模式进入常态化普及的社会背景下，积极寻求质的突破。作为技术指导型企业，守护佳凭借极具前瞻性的行业视角，率先打破关键技术壁垒，真正实现科技改变养老，引领行业风向标，助力中国乃至世界养老服务机构插上"AI 翅膀"。

（七）老年宜居

2007 年，世界卫生组织编写了《全球老年友好型城市建设指南》，提出了老年友好的理念。在此基础上，全国老龄委充分结合我国现实国情提出了老年宜居环境建设这一重大理念，旨在发展有利于老年人融入社会、参与社会的硬件设施环境和社会文化因素，为老年人平等参与社会生活提供必要条件，同时也为各年龄层的其他社会成员提供和谐共融的整体环境。老年宜居环境建设的重点任务包括适老居住环境、适老出行环境以及适老生活环境的改造建设。老年友好型社区的概念是在老年宜居环境建设基础上的延续，兼顾人文关怀和积极老龄观，充分满足老年人日益增长的美好生活需求。

我国长期以来都是年轻型社会，环境建设大多以满足年轻人口的需要为主，这导致了我国老年宜居环境建设严重滞后，居住环境与出行环境的适老化程度低，安全隐患突出。随着人口老龄化态势的日趋严峻，推进老年宜居环境建设被提上了日程。在国家发改委刚刚印发的《"十四五"积极应对人口老龄化工程和托育建设实施方案》中明确指出要进一步改善养老服务机构技术设施条件。这意味养老服务设施建设及适老化设施改造已经成为养老产业发展的趋势指向。

第三节　养老产业发展趋势与展望

人口老龄化的不断加剧，物质文化需求的日益提升，消费观念的转型升级，是我国养老产业发展的推动力量。养老产业的可持续性健康发展，不仅是满足人民群众获得感、幸福感、安全感的必然要求，也是激活内需消费，助力构建新发展格局的必然选择。

一、养老产业的新业态与新形式正在兴起

随着积极应对人口老龄化成为我国中长期的基本国策，老年人不再满足仅仅被当作是"被照顾的对象"，更希望能继续参与到社会生活中，从"养老"转变为"享老"，从"老龄"转变为"乐龄"，养老产业的变革悄然而至。在社会经济高速发展与人民生活水平不断提高的大背景下，传统的养老模式已经不足以应对老年群体对于美好老龄生活的实际需求，创新业态模式，将养老与教育培训、健康、体育、文化、旅游等产业深度融合发展已经成为我国养老产业发展的趋势所向。田园康养、旅居养老、研学养老、科技养老、抱团养老等"养老＋"概念正在兴起。

近年来，国家层面也通过政策驱动和资金补贴等方式加大了对创新养老产业发展模式的支持力度。2019年国家发改委牵头推出普惠养老城企联动专项活动，中央财政提供了14亿元的专项资金，重点支持"社区、医养、学习、旅居"四类床位建设以及城企合作共同发展产品、基金等。于此同时，提出了在"十四五"期间将重点扶持"互联网＋养老""物业＋养老""医疗健康＋养老"等新兴养老业态的发展。

（一）田园康养

田园康养模式是将养老与中华农耕文化、健康疗养、生态环境等元素相融合，有效利用乡村田园的闲置资源，将养老产业与农业创新融合发展，形成的新兴养老模式。老年人来到风景优美的乡间，远离了城市的喧闹繁华，放慢了生活的节奏，体验"采菊东篱下，悠然见南山"的田园生活，得到心灵的慰藉，提升幸福感。

（二）旅居养老

随着消费观念的转变，旅游已经成为当下老年人时兴的养老方式之一。旅居养老是在老年旅游基础上的发展延伸，融合了"候鸟式养老"和"度假式养老"模式，同时附加上医疗、康复、疗养、文化娱乐等特殊功能，使得老年人在旅程中实现养老养生目的。选择"旅居养老"的老年人一般会在一个地方住上一段时间，慢游细品，既开阔了视野又达到了养老养生的目的。

（三）抱团养老

抱团养老是在传统"养儿防老"难以为继的背景下兴起的养老新概

念。这些老年人一般都是老同学、老同事，有着比较深厚的感情基础和相近的生活方式，他们自发聚集在一起，共同养老，通过自给自足、互帮互助等方式解决生活上的问题，满足彼此在精神上的需求。但也必须看到的是，"抱团养老"对老年人身体素质的要求比较高，需要老年人拥有较好的生活自理能力。此外，抱团养老涉及的权益及规范问题也需要进一步明确。

二、从满足生存需求到满足精神需求的转变

随着我国全面进入小康社会，社会主要矛盾已经转化为人民日益增长的美好生活需要和不平衡不充分的发展之间的矛盾。人民对美好生活的要求不断提高，尤其是 20 世纪五六十年代的"婴儿潮"逐步步入老年时代，他们积累了更多的财富，拥有更加积极开放的生活态度。根据《2019 中国养老产业发展白皮书》的数据显示，近年来我国老年人人均养老消费持续增长，截至 2018 年，我国老年人人均消费中，日常消费占比 61%、医疗康养占比 22%、社交娱乐占比 13%、养老金融占比 4%，其中医疗、社交、娱乐和保健领域近年增速最快。老年群体的养老消费需求已经从保基本的生存需求向精神需求转变，养老产业迎来了发展的新机遇。

当前，老年群体的消费水平与消费观念已经有了根本性的改变。依据中国金融调查报告的数据显示，截至 2017 年，我国有 1.06 亿老年人家庭月收入超过 4000 元，其中 1600 万老年人的家庭月收入已超万元。稳定的收入让老年人开始追求更高品质的生活。"节衣缩食""足不出户""不舍得给自己花钱"的老年人群刻板印象已经改变。稳定的收入让老年人开始追求更高品质的生活，他们开始愿意为提升自己的生活质

量消费。据《2019 中国跨境旅行消费报告》显示，"50 后"已经成为跨境旅游产业的消费主体之一，人均单次消费高达 6706 元，远超过"90 后"与"00 后"。

"更加孤独的灵魂"已经成为我国当下老年人的新标签。在我们中华民族的传统文化中，自古就有"百善孝为先""老吾老以及人之老"的观念，对于老年人来说，其幸福感和满足感更多是和家庭与孩子联系在一起。据《2017 中国老年人消费习惯白皮书》的调研数据，70％的老人认为子女在自己的养老过程中不可或缺，68％的老年人希望和子女共度时光。然而，改革开放以来我国城镇化、工业化进程高速发展，再加上前几十年施行的计划生育政策的影响，我国居民家庭结构趋向小型化，传统的家庭赡养功能逐渐弱化，空巢老人数量急速攀升，越来越多的老年人不得不直面孤独的老年生活，这就带来了老年人对网络社交、娱乐、关怀访视、心理咨询、情感交流等精神层面服务的需求。

三、从产业运营到资本运作的变化

近年来，我国养老产业进入了高速发展的阶段，包括以鱼跃医疗、九安医疗为首的医疗类上市公司；以万科、远洋、恒大、绿城、万达、保利等为主的知名房地产企业；以泰康人寿、中国平安、中国太平、中国人寿为代表的保险机构；以中国康养、国投集团、华润集团、光大集团等为代表的大型国有企业；以阿里巴巴、腾讯为代表的互联网巨头；以美国魅力花园、法国欧葆庭、日本日医学馆等为代表的国际知名养老集团纷纷入局，养老产业的资本运作时代悄然而至。

养老产业带有一定的社会福利性，需要有漫长的投资期及培育期。

相较于发达国家，我国养老产业发展的特殊性同样不容忽视。一是未富先老，缺乏足够的社会财富与完善的社会福利体系来应对养老产业的市场需求。二是资源短缺，尤其是在老年人养老需求中排在首位的医疗服务支撑。目前，医养结合仍处于持续推进的过程中。三是支付能力不足，缺乏强有力的金融支撑。国外养老产业成熟的商业运营模式主要得益于其完善的养老金体系与商业保险体系的有力支撑。而我国的养老金体系尚不完善，基本依赖于以政府为主体的第一支柱，第二及第三支柱规模较小。

因此，大企业、大资本必然成为养老产业的主要参与者。拥有长期思维，做好"打硬仗"的准备，以产业运营为基础，注重核心业务，提升服务质量和运营效率，通过规模化、品牌化打造，形成产业闭环，再通过资本化手段实现盈利增长，不失为一条破解养老产业盈利难困局的路径。例如保险机构运作的养老社区，通过其强大的资金实力、成熟的资本运作能力及强有力的金融支撑，在行业内始终处于领先水平。

第四节　加快推进养老产业发展的思考

当前，我国从政策、财政等方面大力支持养老产业的发展。加快培育养老产业，注重养老产业更加细分、养老人才更加专业、养老法律法规更加规范、政府社会和市场更加和谐，探索出一条适合中国的养老产业发展之路，是有效应对人口老龄化问题，建设高品质老龄社会的一项重要任务。通过分析欧美和日本等国的养老产业发展经验，可以对我国养老产业发展提供借鉴。

一、完善多层次养老服务设施

多层次的养老服务设施应满足老年人健康状况、照料特征、生活喜好等。发达国家凭借现代信息技术，既能给老年人提供贴心的看护，又能减轻养老护理人员的照料负担。以日本为例，日本某养老机构内采用先进的数字科技，对入住老年人进行全方位的人文关怀。每个老人都配备定位仪，保障老人行动安全；床板和床单之间配备感应器，保障第一时间感知老人大小便失禁；卫生间的模糊探测器，保障在老人跌倒时能发出警报。

我国要完善多层次养老服务设施，首先要解决所谓的养老床位"一床难求"现象，让有需求的老年人住进空置的养老机构。其次是增加老龄化配套设施的建设和扩展服务内容，引进先进的信息技术和数字技术，赋能养老设施，引导养老产业的信息化建设。老龄化配套设施可分为非营利性配套和营利性配套，非营利性配套包括基本医疗、体育娱乐、公园绿地等公共服务设施，设施运营应纳入公共财政预算，根据不同社区特点和实际需求进行弹性配置。营利性配套在满足老年人基本需求的基础上，采用对外开放经营，成本收入单独核算，可弥补设施日常运营成本的可添加配套。由此，营利性配套模式能够解决养老服务设施运营成本过高，资金压力过大，回笼资金过慢等问题，还能突出养老服务设施特色，实现可持续运营。

二、精准培育养老产业细分市场

成熟的养老产业必将呈现细分的养老市场，精准培育将成为细分养老市场里的投资常态，也将成为发展养老产业的主要策略。未来养老企业将以康复、护理等养老服务的专业技术能力作为企业发展的内生动力。专业技术能力是衡量和评判养老企业核心价值的关键指标。因此，极致专业、贴心服务、优质品牌是养老企业抢占养老市场制高点的"杀手锏"，也将是投资的热点标的。

未来养老产业将有两股主流，一是资金雄厚、市场规模庞大的民营集团和国有大型央企，以资本的并购重组和资源整合为主；二是以康复医疗、失智照护、"互联网＋"、人工智能等技术为核心的创新性养老企业，以养老产业的服务和创新为主。两股主流共同推动养老产业的发展，成为养老产业不可或缺的两股力量，同时也意味着，这是养老投资的方向。

三、加强养老产业专业人才培养标准体系建设

人才是养老产业可持续发展的基石。日本养老产业的专业服务人员需经过专业知识学习和国家统一考试合格才能持证上岗。中国香港的养老护理员及其他雇佣人员需进行岗前免费的系统培训才能上岗。未来，我国需要解决养老专业人才培养服务标准体系、教育设施建设以及高标准的专业化人才队伍培养。同时，发挥我国移动互联网领先优势，搭建老年人与护理员、养老机构、家政公司之间的呼叫应答系统。基于此，我国一是应加强现有养老服务人员的职业道德培养和职业技能培训，提升现有工作人员的职业素养。二是鼓励养老相关专业毕业生进入养老产业，为养老产业注入新鲜的血液。三是与发达国家交流或建立人才派出机制，不断学习国外先进经验。国内高校加大力度开设养老相关专业和课程，并针对不同学历的人群，如为专科生、本科生、研究生设立不同的养老培训课程，并鼓励与发达国家养老专业机构开展联合办学，邀请国外专家来授课。四是鼓励社会兴办养老护理培训，借助市场力量，推动养老服务的职业化发展，促

使养老产业发展的职业化、规范化、产业化。

四、探索适合我国国情的养老产业发展道路

目前，我国养老产业尚处于发展的起步阶段，与发达国家相比还存在一定的差距。欧美及日本等国家已经在养老产业领域先行一步，形成了完备的养老保障体系、健全的养老服务平台和高水平的养老服务人才队伍。应充分借鉴国际经验，并结合我国的实际国情，从加快养老产业法律法规建设、完善多层次养老服务设施、精准投资养老产业细分领域、聚焦"养老＋"融合发展，以及加强人才培养等方面提出了进一步推动我国养老产业发展的启示建议，并希望通过实施上述举措，探索出一条适合中国国情的养老产业发展新道路。

📚 **延伸阅读** ···

本章通过对我国养老产业发展现状的分析梳理，盘点了养老服务、老年医疗健康、养老金融、养老地产、养老用品、老年宜居等养老产业主要领域的发展概况，结合时代背景，对养老产业未来的发展趋势提出了展望和建议。扫描本章二维码，带您更加系统性地认识养老产业，更加深入地了解养老产业的产业化发展进程与未来趋势。

养老产业发达才能有更高的养老品质

第六章

农村养老格局新突破

农村养老是「共同富裕」背景下的新扶贫攻坚战。

农民养老期盼多

近年来中国城镇化速度不断加快，但农村在中国依然占据重要地位。比较而言，在传统社会中，西方城市发达而中国则以农村为主，即"乡土中国"（费孝通语）。传统中国社会的养老也以农村为主，不仅农民都在农村养老，不少士绅也衣锦还乡在乡间养老。中国农村在历经了几千年发展后，形成了独具特色的养老格局，影响绵延至今。另一方面，中国自 20 世纪初开始现代化，延续至今仍未停止。经济、政治、文化等方面的变化，都在冲击着中国农村传统的养老格局，其间不断有新突破。新时代，在推进中国特色社会主义现代化及"第二个百年"奋斗目标进程中，以社会主义新农村、实现乡村振兴为主题的农村建设，必将重塑中国农村养老的新局面。

第一节　亿万农民对养老保障的期盼

千百年来，"老有所养"一直是中国人对人生归宿的期盼。据全国老龄办统计数据显示，截至 2015 年底，我国约有农村老年人 1.24 亿，约占全国老年人口总数的 56%。[①] 目前中国的农村与城市相比，在经济收入水平、生活医疗条件、精神文化生活等方面仍然存在一定差距。中国城乡养老生活之间的差距也主要体现在这些方面上，而这些方面也正

---

① 《民政部关于中国农村养老模式的提案答复的函》，见 http://www.mca.gov.cn/article/gk/jytabljggk/zxwyta/201710/20171015006451.shtml。

是中国农民对养老保障的期盼所在。

一、期盼物质生活有保障

物质生活保障是农村养老的基础，也是农村老年人最期盼的。农村老年人对物质生活的期盼主要包括三个方面。

（一）期盼提高经济收入水平。目前中国农村养老社会保障水平较低，他们期盼获得更多经济收入来保障自己的老年生活。增加农民收入是解决我国"三农"问题的关键，同时也是解决农村养老问题的核心。目前中国农村养老仍延续着传统，即以在村、居家养老模式为主。提高农民收入水平，能让农民在宽松的经济条件下稳定在在村、居家这种模式中养老，使"老有所养"真正在农村得以实现。

在党的领导和全国人民的努力下，2020 年底中国农村贫困人口已全部脱贫，农民收入水平已大幅度提高。国家统计局数据显示，2020年中国农村居民人均可支配收入达 17131 元。① 脱贫后收入水平的提高能满足农民的现实生活需要，却难以满足农民对未来品质化养老生活在经济上的期盼。在这类收入上，农村居民仅为城市居民的 0.35 倍，两者相比差距较大。他们希望在满足现实生活的收入以外，能有更多的自主收入，来满足当前以及未来养老生活的需要。

全部脱贫后增加农民收入的任务依旧很艰巨，农民只有获得更多收入才能满足他们在经济上对未来养老生活的期盼。另外，增加收入也为提高农民养老保险缴费水平提供了可能性，农民年老后可以享受到更多的养老保险金。中国农民在传统上主要以经营性收入为主，即从农业生

---

① 《2020 年居民收入和消费支出情况》，见 http://www.gov.cn/xinwen/2021-01/18/content_5580659.htm。

产中获得的收入；而近年来，其补贴性收入、财产性收入和转移性收入显著增长。后者主要来源于政府惠农政策的转移性收入，其中有相当一部分被用于支付农民的养老金。我国农村居民 2020 年收支主要数据详见表 6-1。①

表 6-1　2020 年全国居民收支主要数据

指标	绝对量（元）	比上年增长（%）
（一）全国居民人均可支配收入	32189	4.7（2.1）
按常住地分：		
城镇居民	43834	3.5（1.2）
农村居民	17131	6.9（3.8）
按收入来源分：		
工资性收入	17917	4.3
经营净收入	5307	1.1
财产净收入	2791	6.6
转移净收入	6173	8.7
（二）全国居民人均可支配收入中位数	27540	3.8
按常住地分：		
城镇居民	4.378	2.9
农村居民	15204	5.7
（三）全国居民人均消费支出	21210	-1.6（-4.0）
按常住地分：		
城镇居民	27007	-3.8（-6.0）
农村居民	13713	2.9（-0.1）

① 《2020 年居民收入和消费支出情况》，见 http://www.gov.cn/xinwen/2021-01/18/content_5580659.htm。

续表

指标	绝对量（元）	比上年增长（%）
按消费类别分：		
食品烟酒	6397	5.1
衣着	1238	-7.5
居住	5215	3.2
生活用品及服务	1260	-1.7
交通通信	2762	-3.5
教育文化娱乐	2032	-19.1
医疗保健	1843	-3.1
其他用品及服务	462	-11.8

注：① 居民人均可支配收入 = 城镇居民人均可支配收入 × 城镇人口比重 + 农村居民人均可支配收入 × 农村人口比重。

② 居民人均可支配收入名义增速 =（当年居民人均可支配收入／上年居民人均可支配收入 −1）× 100%；居民人均可支配收入实际增速 =（当年居民人均可支配收入／上年居民人均可支配收入／同期居民消费价格指数 −1）× 100%。

③ 全国居民人均收支数据是根据全国十几万户抽样调查基础数据，依据每个样本户所代表的户数加权汇总而成。由于受城镇化和人口迁移等因素影响，各时期的分城乡、分地区人口构成发生变化，有时会导致全国居民的部分收支项目增速超出分城乡居民相应收支项目增速区间的现象发生。主要是在城镇化过程中，一部分在农村收入较高的人口进入城镇地区，但在城镇属于较低收入人群，他们的迁移对城乡居民部分收支均有拉低作用；但无论在城镇还是农村，其增长效应都会体系在全体居民的收支增长中。

④ 比上年增长栏中，括号中数据为实际增速，其他为名义增速。

⑤ 收入平均数和中位数都是反映居民收入集中趋势的统计量。平均数既能直观反映总体情况，又能反映总体结构，便于不同群体收入水平的比较，但容易受极端数据影响；中位数反映中间位置对象情况，较为稳健，能够避免极端数据影响，但不能反映结构情况。

（二）期盼物质生活更加丰富。农民经济收入的提高也为农村老年人物质生活的丰富提供了进一步的保障。养老需要一定物质保障，农村物质生活相对比较匮乏，是农村养老的重要制约。目前中国农村老年人的物质生活水平普遍不高，大多维持在应付日常基本的生活需求水平。造成这一状况的主要原因在于中国农村老年人经济收入偏低，而这又是由于多方面原因所致，包括：农村生产力水平低，经济效益差；农村老年人文化程度较低，大多从事简单劳动；钱财多留给其子女，而子女对父母养老的供养有限。除此之外，则是由于交通、信息不便等带来的物质保障不足。物质生活的匮乏已严重影响到中国农村养老的发展，农村老年人期盼有更有保障的物质生活，以安享晚年。

（三）期盼缩小养老地区差距。我国幅员辽阔，各地区经济发展水平不均衡，不仅城乡之间如此，农村地区之间亦是如此。总体而言，东部地区农村经济发达，中西部地区农村则经济相对落后。农村养老保障水平在很大程度上受到农村经济发展水平的制约，东部经济发达地区农村养老保障水平较高，中西部经济欠发达地区农村养老保障水平相对较低，区域差距较大。因此，中西部经济欠发达地区农村老年人更期盼能享受到与东部经济发达地区农村老年人同等的养老保障水平。

二、期盼日常生活有照料

日常生活照料是农村养老的主要内容，与农村养老关系最密切。农村老年人在这方面上的期盼主要包括三个方面。

（一）期盼日常生活有人照料。年老体衰、生活难以甚至无法自理，是农村老年人最担心和恐惧的晚年场景，这也决定了老年人的日常生活更期盼有人、有子女照料。西方国家院舍养老和机构养老较发达，老年人大多通过入住养老院的形式解决生活难以或者无法自理的问题。中国在传统上崇尚"孝"文化并作为美德流传至今，老年人以居家养老为主，因此其日常生活主要由子女照料。而当代中国农村的现实状况却使延续

这个传统困难重重。特别是在不少农村地区，中青年人中长年在外务工者较多，很多老年人因子女不在身边而成为"留守老人"，其日常生活根本无法由子女进行照料。因此无论是农村"留守老人"自己还是其子女都对日常生活有照料充满期盼。

（二）期盼专业机构提供照料。随着中国经济社会和医疗卫生事业的发展，人均寿命包括农民人均寿命也不断提高，但高龄老人、长期患病老人甚至失能失智老人数量也在不断增加。据全国老龄办统计数据显示，我国约 1.24 亿农村老年人中，失能和部分失能老年人约占 2240 万。[①] 对他们的日常生活照料必须有相对专业的人员才能实现。对这些老年人而言，即使其子女在身边也无法很好地提供日常生活照料，必须依靠专业养老机构提供服务。相对而言，中国城市养老业较为发达，有很多机构能为这些老年人提供专业性的日常生活照料服务，甚至托管服务；但是中国农村养老业不发达，缺乏为这些老年人提供专业性日常生活照料服务的专业机构。因此，农村中的这些老人及其子女都期盼能获得由专业养老机构提供的专业性日常生活照料。

（三）期盼生活照料更加细致。中国农村老年人对日常生活照料的期盼尽管无法达到城市的水平，但随着社会发展和电视传播媒体的便捷，农村老人也有新的期望。包括洗澡、运动等室内室外活动等方面的身体照顾，以及采买食品和生活用品、做饭、打扫室内卫生、洗涤缝补衣物等方面的家务照顾；广义上也包括护理照料和精神心理慰藉等。其中主要是前两者。在农村中，老年人因年龄和身体健康状况的不同，对日常生活照料期盼也不同：低龄健康老人只需适度帮助即可，而高龄老人、长期患病老人和失能失智老人则需更加全面的日常生活照料，甚至

---

① 《民政部关于中国农村养老模式的提案答复的函》，见 http://www.mca.gov.cn/article/gk/jytabljggk/zxwyta/201710/20171015006451.shtml。

是由专业养老机构提供的专业性日常生活照料。因此，不同身体状况和家庭结构的老人对生活照料需求不同。

三、期盼寻医看病有保障

寻医看病是目前中国农村养老的短板，是农村老年人最关心的。农村老年人对寻医看病的期盼主要包括三个方面。

（一）农村老人对医疗的期盼。"老病随年侵"，人们年老后身体机能开始衰退，各种疾病也随之而出现，年老与疾病总是相伴相生的。过去，中国特别是农村地区，老年人患病后为不拖累家庭花费钱财，往往隐瞒病情、有病不治、大病小治，最后以致延误救治；新时期，农村生活水平、医疗条件都大大提高，农村老年人患病后主动寻医看病的期望不断增强。目前中国老年健康需求正在得到普遍关注，覆盖城乡的老年健康服务体系正在加快建立完善，人们普遍希望能在平时的身体健康管理上获得保障。

（二）期盼解决寻医看病困难。农村老年人在寻医看病方面还存在很多困难：一是农村医疗机构相对缺乏。据国家统计局公布的数据显示，截至 2019 年底，我国共有 36112 个乡卫生院、616094 个村卫生室。公立的医院、卫生院服务主要位于乡镇而难以辐射深入到村庄，造成农村老年人就医既不便也不及时。二是农村医疗资源比较匮乏。优秀医生和医疗设备大多集中在城市至少是县医院，而且县医院、乡镇卫生院的医生水平和设备条件都有限，就更不用说村医疗卫生室了。有些农村老年人患病后不能得到很好医治，只能投靠子女亲友前往城市就医，从而加重经济负担。三是农村养老保险水平较低。农村老年人能享受的医疗保险金少，农村老年人为治病不得不动用自己的收入甚

至积蓄；有些疾病治疗费用昂贵，农村老年人的医疗保险金和收入、积蓄都难以为继。

（三）期盼解决护理照护困难。中国农村老年人的寻医看病期盼还体现在护理方面，不仅包括疾病治疗完成后进行的居家康复护理，也包括对高龄老人、患慢性病老人和失能失智老人的长期居家照护，还包括对患病临终老人的安宁疗护。这些方面在中国农村养老中甚至是可望不可及的。另外，农村的卫生预防保健服务由于缺乏人才等因素，也是农村养老中的短板。除此之外，医养结合正在中国的城市扎实推进，但由于受交通、人才和资金等制约，农村医养结合养老服务体系的建设更加困难。特别是对重度失能、长期卧床等老人的护理照护，缺乏手段、缺乏人力，很多老人难以得到基本的护理照护。

除上述三种困难外，中国农村地区老年人寻医看病还存在特殊困难，即农村地区老年疾病医疗和护理资源匮乏。老年疾病因为具有其特殊性而需要专门诊治。城市的大医院往往设有老年专科，有些农村县医院可能还有老年专科，但更基层的乡镇卫生院、村卫生室往往没有力量开设老年专科，无法诊治老年疾病。上述这些困难正是中国农村老年人期盼能改善的。具体而言，可概括为期盼医疗机构更贴近村民、更多医疗资源流向农村、提高农村医疗保险享受水平、老年疾病获得更专业的治疗。

四、期盼精神生活有慰藉

精神生活属于农村养老的深层面，现在已越来越受到重视。农村老年人对精神生活的期盼主要包括三个方面。

（一）期盼拥有基本的文化生活。由于农村公共服务资源匮乏，文化娱乐条件、氛围、资源有限，因此，很多农村老年人的精神文化生活空虚，甚至产生厌世、消极和抑郁的情绪。虽然过去中国农村老年人的文化程度不高，文化生活也不够丰富，但那时一家三代甚至四代人在一起生活劳作，亲情满满、其乐融融，精神生活却也算富足。但当下，邻里接触少、村集体活动召集难，再加子女大多不在身边，因此，除看看电视手机外，并没有更多的文化生活可言。党的十八大以来，随着农村脱贫攻坚和文化扶贫的实施，中国农村老年人文化程度有力提高，报刊、网络也大量进入农村，特别是手机的应用，农村老年人文化生活得到一定满足和提升。但这与城市相比、与社会主义新农村建设相比，还有较大差距，难以满足农村老年人日益增长的文化生活需要。

（二）期盼应有的情感和精神慰藉。农村老年人除了在文化生活方面的需求保障难外，在家庭情感方面也遇到很多障碍。老年人因年老、疾病、孤独等原因，容易出现心理问题。一方面，很多农村中青年人长年在外务工，农村老年人则成为"留守老人"。另一方面，不少农村青年人受现代观点影响婚后不与父母同住，其中也有些人由于家庭关系不睦长期与父母不往来，使父母实际上成了"留守老人"。这些不仅使农村家庭所承担的养老功能越来越弱化，也使上述两种农村"留守老人"由于缺少子女的照顾和关爱而生活空虚、幸福感低，普遍存在焦虑、孤独和无助等心理问题。这些精神问题若长期缺乏慰藉与疏导，容易导致老年痴呆症和抑郁症等严重精神疾病，甚至出现极端想法。较之于文化生活的丰富，中国农村老年人在精神生活上更期盼在家庭情感方面的改善。除"留守老人"外，其他农村老年人对精神关爱的需求也非常迫切。

（三）期盼自身权益得到应有保障。目前来看，侵害农村老年人权

益的行为时有发生，这也是影响农村老年人的精神生活，甚至诱发其精神疾病的重要原因。农村是中国法治实施以及法治宣传教育的薄弱环节，人到老年后心智水平降低、对违法犯罪行为的警惕性下降，加之农村老年人警惕意识低、防范能力弱，很容易成为违法犯罪行为侵害的对象。有些农村老年人在其人身、财产权益被侵害后，由于心怀顾虑，不敢依法维权，往往选择忍气吞声，长此以往容易造成心理抑郁；有些违法犯罪行为甚至对老年人造成严重伤害，最终使其患上精神疾病。由此可见，更充分的权益保障也间接成为农村老年人对在精神层面对养老生活的期盼之一。

了解农村老年人对养老生活的期盼，是做好农村养老工作的起点。随着我国农村经济、社会的发展，农村老年人对养老生活的期盼已从简单的物质满足向日常生活照料、寻医看病服务、文化生活和精神慰藉等多层面拓展。这四种期盼既各自独立又内在联系：对提高经济收入的期盼具有根本性，它至少决定着对日常生活照料的期盼和对寻医看病的期盼实现的程度；对精神生活的期盼是四种期盼中最深层次的，它较之对经济收入的期盼虽具有相对独立性但也受其影响；对日常生活照料的期盼和对寻医看病的期盼则具有现实性，它们与老年人的养老生活最密切相关。对这四种期盼既要分清主次、抓住问题的关键，又必须认识到它们之间的内在联系，寻求综合解决之道。

第二节　中国农村养老的典型模式

改革开放后，全国各地结合各地经济、社会、文化特点，因地制宜地探索尝试适合农村养老特点的农村养老模式。

一、在弘扬家庭养老传统上有创新

家庭养老是中国养老的传统模式，至今仍然具有重要影响。特别是在传统影响颇深的农村地区，家庭养老仍然是养老的主要模式。家庭养老即以家庭为单位、以家庭成员和资源为支撑的养老，老年人居于家中依靠自己或亲属提供生活照顾的养老模式。其具有照顾方便及时、成本低廉，有利于代际交流、有助于精神慰藉等优势。

家庭养老的传统在中国延续几千年后，在当代中国农村遭遇了很多现实问题。如农村家庭结构小型化和子女数量的减少、农村青年人跨地域职业流动性大、农村青年人家庭责任观和家庭义务观的变化等。另外，家庭养老在农村留守家庭也无法实施。这些都在冲击着传统的中国农村家庭养老，使其面临着逐渐弱化的趋势。

这些趋势是客观的，不可阻挡；但家庭养老又是中国养老的传统，不能摒弃。我们既要尊重传统又要不断创新，使家庭养老也与时俱进。

案例1

河南太康"五养模式"①

基本情况　河南省周口市太康县为解决农村特困老年人养老的难题，大胆创新，积极地探索以"五养模式"完善家庭养老。太康"五养模式"即集中供养、亲情赡养、社会托养、居村联养以及邻里助养。

―――――――――

① 刘德民、马永生：《"五养模式"破解农村特困人员供养》，《中国社会报》2020年9月21日。

主要特点 一是集中供养，即由县财政投资改造和改建乡镇的敬老院，吸纳特困人员入住，目前入住老年人近千名。敬老院配备了基本供养设施，配齐了管理人员和工作人员。后者持证上岗，工资纳入县级财政预算，建立健全各项管理制度，为老人提供规范化服务，提高乡镇敬老院的生活服务水平。二是亲情赡养，即由村新风协会采取入户座谈的形式，找分散供养老人的亲属谈心，劝导他们承担赡养义务，签订亲情赡养协议并进行村内公示甚至司法公证，将老人接回家中同吃同住，由该协会负责跟踪监督。三是社会托养，即组织规模较大、条件较好的民办医院设立民办医养结合养老院，为失能和半失能特困人员提供住院、护理、生活照料等一体化健康养老服务，由县财政进行一次性补贴。这些机构运行效果良好，得到了人民群众的广泛认可。四是居村联养，即针对故土难离而又无亲人赡养的特困老年人，将村中的闲置庭院改建为村级幸福院，配齐生活娱乐设施，从贫困户中选聘人员照顾特困老年人生活，由县财政采取以奖代补向幸福院拨付建设运营资金，并对新建、改建幸福院按入住人员给予一次性奖补。五是邻里助养，即针对由于村庄较小而又无亲属赡养等各种原因只能分散独居的特困人员，发挥村党支部引领作用，以自愿为前提，采取政府补贴、志愿服务、开发公益性岗位等形式，组织有爱心的贫困人员对特困老年人进行日间照料，由村委会向前者发放助养补贴。

简要评析 在太康"五养模式"中，亲情赡养和邻里助养是家庭养老发展的新形式，而集中供养、居村联养和社会托养则是以其他养老模式弥补家庭家庭养老的不足。太康"五养模式"不仅解决了农村特困老年人养老问题，又具有扶贫的作用，同时也起到了培育文明乡风、良好家风以及淳朴民风的重要作用。

北京平谷"慈孝堂"①

基本情况　北京市平谷区在村（社区）中建立"慈孝堂"，健全区、乡镇（街道）、村（社区）三级慈善救助网络，完善慈善救助与政府救助的衔接机制，通过这个网络来宣扬孝亲敬老文化以提升社会慈善意识，充分发挥慈善资源来帮扶老年人。

主要特点　一是政府支持指导，群众自发设立。"慈孝堂"是在区民政局和区慈善协会指导下，由村（社区）群众自治组织设立的基层慈善孝老工作组织和活动场所。随着社会老龄化程度不断提高，社会也越来越关注"孝道"。目前，"慈孝堂"已成为当地弘扬孝道文化、宣传孝老典型的重要载体。二是采用多种形式，开展敬老活动。各村通过组织开展形式多样的敬老活动，带动村民传承孝亲敬老传统美德，弘扬孝道文化，其具体做法有为老年人发放生活和医疗慰问金、送生日蛋糕等。在"慈孝堂"的推行中，慈孝文化得到进一步地推广。三是弘扬慈孝文化，营造敬老氛围。"慈孝堂"在组织捐款中大力弘扬宣传慈孝文化，使村民的慈孝意识逐渐增强。"慈孝堂"募集的资金多用于敬老孝老，村（居）委会主动引领，党员干部和村民代表认真践行，对孝道文化主动进行宣传和实践，使孝道文化在群众心中生根发芽。

简要评析　"慈孝堂"对完善中国农村家庭养老具有重要启示，即在村（社区）通过宣传营造良好慈孝文化氛围，这样便可以促使中青年人自觉、自愿地在家敬养老人。

---

① 安娜：《"慈孝堂"让孝亲敬老文化落地生》，《中国社会报》2019 年 11 月 28 日。

案例 3

湖北十堰农村孝老楷模

基本情况　刘学举全家生活在湖北十堰市竹山县柳林乡洪坪村，家境并不宽裕，却靠着自己的勤劳，赡养包括远亲在内的十余位老人，弘扬了中华民族孝老爱亲的传统美德。

主要特点　一是赡养至亲，极尽孝道。刘学举家庭中生活着其爷爷、奶奶、父亲、母亲、岳父、岳母等六位至亲老人。刘学举极尽孝道，从未和老人拌过嘴、红过脸，从未说过老人的不是。二是孝无亲疏，爱有施受。刘学举家庭还先后赡养了五位非至亲老人。这些老人或盲或聋或智力残障，他们都毫不嫌弃，悉心照料。三是孝老爱亲，家风传承。刘学举夫妇的孝老爱亲之举得到了儿孙们的理解和支持。孙子刘德权大学毕业回村委会工作，主动接过赡养老人的担子。刘学举曾荣获湖北省十大孝老楷模和全国道德模范的称号。

简要评析　在弘扬家庭养老传统上，身教比言传更重要。要在家庭中营造孝老爱亲的家风，使它代代传承，充分发挥道德特别是孝道的力量在弘扬家庭养老传统上的作用。

二、在培育新型互助养老上做文章

中华民族自古就有相互帮助，特别是邻里互助的良好传统；新中国成立以后，社会主义精神文明建设提倡互帮互助。互助养老正是在这两个基础上发展起来的，既符合中国传统又贴合社会制度。

互助养老是指在自愿的基础上通过同龄者互助和低龄者帮助高龄者

两种形式，使老年人结合起来相互扶持、相互照顾的模式。互助养老能缓解国家和社会特别是家庭日常照料和护理老年人的负担，也能贴近老年人的生活和心理诉求，还能发挥老年群体自身的价值。

互助养老是与家庭养老最接近的养老模式，在中国农村也是家庭养老的重要补充。2018 年，中共中央、国务院印发的《乡村振兴战略规划（2018—2022 年)》明确提出要"推进农村幸福院等互助型养老服务发展"。目前互助养老在中国农村作为新兴的养老模式亟待各方积极支持和培育。

安徽谯城"三社联动"①

基本情况　安徽省亳州市谯城区魏岗镇近年以来不断通过加强党建引领基层养老服务建设，探索建立以社会基层治理体系为平台、社会组织为载体、社会工作专业人才为支撑的"三社联动"工作机制，充分发挥社会组织、社会工作专业人才在基层治理中的优势，初步形成政府主导、社会参与、基层自治、人才互补的基层治理养老服务新格局。

主要特点　一是配齐设施人员，作为工作基础。该镇大力发展养老服务保障体系，健全完善基础设施，注重专业性人才培养，投资 580 余万元建立医养服务中心，配备医护人员 5 名、护工 19 名。医养服务中心的部分专业医护人员和护工同时兼任邻长。除日常护理服务外，邻长与镇村爱心志愿服务队伍一起负责养老服务工

---

① 　孙海涛、王乾坤：《亳州魏岗镇："三社联动"暖心陪伴乡村老人》，见 http://ah.anhuinews.com/mssh/202108/t20210823_5462715.html。

作，为有需要的老人第一时间提供居家养老服务。二是引导志愿服务，作为工作补充。为了让更多老年人获得更多健康服务，该镇注重资源链接整合，依托镇爱心志愿者协会、14支镇村志愿者队伍，结合社会救助、医疗卫生、法律援助等社会工作专业人才，建立弱势群体志愿服务资源库，实现"一人有需、多点发力"，确保对有需求的高龄、残疾老人进行医疗、家政、爱心陪伴等方面的志愿服务。

简要评析　魏岗镇的"三社联动"工作机制加强了社会志愿服务组织和社工专业人才的合作配合，保障了老年人生活质量，方便了他们安享晚年。

贵州江口互助幸福院 ①

基本情况　贵州省铜仁市江口县近年来通过完善敬老院、建设示范性农村互助幸福院等形式，积极探索构建互助养老新机制，破解了农村互助养老难题，其经验和做法值得借鉴。

江口县按需建设和改造农村互助幸福院，并标准配置相应生活设施等"硬件"，全面优化农村互助幸福院服务环境。县里设立农村互助幸福院专项资金，财政每年给予村级互助幸福院运行经费补贴，由乡镇财政提供运行维护的经费保障，支付护理人员工资和生活补助。同时争取社会团体资金扶持，引导慈善基金和社会捐助，通过村级集体经济入股分红等形式，多元化地拓展资金

---

① 杨红：《江口探索新机制破除农村互助养老难》，《铜仁日报》2019年3月23日。

来源渠道。互助幸福院由县级统一指挥，民政部门（老龄办）负责业务指导、管理监督、检查考评确保其正常运行；乡镇统筹负责区域内其正常运行；村级由村两委人员兼任其院长，做好人员管理及服务工作。

主要特点　一是老有所为，发挥余热。该县积极探索政府、社会、企业、群众等多方参与的互助养老模式，对完全能生活自理且愿意入住幸福院的老年人，鼓励老年人参与幸福院及村内道路的卫生清扫工作、村级合作社产业发展等相关工作，按劳分发的工资可以用于缴纳入住互助幸福院的生活费，实现养老费用完全自行承担。二是老有所劳，自给自足。同时，为满足部分老年人闲不住、想干活的劳动愿望，村支两委按需流转土地免费提供给敬老院和幸福院使用，让有一定劳动能力的老年人种植蔬菜和粮食，并将老年人种植的农作物按市场价折算销售到敬老院或幸福院。这样既补贴了老年人的生活开支，又锻炼了老年人的身体。

简要评析　江口县互助幸福院的主要特点在于，通过让入住老年人从事自己力所能及的工作，为互助幸福院服务，从而实现了互助幸福院与老年人之间的互助，减轻了政府的经济负担，开创了农村互助养老的新路。

三、在探索机构养老支撑上谋创新

相对传统的家庭养老和新兴的互助养老而言，机构养老在中国特别是在中国农村是新事物。中国农村并没有机构养老的传统，它主要是借鉴国外做法发展起来的。机构养老是指以国家资助、亲人资助或老年人自助等多种形式作为资金来源，将老年人集中在专门机构中，

为其提供日常照料服务及其他服务的养老模式。新中国成立后农村地区设立的敬老院是中国机构养老的典型模式，改革开放后借鉴国外经验在城市开始出现养老院、老年公寓，前者由国家资助而后者则由老年人自助或其亲人资助。据 2020 年 11 月召开的全国农村养老服务推进会议公布的数据，目前我国农村地区已有养老机构 2 万多家，养老床位 194 万多张。[①]

农村机构养老主要有两个方面的优势：一是在专业化的养老机构中，老人能得到更专业化的生活照料和医疗护理；二是在这类机构中都是年纪相仿的老年人，他们通过互相沟通可以增加生活乐趣。基于这些优势，机构养老将成为人类未来养老的主要模式，这种趋势在西方国家已经表现得非常明显。目前中国农村地区机构养老才刚起步，存在很多问题，既需要探索更需要创新。

山东滨州敬老院有创新[②]

基本情况　山东省滨州市为深度破解农村养老特别是农村老年人的居家养老难题，因地制宜探索农村养老新路径，助力农村居家养老行稳致远。

主要特点　一是"以地养老，福利助老"，旨在提升农村老人居家生活质量，这种做法适于大型企业集中的乡镇。该市有些乡镇

---

① 《中国农村地区已有养老机构 2 万多家床位 194 万多张》，见 http://news.cctv.com/2020/11/22/ARTIfgFI9oNaCnJlVIsR0MYp201122.shtml?spm=C94212.P4YnMod9m2uD.ENPMkWvfnaiV.172。

② 宋金泽：《因地制宜探索农村养老新路径》，《社会福利》2019 年第 4 期。

结合新型农村社区建设和现行的农村宅基地有偿退出政策，在合村并居的过程中进行土地流转，由企业直接使用这些土地投资建设经营大型农村养老社区，集中供养老年人。该市有些地方还在经济条件较好的村集体探索"福利助老"模式，在推进新农村建设时养老服务设施"同步规划、同步实施、同步使用、免费居住"，让本村的老年人仍在社区内养老。二是"积分养老，孝善基金"，旨在解决留守老人吃饭难题，这种做法适于经济条件较好的村。该市有些村成立了农村孝善养老理事会，将老年人、志愿者的服务进行积分量化，所获积分可以在孝善食堂或其他助老联盟单位享受优惠或激励政策，形成村民积极参与养老的氛围。有些村还探索建立了"孝善基金"。孝善养老理事会向老年人子女收缴赡养金后，根据缴纳情况按照孝善基金返还现金＋实物的形式返还给老人，既解决了农村留守老人吃饭难题，也解决了农村老人赡养难题。三是"集约养老，一院多能"，旨在提升农村兜底养老保障水平，这种做法适于在床位闲置且管理水平不高的地区。该市有些地区将敬老院供养的五保户老人集中起来进行集约化供养，并通过政府购买服务方式将敬老院交由专业养老服务机构托管，实行专业化、社会化管理。此外，有些地区还将五保户集中供养、社会化养老、日间照料、康护保健等多种功能整合在敬老院中，探索乡镇养老服务一体化发展的新路。同时，以提高敬老院服务管理水平为目标，利用专业机构的服务技术优势，推进敬老院的"公建民营"改革。

　　简要评析　滨州市在农村地区不仅注重采用敬老院集中供养等机构养老形式，还注重利用敬老院这种养老机构的专业优势开展其他养老服务，充分发挥了机构养老的作用。

山西昔阳集中供养尝试

基本情况 山西省晋中市昔阳县通过建设县级大型养老机构、进行集中供养，破解了长期以来特困供养对象分散供养困难的难题。

主要特点 一是兴建大型机构，实行集中供养。昔阳县由县政府和丰汇煤业集团晋祥能源投资有限公司共同投资兴建晋祥养老院。该院规模很大，可容纳千余名老人居住，并集养老服务、卫生保健、文化娱乐、心理咨询等为一体，设有棋牌活动室、卡拉OK室、医疗室、图书阅览室，还经常为老年人放映电影和邀请文艺团体为老年人演出。该院的建成为实现集中养老提供了平台，解决以往养老服务机构分散于乡、村间床位和常住老人较少、供养成本高且效率低等难题。二是以机构为高地，引领敬老风尚。昔阳县通过建立大型养老院对特困供养对象实行集中供养，在提升老年人生活质量的同时，还引领了全县尊老、爱老、敬老的新风尚。县主要领导逢年过节都到晋祥养老院看望老人，文艺团体在传统节日专门为其中的老年人进行慰问演出，饮食行业主动给其中的老年人送饺子和其他饭菜以示慰问，有识之士和在外创业返乡人员主动到养老机构慰问看望老人、赠送慰问品、慰问金。全县掀起尊老、爱老、敬老的良好社会风气。

简要评析 昔阳县通过兴建县级大型养老院，对特困供养对象实行集中供养，充分发挥了其规模效应，解决了乡、村间小型养老机构运行高成本、低效率的难题，同时还将其建成为弘扬敬老文化氛围的高地。

四、在全力推动医养结合上下功夫

据中国政府网显示，截至 2019 年 9 月，全国共有近 4000 家医养结合机构，医疗机构与养老机构建立签约合作关系的超过 2 万家。[1] 不过目前中国大部分医养结合养老机构主要集中在城市，而农村这类机构数量则相对较少。目前中国农村医疗还不发达，机构养老发展相对滞后，医养结合更是还处于刚起步阶段。部分农村地区已经意识到医养结合的优势，开始进行这方面探索和尝试，取得了不少明显效果和成功经验。

 案 例 1

河北巨鹿"两院融合"[2]

基本情况　河北省邢台市巨鹿县立足当前农村养老资源和医疗资源基础，创新思路，探索建立了养老资源和医疗资源共建共享的"医养一体、两院融合"的农村养老新模式。这一模式就是依托公办、民办养老机构和农村互助幸福院等养老资源，以合作或联建的方式引入医疗机构参与农村养老事业发展，把养老机构的生活护理功能和当地医疗机构的医疗保健功能整合起来，构建养老机构、农村互助幸福院和医院、卫生院（室）相互融合的养老模式。

主要特点　河北巨鹿"医养一体、两院融合"主要有三种模

---

[1] 《全国医养结合机构已近四千家》，见 http://www.gov.cn/xinwen/2019-09/19/content_5431171. htm。

[2] 孟景辉、郅凤霞、郭晓阳：《巨鹿实行"两院融合养医一体"养老》，见 http://hebei.heb-news.cn/2014-06/09/content_3978209.htm。

式：一是共建融合模式。在有条件的乡村按照"并联选址、资源共享、联合建设"原则，把农村互助幸福院和卫生院（室）建设资金整合起来，建成既相互独立、又相连相邻的"两院"联合体。二是拓展融合模式。鼓励规模、实力和影响相当的农村养老机构或卫生机构，依托自身设施、资金、管理等优势，由单一的养老功能或医疗功能向兼具两种功能的"两院"合一模式拓展延伸。三是合作融合模式。对不具备建成"两院"联合体条件的养老机构，引导他们按照"资源共享、互利共赢"的原则，与当地养老卫生机构签订协议，以养老机构为医疗卫生机构的病房，由医护人员兼职养老机构的医疗保健员为老年人提供医护服务。

简要评析　河北巨鹿"医养一体、两院融合"的农村养老模式既有效解决了农村因失能、患病、留守而无人照料或家人难以进行专业照料老年人的养老问题，又满足了农村老年群体就近养老、低价高质入住、医疗保健有保障的养老需求，收到了非常明显的效果。

湖北随州"两室联建"①

基本情况　湖北省随州市为解决农村空巢老人的"养"和"医"问题，有效整合农村养老服务和医疗卫生服务资源，统筹推进农村老年人互助照料活动中心和村卫生室建设，以"两室联建"为载体，积极探索农村"医养结合"发展新模式。

---

① 鄂宣：《"两室联建"探索农村医养结合模式》，《乡镇论坛》2018 年第 11 期。

主要特点　一是统筹推进"两室联建"。该市统筹推进农村老年人互助照料活动中心和村卫生室标准化建设的工作，在选址、标准化、优质化、多元化等方面进行精心部署。通过"两室"有机融合，让养老成为医疗服务的延伸，方便了村民进行有益的康复锻炼和娱乐活动，使农村"散养"的老年人实现老有颐养、病有良医。二是组织落实"两室联建"。该市积极地组织方医疗卫生机构与福利院签订了医养合作协议，建立相应的合作管理制度，明确双方权利、责任和义务，结成对子共同发展。福利院的医疗卫生服务实行托管，由卫生院医生、护理和康复技术人员组成的医疗服务团队常驻福利院或定期到福利院开展医疗服务，为五保老人等供养人员提供安全、便捷的养老、医疗、健康管理等服务，实现养老和医疗"无缝对接"。三是给予农村老人医疗优待。该市认真实施老年人医疗服务优待政策，医疗机构为老年人看病就医提供优先服务，为行动不便的老年人提供上门医疗服务；同时积极开展家庭医生签约服务，为居家养老的老年人提供规范的医疗和基本公卫服务，涵盖上门巡诊、健康体检、康复护理、健康咨询等，为老年人养老和医疗服务提供了有效保障。

简要评析　随州市"两室联建"即农村老年人互助照料活动中心和村卫生室进行联合建设，从而将医养结合深入到村这个最基层的层面。

五、发展农村养老要因地制宜地选择适合模式

概而言之，目前中国农村养老主要有家庭养老、互助养老、机构养老和医养结合养老等四种模式。其中，家庭养老是中国传统，

需要弘扬；互助养老既有传统又符合社会主义精神，是家庭养老的重要补充；机构养老和医养结合养老则主要用以解决特殊问题，具有其针对性。以上四种模式既有优势也有不足，具体采用何种模式应根据当地情况因地制宜。当然，各种模式划分仅是在理论上相对而言，而各地的实践做法大多是以某种模式为主、以其他模式为补充，兼采各种模式所长。综合而言，今后中国农村养老在总体上应不断探索以家庭赡养为基础、养老机构和农村幸福院为依托、农村老年协会参与、乡镇敬老院托底的农村养老服务供给格局，走多种模式融合发展的道路。

第三节　新时代中国农村养老发展的新突破

党的十九大为新时代中国特色养老事业指明了方向，提出"积极应对人口老龄化，构建养老、孝老、敬老政策体系和社会环境，推进医养结合，加快老龄事业和产业发展"。中国农村养老起步晚、水平低、发展慢，现实中还存在很多困难。2021年1月，中共中央、国务院印发《关于全面推进乡村振兴加快农业农村现代化的意见》，对农村养老做出了"健全县乡村衔接的三级养老服务网络，推动村级幸福院、日间照料中心等养老服务设施建设，发展农村普惠型养老服务和互助性养老"的战略性部署。站在新时代中国特色社会主义现代化建设的新起点上，着眼建设社会主义新农村、推进乡村振兴和加快农业农村现代化大局，实现农民养老的快速提升，实现农村养老困局的有效突破，应着重把握以下六个方面。

一、高质量统筹谋划农村养老事业

农村养老事关重大、涉及面宽、影响深远，因此必须高质量地统筹谋划。要结合乡村振兴、城乡一体化建设和中华民族伟大复兴，因地制宜推动中国农村养老发展。

（一）把握农村养老政治站位。农村养老既涉及农民个人和家庭幸福，又关乎农村社会的发展进步，甚至整个国家和民族的和谐稳定；既功在当代、利在千秋，又牵一发而动全身。因此必须从大局全局处统筹思考谋划中国农村养老。应当充分把握好中国农村养老的政治站位，讲好农村养老的中国故事。发展农村养老在中国具有特别重要的政治意义。它是消弭城乡养老差别并进而实现城乡和谐的重要途径，也是亿万农民现在和今后过上幸福晚年生活的重要保障，更是新时代社会主义新农村和小康农村面貌的重要体现，必须从"讲政治、顾大局"的高度重视。国外农村养老的成功经验固然值得借鉴，但绝不能简单地照搬照抄国外的现行做法，解决中国农村养老问题必须立足中国国情。

（二）立足乡村振兴抓好农村养老。要从乡村振兴高度系统谋划布局农村养老。要在国家乡村振兴整体战略框架下构建多层次的农村养老保障体系，创新多元化的照料服务模式。主要是完善农村养老保障体系，创新管理服务的理念和手段，激发管理服务主体的活力，加快建成与农村实际情况相适应的、与全面建成更高水平小康社会目标相一致的、与农村社会需求相衔接的农村养老服务体系，不断提升农村老年人的健康养老水平。

农村养老的发达程度是衡量农村地区小康社会建设水平的重要指标。因此应将完善农村养老作为建设农村地区小康社会的重要工作来

抓。农村养老不仅关系到亿万农村老年人的晚年幸福，也关系到他们子女的工作生活，更是涉及全体农民生活质量提高和全面建成农村地区小康社会的大事。从全局看，决胜全面建成小康社会必须加快补齐农村养老目前的短板，让广大农村老年人老有所养、老有所依、老有所安。

（三）因地制宜创新探索。要从民生和国情出发发展农村普惠型养老和互助性养老服务，与时俱进地完善、创新农村养老服务体系，推动农村养老事业和养老产业协同发展。中国农村经济发展水平较低，老年人经济收入不高、储蓄也不多，这决定了中国农村在家庭养老之外只能走普惠型养老之路。

中国传统和社会主义制度是农村互助性养老产生的沃土。中国农村地区的国情决定中国农村养老今后仍应以家庭养老为主，互助性养老在中国农村则是家庭养老最重要的补充。农村养老服务包括很多方面，各方面相互联系成为完整体系。各地应根据本地区实情，因地制宜完善创新农村养老服务体系建设，打好促进农村养老发展的"组合拳"。

中国农村地区养老事业历史欠账多，养老产业更是刚刚起步。要不断寻求农村养老事业和农村养老产业的协调发展，鼓励各类民间资本参与农村医养结合养老服务供给，逐步形成以互助化养老为基础、以社会化养老为依托、以市场化养老为发展方向的农村养老保障体系。

二、"以人民为中心"指导农村养老发展

农村养老是事关农村民生的大事，因此必须始终坚持"以人民为中心"的指导思想，不断推进城乡居民养老服务的均等化和农村养老的供给侧结构性改革，建设好农村养老服务中心则是其落实"以人民为中心"指导思想的具体体现。

（一）坚持"以人民为中心"的指导思想。党的十九大确立了坚持以人民为中心的新的发展指导思想和方略，这也是建立和完善养老服务体系必须坚持的原则。中国农村养老要实现"以人民为中心"的原则，就必须不断推进城乡居民享受养老服务均等化，缩小由城乡二元化结构导致的与城市居民养老服务的差距。

坚持"以人民为中心"与推进养老服务均等化之间关系密切：坚持以人民为中心的理念是推进城乡居民养老服务均等化的基础；推进养老服务均等化是体现以人民为中心、实现社会公平正义和人的全面发展的重要途径。两者相辅相成、相互促进。推进城乡居民养老服务均等化旨在推进城乡养老服务的均衡发展，让农村老年群体能更平等地享受中国经济社会发展改革的成果，尤其是在中国农村老年人口规模不断扩大的背景下，解决他们自身的养老问题，必然成为广大农民群众普遍关心、涉及他们切身利益的重大问题。通过深入推进城乡居民养老服务均等化，缩小城乡养老服务之间的差距，是践行"以人民为中心"发展思想的重要体现，是更好地实现社会公平正义和人的全面发展的重要途径。①

（二）扎实推进供给侧改革。坚持以人民为中心，推进城乡居民养老服务均等化，就必须对农村养老服务进行供给侧改革。目前中国农村居民养老服务的供给和需求矛盾以及供给结构性问题都比较突出，农村居民的养老服务保障受到严峻挑战。近几年来，中国农村社会事业取得了长足的发展，农村老年人期盼的"老有所养、病有所医、住有所居"正在逐步实现。但中国的城乡二元结构体制依然存在，农村养老服务的供给和需求矛盾仍然比较突出。

---

① 廉超、刘慧、林春逸：《以人民为中心的中国城乡居民养老服务均等化研究》，《改革与战略》2018 年第 8 期。

从供给看，目前中国农村养老在家庭层面存在能力弱化的问题，主要表现为物质供给不足、日常生活照料乏力、情感慰藉功能长期被忽视；在政府层面存在供给不足的问题，主要是财政、政策和人才等方面的供给不足。此外，养老市场还存在供给失灵的问题。一方面，农村养老服务的利润相对比较低，企业参与的积极性不高，无法满足农村老年人人数的日益增长及其养老服务需求的日益增长；另一方面，农村老年人在养老上的有效需求不足，即市场化养老服务费用比较高，多数农村老年人承受不起。

针对这些问题，农村养老服务的供给侧改革首先就要提高家庭的供给能力，主要是提高农民的经济收入，也包括提升家庭成员的日常生活照料技能和情感慰藉技能；其次是完善政府的供给内容体系，加大财政、政策和人才等多方面的供给；最后还要增强市场供给的可及性，走普惠之路，让农村老年人消费得起养老服务。①

（三）因地制宜建设农村养老服务中心。必须把加强农村养老服务中心建设放在发展农村养老的首位。农村养老服务中心主要为在家庭养老的农村老年人服务，主要是提供日间照料也兼负部分应急性医疗护理的职能。它是中国农村养老的基层实施单位。目前中国农村养老的模式主要是家庭养老，所以较之敬老院和养老院等养老机构和医养结合养老机构，农村养老服务中心服务的人群范围更广泛。

农村养老服务中心最贴近广大农村老年人需求，是最适合农村现实情况的养老服务模式，也是实现村级养老可及性的枢纽和大本营。因此，加强农村养老服务中心建设，要力求布点更细密、机构功能更健全、政府支持更有力。农村养老服务中心的建设必须因地制宜，服

---

① 刘宇、唐亚阳：《农村养老服务供给困境与出路——基于供给侧结构性改革视角》，《当代经济研究》2018 年第 6 期。

务的形式、业务的范围等必须与当地的实际情况相适应，应鼓励结合当地实情的创新举措，提供贴近农村老人实际且接地气的农村养老服务。

三、全力激活农村家庭养老功能

家庭养老是中国农村养老的传统模式，至今仍具有重要的现实意义。因此必须弘扬该传统并有所创新。面对农村家庭养老功能弱化趋势，政府应当采取措施支持家庭承担更多养老功能。

（一）大力弘扬家庭养老传统。家庭养老成为中国特别是农村地区养老的传统方式，是历史、政治、经济、文化等多重因素综合作用的结果。虽然新中国成立后，特别是改革开放后中国农村地区很多具体情况已有很大变化，但家庭养老现在依然是并将在今后很长的时期内依然是中国农村养老的主要形式。

家庭养老已成为中华民族的心理、习惯、美德和思维定势，不会轻易改变。发展家庭养老有利于当前中国农村社会的和谐与稳定，因此必须继续弘扬家庭养老的中国传统，巩固家庭养老的基础地位。

（二）支持家庭承担养老功能。要保持家庭养老的传统，就必须支持家庭承担更多养老功能。当前中国农村家庭养老功能正在出现逐渐弱化的趋势，主要原因在于：农村中青年人外出务工者较多，导致家庭照料人力资源的不足；青年人观念变化，不愿与父母共同居住；计划生育政策后子女人数减少，子女赡养压力增大；等等。

面对这个趋势必须要采取行之有效的措施，如伦理道德教育与法制教育双管齐下，督促子女履行敬老孝老义务，切实保障老年人的合法权益；加强对于农村家庭养老服务的指导与帮扶，提升子女的家庭照料技

能和精神慰藉技能，甚至给予适当的经济补助；通过多种多样的形式宣扬孝道文化，在当地积极营造家庭养老的良好氛围；等等。

四、不断丰富创新农村互助养老模式

互助养老在中国农村是家庭养老的重要补充，为此必须在政策上给予必要指引。县乡村三级在发展养老上要有所侧重，村级侧重发展互助养老而县乡侧重发展医养结合养老。但三级之间并非孤立，而是要形成上下联通、互动的网络。

（一）政策指引发展互助养老。如前所述，传统家庭养老模式在当代中国受各种因素影响，不再适应和满足中国农村日益增长的养老需求，现实状况迫切要求互助养老、机构养老、医养结合等其他养老模式进行补充。2013年国务院《关于加快发展养老服务业的若干意见》中强调"切实加强农村养老服务"时，首先指出要"健全服务网络"。

国务院指出要"依托行政村、较大自然村，充分利用农家大院等，建设日间照料中心、托老所、老年活动站等互助性养老服务设施……充分发挥村民自治功能和老年协会作用，督促家庭成员承担赡养责任，组织开展邻里互助、志愿服务，解决周围老年人实际生活困难"。这其中对后三种养老模式的发展提出了指导意见。

（二）村级主要发展互助养老。在互助养老层面发挥村级养老服务网络的作用，主要形式有亲友相助、邻里互助、志愿服务等三种。亲友相助和邻里互助主要是以血缘关系和地缘关系为联系，在亲人和熟人间缔结的养老互助关系。它以亲情、友情和信任关系为纽带，满足了老年人的日常生活、精神慰藉等需求。村级养老服务网络在这其中主要发挥引导作用。志愿服务是村民不以获取报酬为目的，自愿以智力、体力、技能等为农村老年人提供生活照料、精神慰藉等养老帮助的活动。与亲友相助和邻里互助强调帮助的对等性不同，志愿服务并不要求被帮助的老年人向帮助者提供对等的帮助。村级养老服务网络在这其中主要发挥组织功能。

目前中国农村村级幸福院、日间照料中心逐渐增多。这些组织虽然形式上具备机构养老的某些特征，但在本质上仍属于互助养老。

肥乡互助幸福院最为人们所熟知，它也是中国第一家农村互助幸福院。针对该村老年人子女多不在身边陪伴、生活条件差的情况，由村集体出资利用原村小学闲置房屋作为场所，进行改造后供独居老人免费集中居住，相互照料、提供互助服务，儿女负责老人的衣食和医疗费用并不定期来院看望和陪伴老人，村民尤其是年轻人不定时到幸福院来进行志愿服务。院旁还开辟花圃和菜地，老年人可以在这从事力所能及的农活，自己生产的农产品自己在幸福院消费，自食其力。

有些地区则形成了异于互助幸福院的模式，如山西农村的日间照料中心。山西省从 2012 年起开始在全省农村通过建设日间照料中心向老年人提供养老服务。这类机构服务的范围基本以村为单位，规模通常不大。这类机构主要为生活不能完全自理、日常生活需要一定照料的半失能老年人提供膳食、个人照顾、保健康复、娱乐和交通接送等日间托管服务。这两种村级农村互助养老模式适合中国国情、简单易行，应当大力推广。

（三）县乡发展医养结合养老。在互助养老层面发挥县、乡两级养老服务网络的作用，应当在宏观上侧重领导、统筹、规划作用，在具体实施上更应侧重推进医养结合养老机构的建设。由于受规模和条件特别是医疗条件的限制，中国农村在村级层面发展医养结合养老非常困难也没有必要。中国农村在县、乡两级分别设有县医院和乡卫生院，

这是发展医养结合养老最好也是最重要的依托。但应指出的是，村级毕竟是医养结合养老的基础，前文所述湖北随州"两室联建"就是村级层面实施医养结合的成功范例。在中国农村县、乡两级发展医养结合养老，要注重发挥村级的基础作用，要建立村、乡、县三级医养结合养老的传递转送机制与联动指导机制。县、乡两级发展医养结合养老的思路主要有三种：一是在县医院和乡卫生院现有医疗服务范围业务外增设医养结合养老服务；二是在规模较大的县医院和乡卫生院内试办"院中院"形式的养老院；三是将部分县医院和乡卫生院改建成医养结合养老机构。

（四）健全三级养老服务网络。要健全县乡村三级养老服务网络。要通过互联网等现代信息技术手段建立县乡村三级养老服务机构之间的动态联动，密切县、乡两级机构与村级机构之间的协作联系。前者要为后者提供业务指导和技术指导，甚至定期下到后者进行巡回服务。要合理规划县乡村三级养老服务机构的布点数量和地理分布，形成不留死角的全覆盖服务网络。

五、筑牢农村养老物质基础

中国农村"土地养老"的传统正在逐渐被打破。为使农村老年人过上更好的老年生活，应允许他们在退出宅的基地基础上到城镇购买或租赁保障性住房；要积极地探索"以地养老"，在土地经营权上做文章，全面激活农村土地对养老的活力。

（一）传统土地养老功能减退。在传统意义上，土地是中国农村养老的重要保障，以往农村老人安度晚年及支持家庭养老全都靠土地，因此可称之为"土地养老"。土地过去是中国农民最为稳固的养老依靠，土地保障是农村家庭保障的核心，在农村养老中具有重要的地位和作用，"养儿防老"甚至不如"留地养老"。但现在中国农村土地的养老保障功能正在逐渐减退。

（二）允许农民进城买房养老。中国城乡在住房保障上存在差异：在城市是保障"房"即通过提供经济适用房、廉租房的形式保障市民的住房权益；在农村则是保障"地"即通过提供宅基地、农民自己建房的形式保障农民的住房权益。

受到城乡户籍二元制的限制，市民无法获得农村中的宅基地，而农民通常也无法在城市中获得经济适用房、廉租房。而在当代中国，农村外出务工人员即农民工是一个庞大的群体。长期在外务工使他们在乡间宅基地上所建的住宅无人居住，浪费了宅基地；而长期在城市生活、感受到城市生活的优越后，他们年老后也不愿回乡养老。

应打破城乡户籍二元制的限制，允许具备经济条件的农民在自愿退出宅基地的前提下申请城镇经济适用房、廉租房，让他们在年老时在住房上也能享受城市居民同等的待遇。

（三）积极探索"以地养老"。"以房养老"在中国很多城市已悄然兴起，那么农村也同样可以"以地养老""以房养老"，即允许农村老年人将自己的宅基地、农房、承包地退回集体以置换养老服务。

农村老年人的宅基地、承包地都是集体经济组织分配的，他们有使用权但没有所有权；农房建立在农地上，也是"房随地走"。农村老年人年事已高且丧失耕作能力，退还承包地后让他人使用可更好发挥土地的效益，而不至于让耕地荒废。农村老年人年事已高且生活不能自理，独自居住不如集中居住。他们完全可将宅基地及其上的农房退还给集体经济组织，以换取入住集体经济组织提供的在"互助幸福院"养老的服务。

（四）在土地经营权上做文章。现在中国农村土地问题依然重要。稳定好农户土地承包权，流转好农村土地经营权，保障好农民土地权益，这是农村和农业发展的根基。上海市松江区近年来高度重视农村土地承包管理工作，充分尊重承包土地农户的权益，承包关系清晰稳定，土地经营权流转规范有序。承包土地农户的利益得到尊重，他们的养老也获得了保障，极大地推进了土地的流转。

松江区的做法关键在于，首先土地所有权归村集体所有，承包权归家庭所有，经营权归农户所有。现在中国农村流转土地通常是流转经营权，而"以地养老"则是把土地承包权以及土地经营权全部放弃，退出耕地承包，土地收归集体。民政部也指出"开展农户承包地有偿退出尝试，可以比照'上海松江模式'，农村老人依法自愿流转其土地经营权，或通过承包地有偿退出的方式，获取一定的经济收益，达到以地养老的目的"①。

六、完善农村养老服务保障机制

健全机制是中国农村养老发展的关键。为此，要社区、社会组织和社工"三社联动"联手服务农村养老，积极推进政府购买专业养老服务；与此同时，还要增加对农村养老的公共财政投入，并让更多的有志主体参与到农村养老中。

（一）"三社联动"助力农村养老。养老问题涉及诸多方面，需要多方力量参与解决，因此衍生出"三社联动"的养老服务模式。所谓"三社联动"即以社区为平台、社会组织为载体、社会工作者为支撑的养老

---

① 《民政部对"关于农村以地养老模式的建议"的答复》，见 http://www.mca.gov.cn/article/gk/jytabljggk/rddbjy/201911/20191100021120.shtml。

服务新模式。它主张在社区基础上，让更多的社会组织和社会工作者参与进来，由前者调动社会力量参与养老服务，由后者提供专业化的、个性化的服务，合力推进养老服务的社会化和专业化。社区在养老服务工作中是资源的供应者，也是老年人老有所为、老有所乐的平台；社会组织则通过政府购买服务的方式服务于老年人；社会工作者是直接面向老年人提供各项服务的专业人员，在"三社联动"养老服务模式中扮演着支持者和使能者角色、资源链接者和整合者等角色。"三社联动"有利于整合社会资源、提升养老服务水平，同时也推进了养老服务方法手段的不断创新。①

（二）积极推进政府购买服务。政府购买养老服务是指政府为履行服务的社会职能，在公共财政的社会福利预算中拿出经费，面向社会各类服务机构，通过公开招标或直接拨款资助服务的形式购买养老服务。中国农村养老服务基础薄弱，养老服务有效供给不足；贫困老人、残疾老人等农村弱势人群的养老问题非常突出，迫切需要通过政府购买养老服务的形式加以解决。与此同时，它还能起到培育和激活农村养老服务市场的重要作用。从我国客观存在的城乡二元结构看，完善农村养老公共服务，加大政府购买服务是快速提升农村养老的有效途径。

（三）老年协会参与农村养老。老年协会是老年人自我管理、自我教育、自我服务的老年群众组织。据人民网报道，2014年中国农村老年协会约41万个，覆盖率达到69.42%。②农村老年协会在维护老年人权益、开展老年文体活动、进行老年社会管理以及参与社会公益事业等

---

① 廖敏：《"三社联动"养老服务模式探析》，《长沙民政职业技术学院学报》2017年第3期。
② 《基层老年协会覆盖率偏低且分布不均》，见 http://politics.people.com.cn/n/2014/0721/c70731-25311547.html。

方面发挥了积极的作用；特别是在目前农村养老服务体系不健全的情况下，农村老年协会发挥了更加重要的作用。2015年，全国老龄办、民政部下发《关于进一步加强城乡社区老年协会建设的通知》，对加强城乡社区老年协会建设提出了提高覆盖率、做好登记管理、加强设施建设、加大扶持力度、鼓励社会力量参与、开展业务培训、优化发展环境、加强组织领导等八项指导意见。可以预见，农村老年协会今后将在农村养老中将发挥更大作用。

（四）多主体参与养老。在中国农村提倡多主体参与养老，既有西方福利多元理论的影响，更在于中国农村的现实情况。目前和将来中国农村养老服务的主体主要包括政府、家庭、社区、非营利性机构和市场等。各方要承担好自身职责，同时还要强化各方之间的联动。2019年，中共中央、国务院印发的《国家积极应对人口老龄化中长期规划》中提出，要健全以居家为基础、以社区为依托、机构充分发展、医养有机结合的多层次养老服务体系，从而将多元主体纳入到农村养老服务中。在今后中国农村养老的多主体参与中，首先要建立健全市场化养老服务机制，提高老年人消费意识，使养老服务在农村有市场。其次要改善养老服务供给条件，提升服务能力。具体而言，既要加大养老服务资金投入，又要壮大养老服务人才队伍，还要加强养老服务设施建设。再次要强化各养老服务主体职责，发挥整体效能。具体而言，既要发挥政府主导作用，又要加强社区、企业与非营利组织合作，更要夯实家庭养老基础。唯有多方参与、多管齐下、相互配合，才能发展好养老服务，使农村老年人老有所养、老有所依。①

农村养老在中国具有特别重要的政治意义，必须从政治高度认识搞

---

① 何慧敏、王贤斌：《多元主体参与农村养老服务的困境与出路》，《行政科学论坛》2020年第9期。

好农村养老的重要性，要依据国情、因地制宜进行探索；坚持"以人民为中心"，积极推进供给侧改革，以农村养老服务中心建设为抓手，促进各项养老服务更接地气；全力激活农村家庭养老功能，在继续弘扬家庭养老传统同时，支持家庭承担更多养老功能；不断丰富创新农村互助养老模式，在政策指引下县乡村各有侧重，同时健全三级养老服务网络；盘活房、地等资源，奠定农村养老的物质基础，积极进行"以地养老"探索；加强农村养老服务保障机制，通过三社联动、政府购买服务和建设农村老年协会等路径推进农村养老。

 延伸阅读 ···

本章从分析中国农村老年人对农村养老生活的期盼入手，直击中国农村养老的痛点和难点；接着通过系统论述和案例展示为读者呈现家庭养老、互助养老、机构养老和医养结合养老四种养老模式各自的面貌，最后对未来中国农村养老的发展进行了展望。扫描下面二维码，带您更加系统性地认识农村养老，更加深入地了解中国农村养老的现状和未来趋势。

乡村振兴为农民养老带来新希望

第七章

多元养老业态新呈现

快速发展的经济社会，为养老新业态培育提供了条件。

快速发展的社会召唤丰富多彩的养老生活

　　我们在奋力实现中华民族伟大复兴中国梦的进程中，以全面实现小康社会为标志，全国人民的物质、文化生活得到提升，经济、文化、社会发生了巨大变化。伴随国家发展进步的新步伐，养老事业和产业也得到全面发展，养老服务更加多元化、个性化和规范化，养老业态更加丰富多元，老年人由过去的生活必需型消费逐步向享受型、发展型和参与型发展。特别是党的十八大以来，以《国务院关于加快发展养老服务业的若干意见》为标志，全面促进和推动各种社会力量投入养老，养老服务呈现出丰富多采的新气象和新局面。为使大家更多了解我国养老发展的新面貌、新景象，本篇选取不同侧面，客观、真实地呈现我国多元创新的养老业态和对未来养老美好生活的期盼展望。

第一节　集群养老

　　多年来，被誉为"朝阳产业"的养老产业，吸引了一批又一批的企业集群纷拥而至，每一类企业集群，都有着自身的基因禀赋和专属文化，有其独特的发展定位、生存模式。立足中国养老发展实际，随着进入养老产业的入场时间、主场区域、专注度、经营模式、资金注入的可持续性各有不同，各类集群主体的优劣势以及基本特征全面呈现。在客观记录他们成长、发展过程中一串串坚实脚印的同时，我们也力求用有限的素材、资料为读者提供简要的分析、思索，在窥见其发展"节

点""关键点"及发展历程的同时，展望这些养老企业集群未来的发展路径和发展前景。

一、养老产业"风口"为何姗姗来迟

当养老业内人士追问：这么多年，为什么养老产业还未探索出成熟的商业模式？为什么那么多养老企业虽然经营效益不够理想但仍然"不离不弃"？为何养老产业"风口"姗姗来迟？到底哪个养老集群会站在风口上？让我们按照时间历程青梅煮酒，细细盘点。

（一）民营养老企业集群

20 世纪 80 年代后期，他们最早在民政部门注册为"民办非企业单位（组织）"。经过近 40 年的发展，民非企业在夹缝中生存、在商机与盈利间挣扎、依赖政府补贴支撑。在养老服务机构收费价格放开后，他们逐渐产生分化，开始走向独立发展。从专注中低端，到走向中高端。从需要政府输血，走向逐渐自我造血。这支队伍很像是走进沙漠中的驼队，在我国的养老市场中迎着朝阳，艰难地跋涉，开辟了养老服务的一片蓝天。

2019 年，国家市场监管总局发布《养老机构等级划分与评定》国家标准，按照综合服务能力从低到高划为一星到五星 5 个等级。这个文件可以说是"十三五"期间养老服务业的标志性文件，一方面标志着我国养老与国际接轨，也从另外的层面标志着我国民营企业养老机构已经达到了"五星级"标准，走到了养老服务的更高水准。

安徽静安健康产业集团

安徽静安健康产业集团成立于 2010 年，是比较早进入养老服务并在医养结合领域探索的企业。服务范围现已覆盖医疗服务、养老服务和养老地产等领域，已组建静安养老苑、静安中西医结合医院和静安健康研究院等实体单位。

集团建设了以"1＋3＋5＋N"为架构的机构养老服务平台，三大管理系统——评估系统、服务系统和智能设备系统，五大服务模块——生活照料、健康管理、营养膳食、文化娱乐、心理慰藉，N 个拓展社区，从而形成一体联动、高效运转的服务格局。2017 年获得三部委联合颁发的"全国智慧健康养老应用试点示范企业"。2020 年 2 月，由该集团业务骨干为班底组建起的养老服务支援团队，代表安徽驰援武汉，也充分显示出医养业务实力。

民营企业在养老领域探索的时间还不长，清晰、成熟的盈利模式也还不够明确。但伴随我国养老事业的发展，大量民营企业逐步发展壮大，他们在企业文化、管理运营、人才建设等方面各有所长。单就从事养老服务业的人员素质讲，静安健康集团负责人认为应该具备四个方面：第一是情怀，第二是担当和社会责任感，第三是理念和经验，第四是实力。进入这个行业一定要保证自己的定力，要能做到持之以恒、不忘初心，同时也需要一定的积累支撑，这样才能保证养老服务的持久发展。

民营养老企业集群今后发展面对的挑战，主要集中在两大核心能力的提升：专业化管理能力＋专业化技术能力。这支队伍还能走多远，走

多长，重要的判定有三点：一是突破"民非"基因，市场化、商业化的能力；二是接受新生代、新事物、新理念的格局和胸怀；三是资源整合的广度和深度。

（二）房地产养老企业集群

2013 年，以万科、远洋、保利、乐成等为代表的房地产企业进入健康养老产业，一度风靡一时。一直以来，房地产界一手继续着房地产的开发，一手建造了养老配套服务，寻找着新的出路和新的发展机遇。时至今日，房地产投身养老、康养服务的成功案例还不多，有些甚至还在艰难地探索、摸索中。

2018 年初至 2021 年 2 月期间，在国内发行过债券的房地产企业共有 289 家，其中有 108 家已进入康养房地产领域，占比为 37%。

健康养老赚慢钱，与房地产快速回笼资金的模式无法同日而语。因此，房地产界很难从事真正的养老，需要在养老服务中不断尝试和探索。从调查了解看，作为市场亟待开发的新兴产业，房地产企业有的进退两难。进一步，盈利不佳的康养项目会带来资金链风险；退一步，又怕错过风口得不到新增长曲线，败于不断整合的行业环境。当然，有些进入健康养老产业的房地产企业坚定看好长期愿景，如万科。早在 2009 年还没有康养这一概念时，万科就提出养老为主的开发模式，立项首个养老社区"随园嘉树"。截至目前，万科养老业务布局已达 16 个城市。当下，万科的康养地产业务集中在建设养老住宅和提供养老社区服务等方面，已获得社会和用户的初步认同。

房地产养老企业集群今后的出路一方面是养老等公共服务配套，另一方面是政府提出的"物业＋养老"。房地产企业拥有大量物业，这是中国特色。如果房地产企业能够真正为社区养老服务，发挥"物业＋养老"的优势，他们的出路还是光明的。

物业产权是谁的？谁才是社区真正的业主？城市社区物业养老，和农村宅基地养老一样，都是深水区的改革，对我国养老产业和养老事业来说意义重大。

（三）养老社区集群

近年来，中国式养老社区，一直在尽可能多地涵盖老年人需要的兴趣板块，搭建养老社区集群"梧桐树"，吸引前来综合养老的"金凤凰"。

河南万家园集团依托伏牛山优质的生态旅游资源和仲景中医药文化遗产，布局集群式大型养老产业，打造了集文化养老、休闲养老、乡村养老、旅游养老、医疗养老等多元化的大型养老产业发展模式。

养老市场有很强的特殊性，将养老产业链条集群化是对企业的一种激励，意味着养老产业可以通过多元化的集群经营，获得多种优惠政策，包括政府给予的各种补贴。这样会让企业有利润、有市场、有发展空间。

这类康养集群养老，需要在顶层设计上因地制宜。这类项目可以包含吃、住、游、购、娱、医、康、学、修，多位一体。设计模式为：多元化集群养老＝康养＋医疗＋康复＋金融＋双创产业园＋互联网＋乡村振兴＋生态农业＋森林康养＋文旅地产 CCRC＋主题小镇＋旅居康养＋老年大学＋商超＋共享医疗健康商城＋大视代商场（GG.MALL）＋房产开发＋养殖种植＋研学基地＋返乡创业＋……

随着老龄化程度的加剧，养老服务和需求会不断升级，养老产业集群化发展越来越会被青睐。当然，对这一类新业态既要有预设的顶层设计，也要有足够包容审慎的有效监管和引导。

（四）社区养老服务集群

近年来，社区养老服务不再是一个独立的养老服务中心，有两张桌子、三个大妈就可以唱"沙家浜"了，而是逐渐凝聚形成了一个社区养老服务集群，依靠集群服务来为居家老年人提供多方位的服务。

这些养老服务融合了服务供应链协同、优化的管理理念，由养老服务供应商、养老服务集成商和老年人等组成，由多条单链式社区养老服务供应链及配套中小型企业组成了集群式社区养老服务供应链系统。打破了养老服务行业之间的壁垒，实现服务流、资金流、信息流的"三流合一"，有助于供应链内服务资源的整体协调优化。

华南理工大学的研究表明：集群式社区养老服务供应链跨链协作，能够将集群系统中每条供应链总资源量的均值和最大波动幅度分别降低至10%和40%以上；将供需平衡比的均值提高15%以上，并将波动幅度降低27%左右。

此类社区养老服务集群，做的是社区养老服务"大管家"或社区虚拟养老院的工作，各地在探索，希冀通过智慧养老平台来启动社区养老服务集群的高效运作，但是由于整个社会的物联网没有形成，现在尚未形成可以长期看好的运营模式。

（五）外资养老企业集群

从20年前开始，外资就一直看好中国健康养老的大市场。它们的战略是：少投小投或不投资。中国政府出台的养老政策，他们是一行一行地在研究。他们知道，资金进来了也是微利。所以他们更多的是在投技术、投人才、投时间、投刚需、投经济发达一线区域，软性地以股份的形式投入中国养老市场。伴随中国的经济发展高增长，外资企业依然在不急不慢地追随，边走边寻找机会，边走边决定进退，边走边物色合作方。

2017 年以来，我国有些企业与海外知名企业合作，开始高起点切入健康养老产业——中外合资项目频频出现在高端养老市场中。玺文商旅与美国水印合作共同开发平谷新奇世界养老项目；复星集团星健养老与澳洲高端养老运营商"蓝宝石控股集团"合资打造北京星健 Sapphire 香山长者公馆项目……外资企业的核心能力是专业技术，既包含照护类的服务专业技术，也包含了运营管理的专业化水平和能力。外资进入，会给健康养老产业带来新的理念、新的技术和新的模式。

近年来，日本的养老服务机构和护理人员已进驻苏州、上海。多年来，德国的护理床在国内高端机构中很受欢迎……随着更多的外资养老企业的进入，多元养老文化的交融，会逐渐提升我国养老服务的文化基因。

二、险资养老企业集群交出成绩单

截至 2019 年底，保险业总资产为 20 万亿元。保险业参与第三支柱建设空间巨大，巨大的市场容量吸引了更多的险资企业加快布局养老地产，频频发力康养产业。

（一）率先抢滩

自 2007 年，泰康保险率先进军养老地产。目前，市场上已经有 13 家保险机构投资了近 60 个养老社区项目，布局全国 20 多个省市，床位数 8 万多个。

重资产模式投资。2011 年，合众人寿提出"两个千亿"计划，海内外并举，启动构建连锁养老社区战略。在国内，以重资产模式投资建设养老社区，计划投资建设 26 个养老社区。2013 年，"合众优年生活"

武汉社区落地，之后又陆续在南宁、沈阳、合肥开业。在海外，以股权收购的方式，参与运营了 56 个养老社区。

"候鸟式"旅居养老。中国人寿以国寿健投为平台，打造了旗下养老社区品牌"国寿嘉园"，目前已布局 4 个养老社区项目，布局逻辑是以"候鸟式"旅居养老为卖点，希望为入住老人提供夏住苏州、秋住京津、冬住三亚的度假式养老养生生活方式。"十四五"期间，将布局 10 个重点养老项目。

具有产权的养老公寓。中国平安曾以旗下平安不动产为平台，在"合悦·江南"初期推出具有产权的养老公寓，提出"产权归你，钱还你"的养老财富计划。分两个方案：30 年后，客户一次性领取等同于房款的金额；在 15 年后，自第 16 年起，每年给付客户幸福年金，连续给付 15 年。后期，该项目转型，财富计划也不再推出。

保险和养老虽然是"天配"，但经过十多年的布局、发力，进入养老的险资企业成熟、业绩突出的也不是很多，大多数商业模式还在不断完善中。说明资本与服务的结合匹配度、融合度是关键。

（二）发展前景初显

由于我国险企养老社区仍处于初期阶段，"只租不售"的监管要求也使险企养老社区的投资回报周期较长。从统计看，早期进入养老社区的保险企业，养老床位基本住满，也实现了盈利目标。

养老市场的红利对险资企业具有天然的吸引力，险资企业布局养老地产又具有独特的优势。保险资金向来被认为是与养老行业匹配度最高的资金，险资布局养老地产，主要还是发挥其资金和客户资源的优势，有更多的发展空间。养老产业链向上可与各类长期保险产品、年金资产匹配，解决地产项目运营周期长、资金成本高的问题，另外，养老行业可为险企提供持续稳定的收益，协助保险公司打造品牌，提升竞争力。但养老地产对险资企业自身的要求也很高，企业内部资源是否能很好地匹配，对大型项目的开发能力等，都是险资企业需提升的关键点。

近年来，保险公司在医疗、健康、养老产业链的投资规模较大，其战略目标在于延伸产业链链条，打造康养大生态，进而大幅降低成本。

持有医院、健康养老社区等不动产，将养老服务做出价值，需要一番功夫。不动产的优质运营及客户的优质服务，是险资企业面对的巨大考验。医院、健康养老社区的高成本运营以及人员高流动的长期亏损，需要从"保单销售"端能够找回平衡。而与入住捆绑销售的管理资产、退休金管理，其水平是衡量金融养老管理的第三支柱，这一支柱的能力同样是影响险资养老企业盈利的关键因素。

保险行业与养老产业的战略协同反哺了养老社区，并塑造了一个稳定可持续的商业模式。长期来看，当我国养老进入平稳发展周期，养老社区的投资价值将更加明显。作为一个与生命周期为伴的行业，保险资金的长期优势、规模优势和保障投资协同优势，都将在大养老生态中得以凸显。

（三）未来的挑战

未来，在长护险落地后，险资养老企业集群在健康养老产业会占据怎样的位置呢？这是一个不小的挑战。

在江苏南通，长护险多元化筹资，政府委托经办。2016年，平安养老险通过招标确定为南通市政府长护险的主承办商，在市医保局的指导下，协同建设"五位一体"的居家护理服务体系，并牵头建立南通市照护保险服务中心，提供咨询受理、评估考核管理、上门服务推送、服务费用审核结算、稽核回访、照护经理队伍管理、定点服务机构管理等一系列服务。长护险"南通模式"得到了国家人社部、医保局的认可。

在长期护理保险运营支持系统中，险资养老企业集群依然可以发挥作用。上海太平养老保险股份有限公司自主研发了长期护理保险智能化管理系统。无锡市医保局开发了失能等级评估分级筛选系统，商业保险公司必须提供满足长期护理保险经办管理服务需要的信息化管理系统，与该系统进行数据对接。相关试点实践显示，在长护险落地后，险资养老企业集群可以借助自己的专业服务资源和网络资源提升长期护理保险制度的运行效率和质量，通过市场进入找到发展之路。

三、"国字头"养老集群"浮出水面"

近年来，有识之士在呼吁：少些"五星级"，多来些"普惠型"养老服务……2018 年，国家开始逆周期养老政策调整，以通用、中康养、国中康健、中信、首开、北控、诚和敬、首钢、京煤等为代表的国资、国企、央企，以承担社会责任、解决企业退休职工养老问题、盘活闲置资产、市场化运营获取收益为目的，陆续布局健康养老产业，借助国企信誉，通过低成本收购与自建相结合，快速扩张布局。通过政府投资，拉动养老全产业链发展，构建了"康养产业母基金 + 地方引导基金"的万亿级投资生态群。

（一）专注普惠养老

"十四五"期间，开启普惠养老期，目标是健全基本养老服务体系，发展普惠型养老服务。

"夹心层"老人是我国老人"橄榄球"的中间部分，人数众多，多为中低收入。怎样让他们中的失能半失能老年人获得"买得起、买得到、买得好、买得安"的养老服务呢？

2018 年，《普惠养老城企联动专项行动实施方案》提出继续推动增加普惠养老服务有效供给。中央预算内投资着眼于支持城市整体提升养老服务能力，对支持项目给予建设补贴；城市政府提供土地或租金成本优惠；企业需承诺提供有质量保障的养老服务。最终实现养老服务价格与当地城镇居民可支配收入、退休金、价格指数变动等挂钩，让大部分老年人可以享有。

通过政策支持，旨在实现企业建设运营成本和服务价格双下降，既让老年人购买服务"可承担"，又可使企业提供服务"有回报"，形成多赢态势。

普惠养老不仅是"十四五"期间大力发展的目标，也是一个时期养老发展的重点。普惠养老，正是"国字头"养老集群专注的目标。

（二）国有资本的引导带动

土地或房屋租金费用，是养老机构运营最大的成本开支。大城市房租成本一般要占到养老服务机构投资的 30%—40%。普惠养老城企联动专项行动让这部分成本明显下降，加上政府的补贴培育，这样就能够突破养老服务业面临的成本制约。主导普惠养老的国有资本如果能够稳扎稳打、不断布局，实现连锁化、规模化、综合化服务，养老服务价格就能够稳定地下探到普惠价位，解开困扰我国养老发展的"成本之锁"。

对于"普惠型"养老机构，应定性为公益性社会福利事业，以公共财政投入为主，辅以社会资助和民间资本投入，面向大众，实行低价位有偿服务，让普通老百姓享受制度优越性，共享改革开放和科学发展成果。

同样，由"国字头"养老集群引导的普惠性养老服务，可以通过居家、社区、嵌入式机构一体化经营来解决人力资源复用的问题，实现人力资源、服务设施、服务设备等最大化利用，降低运营成本，真正实现

政府主导、企业运作的市场化普惠养老格局。

（三）筑民生之基

2018年至今，"国字头"养老集群出山，强势入场的决心和劲头十分凸显。他们代表着国家队正式入场，承载着政府的希望，承担着民生福祉的重任。社会主义公有制的政治定位和国家意志，决定了健康养老产业的普惠性、公益性和公有性。

从宏观层面看，各路资本一直在争夺高净值老年群体的养老市场，经过多年的市场运作，这一市场已趋饱和。此时，养老金开始进入股市保值增值，国资、国企、央企开始进入盘活现存国有物业。局部优质的"烂尾"楼盘，会被有识、有资本的国资、国企、央企以低价租用或购买，用作普惠养老。

国资国企拥有资源优势，发展健康养老产业既是责任使然、优势所在，也是发展之需。国有资本在经济下行时期的"做多"，是国有资本在充分发挥引导带动作用，改善养老产业结构性失衡，是对养老产业的积极扶持，充分体现了中国特色社会主义的制度优越性。

从时间窗口看，2022年，或将是我国养老并购年。长期租用或直接拥有廉价、优质的养老地产，会为我国普惠养老打下坚实的基础。启用"国字头"养老集群进入养老市场，可以培育出兼具规模和质量的拳头企业，重新划定养老格局，利用国家层面的股市、债券等金融工具，实现金融养老的现代养老目标。

四、健康养老产业集群的"风口"来了

2021年2月1日，《关于建立积极应对人口老龄化重点联系城市机

制的通知》提出："争取到 2022 年在全国发展一批创新活跃、经济社会发展与人口老龄化进程相适应的地区，培育一批带动性强、经济社会效益俱佳的健康养老产业集群。"

2020 年，杭州可靠护理整体营收规模达到 10 亿元，2021 年 6 月在创业板上市，成为成人纸尿裤行业第一家上市公司。可靠护理做了近 10 年才走到今天这个阶段。一个成人纸尿裤细分市场就能有这么大的市场机会，这说明老年消费市场的机会潜力非常巨大。近几年，老年人的消费释放明显加速，互联网线上营销渠道被打通之后，速度更显著，这个加速周期可能还会持续数年。接下来，涉及老年人的鞋、服装、化妆品、老年教育、老年机器人、医疗健康……都会有涉老企业上市发展。这些细分领域会产生大量机会，这里面会产生无数的大公司，将汇聚成健康服务产业集群。

这些健康服务产业集群会给老年人带来怎样的惊喜呢？让我们展望一下"十四五"期间，这些迎来风口，即将迅速发展的健康服务产业集群，会给健康养老产业带来哪些辉煌的发展前景：

上海建成亚洲医学中心城市。上海将推动健康服务业集聚化，大幅提升资源配置能级，增强国际竞争力、影响力、渗透力和辐射力。设立上海健康保险交易中心；打造健康科技创新成果展示、发布、交易、研讨等平台；筹建国家基因库，开展居民基因检测服务并纳入电子健康档案；建立肝癌、肺癌、乳腺癌等精准医疗示范基地，开展肿瘤、传染性疾病、感染性疾病的精准防控；培育一批移动医疗服务品牌，加快发展医疗人工智能辅助决策系统和智能诊断设备，打造健康信息产业集群；依托"健康云""影像云"平台，实现医疗机构、公共卫生专业机构和社区卫生服务中心间的健康管理数据整合、共享与业务协同。

海南建成"智慧健康生态岛""世界长寿岛"。海南将推动医、药、

游、养、体、食与数字经济深度融合发展，以游带医、以医带药、以药促游，优化全方位、全周期健康产业链，在"海口、澄迈、文昌"组成的大三亚打造健康产业创新中心、国产医疗器械创新产业集群以及健康大数据资源创新产业集群。建设中医、西医、体医结合的主动健康医院，形成以运动、营养、心理、环境、非医药健康干预服务为特征的主动健康管理连续服务城市运营体系，打造运动医学、医学美容与抗衰老、辅助生育、专业医疗救援等特色高水平医疗服务业态。

广东与粤港澳医疗养老全面合作。打造造血干细胞移植、基因芯片诊断、免疫细胞治疗等生物技术产业集群，辐射东南亚、华南地区。广州市每年滚动实施 100 项健康及养老产业重大项目，打造协同效应、集聚效应明显提升的多元化健康及养老产业集群。

山东成为全国医养健康产业发展高地。打造济南、青岛、烟台、淄博、临沂等一批医养健康产业千亿级城市。

浙江成为新一代人工智能核心技术引领区。阿里巴巴建设城市大脑、海康威视建设视频感知平台。

从各地政府的规划和行动，我们能够展望到未来康养的宏观架构，这就是未来的"健康中国"。"十四五"期间，我国老人将享受建立在智联网时代高品质的生活，幸福指数之高令人钦慕和向往。

五、下一个"风口"在哪里

近年来，老年市场在大型互联网公司内的战略排名一直在提升，他们开拓这块市场的热情很高。有些互联网"大厂"已经来老年产业"抢滩"了。

腾讯以自建 + 投资模式布局大健康领域，自有产品包括医疗健康智能平台"腾讯觅影"；为用户提供线上挂号、在线问诊等医疗服务的

"微信智慧医院"；医学科普资讯平台"腾讯医典"；保险代理平台腾讯微保；智能硬件产品血糖仪"糖大夫"。

百度自有产品包含健康科普平台"百度健康医典""百度健康问医生"；AI 医疗智慧平台"灵医智慧"，主要面向 B 端，为医疗机构提供技术支持，提供包含临床辅助决策系统、眼底影像分析系统等 5 大解决方案；智能家居以"小度助手"作为中控系统，应用到智能家居、智能穿戴等多个场景；"百度五福智慧医养平台"是 AI ＋养老；"爱老驿站"提供居家养老智能解决方案。

阿里搭建内部平台，多平台、多角度切入康养领域，阿里健康提供医药电商、互联网医疗、智慧医疗、消费医疗、慢病福利计划、"寸草心"上门护理服务；蚂蚁金服提供医疗电子票据、支付宝未来医院、医疗保险好医保、开设老年大学蓝马甲公益活动；阿里云提供 ET 医疗大脑、医疗机构、医域医疗、智慧医疗门诊联合方案、智联网养老院、智能家居设备；淘宝提供医药电商综合平台；钉钉提供数字化医院管理工具、医联体内部对接、健康医务室，为企业用户提供问医、购药、体检等健康解决方案。

科大讯飞成立养老事业部，在语音交互老年人方言识别问题上，目前可识别近 90％的方言；智慧养老平台主要通过构建"颐养超脑"中枢，为机构、社区及家庭养老持续提供智能化服务；搭建讯飞医疗平台，通过构建人工智能系统，切入医生临床诊断流程。

海康威视主攻"无佩戴式"智能养老产品，目前已建立"无佩戴式"监控系统。

京东整合老年消费品，开通了京东健康生活馆。

抖音布局中老年直播，其中老年健康、理财、教育、购物直播成为新潮流。他们的投入，会带来线上老年产业集群的快速发展。

第二节 共享养老

共享养老是指利用互联网搭建一个养老资源的供需第三方平台，充分利用互联网等现代信息技术，整合分散化的社会养老服务资源，以使用权分享为特征，更好地满足多样化养老需求，提高养老质量和养老效率的服务形态。

一、共享住房

德国人 60 岁以后就可以进疗养院养老，疗养院里生活单调，于是一些志趣相投的老人自愿组合在一起，过起了"同居式"的老年生活。近几年，德国有将近半数的老人选择合伙居住。这种做法传到中国有了较大的改变。

青银共居

基本情况 2018 年，浙江杭州滨江区一家养老院推行了一个志愿服务项目——"陪伴是最长情的告白"。14 名 20 多岁的年轻人，每人每月为养老院的老人提供 20 小时的志愿服务，就可以享受仅用 300 元房租，入住拥有独立阳台和卫生间的 30 平方米房子的权利。

主要特点 志愿服务大致为三种：一种是教学类服务，比如发挥志愿者的特长，教老人画画、书法、音乐；一种是陪伴类服务，主要是陪老人聊天；一种是参与养老院里开展的服务活动。每次进行志愿活动时，通过填表格"打卡"的方式统计时间。志愿者需要与养老院签订合同，期限为 6 个月，到期考核成功还可续签。该活动要求符合"在城区内无住房、单身青年职工、大学本科毕业 7 年内或具有硕士及以上学位"的年轻人才能入住。

简要评析　该活动一举多得，如果门槛再低些，普及起来会更实际一些。

爱心换居住

基本情况　2017 年，武汉江汉区民族街老年人服务中心通过"爱心房客协议"促成了 20 多对老少"结对子"——有条件的老年人腾出一间空余的房间给年轻人免费居住，年轻的爱心房客每天利用空余时间为老人做些力所能及的事情，陪伴聊天，大学生仅付一点水电费。

主要特点　由湖北省炎黄社会工作服务中心主导的"亲情互助"的新型模式，有效地解决了独居老人和大学毕业生的双重"窘境"，实现了"老少搭配，养老不累"。签约大学生都通过了服务中心的把关和考核，大多有从事公益活动的经验。爱心互换协议也会对参与双方提出约束性条款。

简要评析　老少合租存在着一些不可避免的困难：老人上了年纪要适应合租并不容易，毕竟他们长期独居，性格也难再改变。并且，青年和老人的生活作息时间很不同步。但老少合租仍不失为对双方皆有益处的共享方式。

老幼同养

基本情况　20 世纪 90 年代，湖北省武汉童心苑开始尝试"老幼同养"。

主要特点　童心苑位于武汉市内的一处公园内，白色小楼一层是孩子们的教室，二层住老人。这里有两套管理人员，各自有厨房餐厅，各自有独立的生活区域。每周组织两次老幼同乐活动，偶尔安排老人走进孩子们的课堂。但没有管理人员带着，双方都不能到对方的区域活动。老年人喜欢萌宝们来暖心！如今，童心苑生源近乎饱和，老年公寓一床难求。

简要评析　2019 年，华中科技大学社会学院设立老幼同养研究基地，院长丁建定认为，这是一项有灵魂的养老服务方式。现代养老服务的根本价值在于使资源功能化，养老服务和幼儿服务具有资源同质化的特点，老幼同养可以使资源功能最大化，还可以增进代际感情并实现老幼同乐，从而达到功能更大化。童心苑属于社区融合型的机构服务，在推进社区服务资源整合方面具有很强的推广价值。童心苑院长高德明认为："老幼同养需要政府、商业保险公司、医院、生命教育机构、临终关怀机构的联动。"

共有产权养老社区

基本情况　他们的广告语——"在自己的家，享受 24 小时专业医疗服务"，直击养老痛点。社区设置了医疗站、养护中心，24

小时医务值班，还有专门的营养餐餐厅，每周举办多种娱乐社交活动，增加了 VR 运动设施。社区每天都会安排丰富的活动内容，长辈们自发组织书画社、合唱团、古诗词社、手工社团等。据了解，北京恭和家园由乐成老年事业投资有限公司投资建设，该项目建有养老居室 365 套，养老服务企业与符合条件的购买者分别持有 5%和 95%的房屋产权，而配套的医疗、护理、餐饮等公共服务设施则是由养老服务企业持有经营。

主要特点 共有产权居家养老社区是指获得产权后，用户可以与普通商品房一样出租、出售，价格由买卖双方自主确定，收益也将归卖方所有。但唯一的条件是，买房或者租房的人，家中也必须要有 60 岁以上的老人。小区由"养老居室"、"长期照料、医护床位"和"公共空间"三大主体部分构成，融合了居家养老、社区养老和机构养老的优势。

简要评析 像这样的在市中心的共有产权房屋均价在每平方米 5 万元左右，比周边商品房市场价要低一些，该社区开盘不久即告售罄。

"共享村落"养老

基本情况 华捷是西安市民，他的父母一直想在农村找所宅子，在田园安享晚年。最终，华捷看中了一处闲置农房，成为当地探索发展的"共享村落"的一名新成员。2018 年 8 月，华捷与村集体签订"共享村落"合同。在一次性支付 33 万元租赁费后，他拥有了这处 300 平方米闲置宅基地的 30 年使用权。经过装修和改

造，2020年，华捷父母实现了自己多年的田园梦。

主要特点　西安市高陵区在农村宅基地改革试点中，创造性地发展"共享村落"模式，承租闲置宅基地者，不仅会拥有《不动产权证书》，还有相应的新建、改建、转让、融资抵押担保等权益。承租人在翻建或新建时，有高度、风格、样式等方面的限制，要保留农村原有的乡土风貌。承租人可以将租来的农房用于休闲居住或养老，还可以用于发展乡村旅游、民宿、文化创意等产业。

简要评析　这种做法解决了城市资源流入乡村渠道的难题，打破了城乡二元分割，有效延伸了乡村产业链条，激活了土地权能，盘活了农村建设用地资源，还为创新产业、青年创业、乡村旅游、养老休闲等产业在乡村落地提供了平台，撬动了金融和社会资本更多进入农村，增强了农村发展动能，对推进城乡融合发展具有创新意义。

今后，全国养老服务机构的资源能不能共享？如果用共享的办法，哪个地方有空闲资源就可以去哪儿养老，或者只要提出若干养老需求，就会有人接单，就像手机打车一样方便，行吗？——结论是，可行。

二、共享时间

"时间银行"是20世纪80年代发展起来的一种服务模式。是以时间作为一种凭证，来为参与者向他人提供的服务背书，而当参与者本人需要帮助时，储蓄的时间可换取其他参与者的等时、等质的服务。

（一）时间银行

"时间银行"的发展得到了政府的支持。2011年，《浙江省老龄事

业发展"十二五"规划》中首次明确建立"时间银行"制度。2017 年
民政部出台《志愿服务条例》《关于推广使用全国志愿服务信息系统的
通知》。2020 年民政部出台《志愿服务记录与证明出具办法（试行）》。
2020 年，南京市在全国率先推广"时间银行"。

"时间银行"的中国特色。首先，给养老人力资源问题提供了新的
解决方案，有利于"在地"开发、培育、统筹配置养老服务人力资源，
增加供给，更好地满足老人多元化需要。其次，通过低成本的应对人口
老龄化的"时间银行"战略，发挥自我才能和价值，保障长者日后的独
立自主和生活尊严，增加参与服务的积极性以及对未来生活的安全感，
促进社区长期照顾体系营造。再次，消除老人是被动、消极和脆弱的群
体标签，消融社区群居却互不往来的冷漠和隔阂，促进邻里互助、代际
共融，提高个人对社区的归属感和幸福感，增强社区的活力和凝聚力。
最后，通过在社区内发起集体行动，组织成员参与，培养领袖人物，形
成自治组织，从而解决社区自治和社区网格化管理问题。

（二）南京做法

南京是全国首个在全市层面统一开展时间银行的城市。2005 年滨
湖街道时间银行建立了时间货币机制。2019 年养老服务时间银行试行，
2019 年养老服务时间银行信息系统上线，2020 年全市实现"通存通兑"，
2020 年全市全面推广"时间银行"。

南京制定了养老服务时间银行系列标准。在政策支持体系方面，市
民政局牵头相关部门制定了全市统一的时间银行运行标准规范，具体包
括时间银行管理机构；服务点相关标准及管理制度，服务对象与志愿者
的审核、注册、培训、退出等相关标准规范；志愿者提供服务的流程及
服务标准；时间银行服务点及志愿者奖惩办法；时间银行专项基金管理

办法；时间银行服务突发事件应急处置办法6个方面。

南京"时间银行"的三种模式。一是街道模式。2014年，栖霞区尧化街道成立街道慈善基金和"时间银行"，委托姚坊门彩虹社会工作服务中心运营。二是社会组织服务模式。2016年，建邺区兴隆街道福惠居家养老服务中心推行"时间银行"。2018年，区政府采取政府购买形式，聘请第三方社会组织开发软件"时间银行"程序并运营信息化平台，建立全区志愿者数据库，无缝对接老人与志愿者，实现时间的支取、兑换、转移等服务。三是区级模式。2018年10月，鼓楼区"时间银行"上线。直接为老人提供服务的时间为公益时间，每人每天最多存4小时，最多兑2小时，总额1500小时为存储上限，年满60周岁时开始享受等时服务。超出1500小时后的时间为共享时间，存兑不设限，实行即存即兑。

（三）区块链为"时间银行"赋能

除南京外，我国各地的"时间银行"服务基本都是以社区为主体单位组织实施，各自为政，"账户"无法"通存通兑"。服务者一旦搬家，"时间"转移存在困难，"存折"在异地就有可能沦为"空头支票"。这些问题，区块链技术不仅可以激活，还能赋能"时间银行"。

区块链技术提供了新的信用生成机制，具有透明、严密、可信和安全等优势，其使用不可篡改的记账和认账规则实现了对社会活动及交易活动的权威认证。区块链可为"时间银行"提供两类技术支持工作：一类是以信息安全保存为目的的静态信息存储，另一类则是以信息实时记录为诉求的动态信息追踪。基于此，用户在网络系统内可随时查询自己的时间存储信息；管理单位可根据真实情况及时完成信息的录入；监督部门可实时进行相应的监督。同时，基于区块链的网络连接，时间银行内所有用户的信用记录都可以被追溯，用户与用户之间被"信任"程度自然加深。

三、共享"子女"

你摔倒在地板上，子女却在电话簿里。这种无奈的现实，会在共享经济时代被打破。今后，上门服务的会是白衣使者小护士、爱心快递小哥，你有空闲了，也可以被社区共享一下，去做"共享奶奶"。

（一）"共享护士"

近年来，"共享护士"医疗模式悄然兴起。"共享护士"是在互联网平台签约一些执业护士，患者在互联网平台上下单，根据其需求预约护士，为其提供打针、导尿、雾化等服务。现在已经有多款手机 APP 推出了"共享护士"服务。

"共享护士"走进百姓家。"省去了路上和就诊排队的时间，花了不到 200 元，特别值得。"日前，家住福州城郊的老李，通过一款 APP，约了两名护士上门为其护理。原来，老李患有直肠癌，每隔一段时间就要去医院更换人造口袋。通过这款 APP，两名护士上门为老李在家完成了造口护理，购买一次服务，老李向两名护士共支付了 199 元的酬劳，其中服务费 100 元，上门交通费 99 元。

自 2014 年 9 月，由广东省家庭医生协会开发的全国首个居家专业护理 APP 平台——"U 护"上线以来，以"共享医护""护士上门"为定位的医疗应用软件已经发展到了近 20 个。但是"共享护士"也面临安全挑战。比如患者突发医疗事故，身边没有应急设备，无法处理；护士独自到有需求的"老人"家中，人身安全问题。

北京、广东等地出台探索开放护士区域注册，护士多点执业的规定，扫清了"共享护士"的关键障碍。天津市卫计委印发《天津市护士区域注册管理规定》，明确了护士入户开展护理服务的合法性，其服

务可视为护士执业机构的延伸。2019 年卫健委发布《关于开展"互联网＋护理服务"试点工作的通知》及试点方案，明确了服务主体必须是取得《医疗机构执业许可证》并已具备家庭病床、巡诊等服务方式的实体医疗机构，且派出的注册护士应当至少具备 5 年以上临床护理工作经验和护师以上技术职称，能够在全国护士电子注册系统中查询。护士必须要由医院派出，平台要和具备资质的医院签约，而不是和护士个人签约。同时要求为护士提供手机 APP 定位追踪系统，配置护理工作记录仪，使服务行为全程留痕可追溯，配备一键报警装置，购买责任险、医疗意外险和人身意外险等。

未来，"共享护士"不只是简单的 O2O 模式，不单是上门打针输液，而是扮演医生助理、家庭健康管理师的角色。"共享护士"模式释放了护理产业活力，也稳固了人口老龄化的大后方阵地。同样，相信在不久的未来，与远程诊疗相对应的"共享名医"、老人外出的"共享陪护"、心理危机的"共享陪聊"、节日期间志愿服务慰问的"共享儿女"，也会接踵而来，为养老服务雪中送炭。

（二）共享"快递小哥"

"快递小哥"能帮助共享养老吗？答案是"能"。子女给父母送"一碗汤"到家，汤还热的距离是多远呢？最好的答案是前后楼。老年社区15 分钟生活圈，开车 15 分钟是多远呢？最好的答案是"快递小哥"辐射区域 3 公里半径生活服务圈。据相关数据显示，2020 年，备注提及送给长辈的外卖订单量同比去年增长超过 1.2 倍，越来越多无法随时陪伴在老人身旁的子女开始尝试用外卖传递关心。

异地点单尽孝心。2019 年，总共有 180 份"家乡味道"配送到孙奶奶家，其中一半来自异地。远在外地的孙女，每次都在午高峰前半小时下单，并给餐馆老板和骑手分别备注到："红烧肉给老人家吃，要软烂些，谢谢你！"除了送到家中，很多孝顺外卖订单被送往医院住院部、敬老院、老年协会等。"饿了么"的"万能小哥"成了老人的好伙伴，帮忙拿药、去医院取报告等跑腿订单日益增多。

2019 年，"饿了么"和"口碑"随着阿里巴巴商业操作系统一起加速下沉到三四线城市，蚂蚁金服的金融能力，阿里云的大数据和云计算能力，淘宝、天猫的电商能力，再加上"口碑""饿了么"的本地生活服务能力和蜂鸟的即时配送能力，从餐饮业选址、供应链，到预订、扫码点单、会员、即时配送、支付、评价等环节的全链路数字化，提供了餐饮行业每一步流程的数字化解决方案，形成了整体闭环。通过开放平台，快速、高效地向商超、生鲜、健康、亲子等本地生活服务的各个行业输出。

广州市越秀区民政局与"饿了么"共建的"互联网＋养老助餐配餐"服务模式，已复制到上海、天津、北京等地，并逐渐培养出第一批"孝心小哥"，为送餐老人提供紧急救援等爱心服务。"孝心小哥"的增值服务在某种程度上成为连接家人与老人、老人与老人、社会组织与老人之间的情感桥梁，串起了跨越时空边界的新老年社会关系。

（三）"共享奶奶"

在社区，一边是无人接送孩子上下学的无助，一边是老人晒太阳闲的无聊，这种不和谐场景，如何和谐发展呢？

近日，在四川省成都市武侯区晋阳街道吉福社区党群活动中心，几位奶奶正带着一群小朋友学剪纸，给他们讲故事，和他们一起吃饺子。一位奶奶说："跟这些小朋友在一起，我感觉自己好像都年轻多了。小朋友问到一些问题，我解答不了，有时还需要上网学习，再给他们讲

解。"有老人说"娃娃抱着你喊一声'奶奶',觉得心里面特别甜!"该项目是 2019 年暑假开始运行的,主要是从居民的实际需求出发,通过"大手牵小手"的形式,鼓励老年居民走出家门。到目前,"共享奶奶"覆盖了整个吉福社区的 25 个小区。

"共享奶奶"不是商业行为,是社区自主的"老小"志愿者互助模式。参与"共享奶奶"的老人大多是子女、儿孙不在身边的空巢老人或孤寡老人,在公益托管社会事务中,老人们非常充实,年轻父母时常的看望和帮助,也满足了老人的情感需求,解决了老人的实际困难,也让老有所学有了新的动力。

该项目发挥了老年女性的资源优势,增强了她们的获得感、价值感和融入感,使她们更乐于、更积极、更便利地参与社会事务,成为社区建设和社会治理的重要骨干。有空闲时间的老年女性互相带动、互相鼓舞,使"共享奶奶"成为一个有共同愿景和内在凝聚力的团体。老人与孩子相互陪伴建立起社区内的邻里关系网络,奶奶们之间及奶奶们与年轻家庭之间双重网络的搭建,使得邻里联系更频繁、关系更融洽,增加了老年女性与社区居民的链接、互动,使她们更便于参与、融入社会生活。

(四)共享养老让我们不再孤独无助

共享养老是信息化和老龄化自然耦合的产物。一方面,科技发展为共享养老提供了可能;另一方面,共享养老也是老龄化的内在需求。共享养老是养老资源优化配置的新模式,也是老龄生活的新方式。"共享养老"能够把养老服务的潜力充分挖掘出来,有效整合匹配社会中零星、分散、潜在的养老服务资源,使养老服务更精准、更高效,给老人提供更多养老便利,减轻养老负担。"共享养老"也将一家一户的个人养老、封闭式养老提升为集体养老、社会养老、开放式养老,有助于全社会增强共同养老的意识和集体责任意识。发展共享养老，需要与之相契合的技术创新、模式创新、制度创新和理念创新。共享养老让"不可承受之重"的养老困境一下子豁然开朗、柳暗花明。

第三节　数字养老

"十四五"期间，我国将进入中度老龄化社会，同时叠加进入智慧养老2.0社会。通过华为系统的物联技术，现有的弱人工智能的智能技术和辅助设备，与符合健康建筑标准的空气、水、营养、光、健身、热舒适、声环境、材料、精神、社区实现数据联接，成为会有自己思维、情商的强人工智能，智慧养老升级。同时，能够共享各种媒体、零售、通信、金融、医疗、城市和政治作为等知识和信息，有个性化和多样化需求的老年人将极大便利化，过上健康、安全、安心、舒适、智慧并充满活力的高品质生活，参与社会活动的途径更加多样化，价值观和生命智慧进一步提升。

一、让数字化精准赋能老龄化

近年来，数字化转型已成为我国经济社会创新发展的主要特征，大力建设"数字中国"，从数字政府、数字城市、数字社区到数字家庭，深刻地改变了老年人的养老生态。

（一）"数字政府"全面提速。2020年，在数字政府建设方面，我国国家治理能力现代化取得关键进展，政府的数字化应急能力和在线政务服务能力在疫情下不断"淬炼"，在线服务指数由全球第34位跃升至第9位，我国电子政务发展指数全球排名从2016年的第63位上升到第

45 位，迈入全球领先行列。"一网通办""异地可办""跨区通办"渐成趋势，"掌上办""指尖办"逐步成为政务服务标配。

（二）"数字城市"场景转型。2021 年，北京市老龄办、老龄协会正在建设老龄人口大数据信息管理平台，消除各部门、各领域的数据存储、处理和流通障碍。在互利合作、共治共享的基础上建立起优势互补的老龄人口服务与管理机制，实现数据资源的无缝连接和共享、精准应用与联动，从而建立涉老风险防范机制，为老年人的权益保护构建一个更加全面、科学、有效的风险甄别、合规检测、审慎评估和政策应对的风险防控体系。

（三）"数字社区"提质增效。2020 年 5 月，四川省商务厅出台《"数字化社区"试点实施方案》，为社区赋"智"、为城市赋"能"。围绕建设社区数字生活集成系统、推进数字生活新服务、提升社区餐饮服务能力、打造数字化民生菜场、激发健康消费新潜力、打造 SOHO 创新创业场景、拓展智能消费新领域、提供社区金融新路径、打造数字化治理场景 9 个方面展开。其中，重点生活性服务业基本实现数字化，并且培育壮大一批数字生活新服务平台。

（四）"数字家庭"协同推进。2021 年 4 月 6 日，住建部等 16 部门发布了《关于加快发展数字家庭提高居住品质的指导意见》，这是促进家庭生活数字化趋势的重要政策。在涉老方面，鼓励预留居家异常行为监控、紧急呼叫、健康管理等适老化智能产品的设置条件。强化智能产品在社区配套设施中的设置，养老设施应配置健康管理、紧急呼叫等智能产品，提升社区适老化水平。在"数字中国"建设中，数字养老已经包容在其中，从顶层设计到家庭设置，制度上已经为数字养老提供了扎实的保障。

二、维护老年人合法数字权益

近年来，《网络安全法》《电子商务法》《数据安全法》先后出台施行，杭州、北京、广州成立互联网法院，老年人的数字权益保护在加强。

（一）打造数字友好型社会。对于数字时代的老年人来说，横在他们面前的，第一道数字鸿沟就是互联网接触难，目前国内 2G、3G 用户还有 2 亿多户，他们都还在使用老人机，随着 2021 年底 2G 全面退网、3G 逐步退网，他们将不得不使用智能手机。中老年人对数字产品的"恐惧"大致可以归纳为：金钱损失＞破坏关系＞损害健康＞损害名声＞侵犯、暴露其他个人隐私。如何保护老年人免于恐惧和网络隐私权，给予他们更多的控制感和虚拟尊严权，是摆在产品设计者面前的一道新考题。

为方便老年人从老人机向智能机过渡，某公司生产的一款手机在保留老人机功能的基础上，在机身左侧加入了随心键的设计，双击就可以打开微信二维码支付页面，长按则可以开启血氧检测功能，还支持自定义设置，如计算器、闹钟等快捷操作。在手机背面加入了指纹识别模块，轻轻触碰手指就可以完成解锁、支付等操作。这样在设计上解决了老年人扫描健康码出行、手机付款支付的难题。预装应用中特别加入了"悦动圈、极速问诊、微视、微信"。连按 5 下电源键后，系统就会进入紧急呼叫界面，这样当老人遇到特殊情况时，就可以快速拨打 110、120 等热线了。

（二）提高老年人数字素养。学习数字生活，对老年人以往的经验是一种挑战，老人首先需要用眼睛去判断 APP 的意义，再用手指给予触屏一个轻微发力的指令。目前，对数字弱势群体，已经开展数字扶贫。要建设一个数字友好型社会，离不开全民数字素养的培训。2019

年 6 月，支付宝推出"关怀版"小程序，集合扫码、付款、缴水电费、挂号问诊等老年用户最常用的功能，并将字体放大。2019 年 12 月，支付宝成立了老年大学，内容涵盖手机使用安全教程、手机基础入门和数字生活进阶，线上线下多种形式教老年人学用智能手机。

（三）培育老年人数字思维。在生活上解决老年人不会用、不想用、不敢用的心理顾虑，需要不断提高老年人的数字信息获取能力和网络数字素养水平，培育他们的数字思维能力。

下面从老人最简单却也是处处有风险的吃、住、行三方面，聚焦一下数字养老的奇妙之处。

1. 数字孝老

去社区食堂吃饭忘记带卡了，怎么办？上海市的数字食堂有办法。

刷脸能吃"暖心饭"

基本情况　上海市闵行区古美路街道美乐汇综合为老服务中心内的社区食堂，老年人"刷脸"就能结算吃饭。在不同菜品窗口都有一个电子显示屏，上面显示的是菜品名称。老年食堂采取"自助结账"模式，把想要的菜品都放到托盘上，再把托盘放在这个智能结算台上就好啦！

主要特点　与支付宝、微信"刷脸"消费类似，老年人在社区食堂后台建立了"用餐人档案"，其充值卡与老年人本人头像实名认证，这样一来，老年人两手空空就能潇洒地吃到一顿美味可口的午饭。智能自助结算系统采用 RFID 技术，通过自动识别芯片实现菜品和用餐信息的录入与上传，就可以实时计算就餐费用。如果老人需要控制摄入量，还可以查看每一个菜的蛋白质、脂肪、碳水化合物的含量。增设"营养自助查询机"，输入身高、年龄、体重和慢性病史，就可以自动关联老人每天吃的午餐内容。上线"营养查询"APP，就可以看到社区食堂一周菜谱、智能点餐、送餐。

简要评析　该社区有1200位老年人在这里就餐，仅有10%的老年人使用"刷脸"就餐。可见，老年人的数字思维需要培育。

2. 数字探老

以往查看居家高龄老人有没有出现意外，社区工作人员满怀诚意"早看窗帘、晚看灯"，"扫楼"敲门关爱，却常常遭遇尴尬。现在，电力"独居指数"数字一报警，社区就能知道老人肯定有问题了，再登门探望，对老人来说，就是雪中送炭了。

用电能画"独居指数"

基本情况　一天，王根娣家传来敲门声。她一开门，发现是一脸焦急的居委会主任和供电公司营销部志愿者。原来，智能电表动态监测到，连续几天的15时至17时，王根娣家用电负荷曲线异常增长。"你们来得真是太及时了。"王根娣说，她独自居住，一般习惯在15时至17时去公园散步，最近几天，由于头疼难受，就只好"窝"在家里看电视、孵空调，原来她病了。

主要特点　上海市供电公司利用智能电表的高频采集功能，从平滑度、落差度、友好度、稳定度、中值度五个方面，对高龄老人用电情况进行了大数据分析，并根据用电突变情况、用电量大小、

季节环境影响、周期性规律等因素，为不同类型的老人"画像"——对于独居老人，还专门上线了"独居指数"。如此，一旦老人家用电情况突变，监测系统就能迅速捕捉并"报警"，居委会就会及时上门查看。

简要评析 今后，空巢独居长者的数字"警卫员"会很多：腕表、冰箱、马桶、门、鞋……一旦出现"警卫员"争宠打架，您可不要烦呐！

3. 数字寻老

我国每年走失的儿童、老人超过 70 万人，走失家庭耗费大量人力、精力、财力进行寻找，但效果并不理想，而没能及时找回将对走失者带来极大的安全威胁，无数个家庭因为亲人走失而支离破碎。

数字寻老又快又准

基本情况 北京普嘉逸环公司推出了"普家融合安全卫士"项目，通过信息化手段寻找走失的老人。

主要特点 微信小程序预警平台为易走失老人预存人脸信息和 DNA 信息，同时与蓝天救援队等众多志愿者团体和紧急救援机构达成合作，一旦有人发现疑似走失人员，立即拍照进行人脸识别比对，1 秒就能确认走失人员身份，并通过小程序帮助其联络家人。

简要评析 数字寻老，精准且快。培养数字养老思维，需要拉下"面子"，理解服务背后的数字科学常识。提前做些数字思维准备，就可以放心大胆地接受这些数字养老服务了。

三、让老年人共享数字红利

数字化背景下，老年人正在通过学习，创造出新的自我价值和商业逻辑，重塑了全新的自我建构。数字社会会生产出一系列新的生存、生活、生命逻辑，老年人的价值追求会在数字社会中得到突破。尤为可贵的是，当代老年人坚持的集体化、群体化的生活意趣，会在线下实体空间里体验更多的情感交流。他们会用自己的方式改变一些 APP 原本的商业逻辑，成为他们自己的一种互动游戏。

（一）数字治理：杭州市民生活满意度最高。《中国城市数字治理报告（2020）》研究显示，在针对 45 个城市居民的数字生活满意度问卷调查中，杭州市民的数字生活满意度最高。杭州成为数字治理第一城，集中体现在三方面平台的建设，了解他们的工作架构很有必要。"互联网＋养老服务"平台。包括业务管理平台、公共服务平台、机构运营平台、支付结算平台等。城市大脑中枢系统结合杭州市"互联网＋养老服务"平台，能够有效监控各城区老龄人口情况、养老服务设施情况与实时服务情况。智慧养老服务场景平台。包括养老服务电子货币、点单式养老服务商城、养老地图云看房、智能养老管家、居家养老紧急呼救、智慧餐台刷脸吃饭等。"民生直达"平台。杭州市江干区依托城市大脑中枢系统和各部门数据共享支撑，建设全国首个民生政策兑现平台"民生直达"，做到线上申请、瞬间拨付，实现"流程零等待、过程零材料、兑付零人工"，政策福利直达老人家的口袋。

（二）数字抗疫：老年人加速拥抱数字生活。2019 年，我国人均GDP 跨上 1 万美元台阶，与疫情遭遇后，居家防疫的老年人加速拥抱数字生活。我国的老龄化进入到了第二阶段——"边富边老＋数字经

济加速发展"叠加时代。

老年人加速拥抱数字生活。2020年，新冠肺炎疫情加速了银发群体拥抱数字生活。数据显示，第三季度老年人"手淘"月活用户同比增速远高于其他年龄组，较总体水平高出30%。2020年，为老年人定制的支付宝"关怀版"访问量同比增长6.6倍；过去3年，支付宝老年用户数量翻了4.5倍，三线以下地区增幅更高，达5.5倍。2020年，中老年人中智能手机的使用量已经达到7000多万台，银发族在非常积极地拥抱互联网，吃喝玩乐样样不落，追求美和健康。

月人均消费高于"90后"。过去十年，我国老年人口收入持续增长，养老保障体系日益完善，老年人拥有更多可以自由支配的时间和退休金，生活方式越来越积极主动和多元化，消费结构从生存型向文化休闲型转变。受数字经济加速发展影响，银发群体线上消费市场将迎来更为强劲的增长。此外，疫情前后，盒马线上线下订单占比变化，进一步描绘了银发群体消费习惯的改变。数据显示，盒马线下到店订单占比最高的老年人群体，疫情前后消费习惯发生了改变。疫情过后，60岁以上的老年人盒马线上订单占比增速最快，同比增加了10%。老年人盒马线上购买习惯逐步养成，线上订单占比继续增加。此外，60岁以上老年人购买力与更年轻的50岁以上新老年群体持平，月人均消费金额高于"90后"及"00后"群体。这很值得关注——先行进入人口老龄化的高线城市和步入老年的高知识群体，带来了新型消费市场特点。

食品消费支出高于平均水平。老年人消费支出主要用于抚养孙辈、保健养生、医疗护理、休闲服务、饮食和居住品质改善方面，而并不是购买大量服装和用品。与其他群体相比，数据显示，老年人线上消费显著特征表现为食品消费支出占比高，高于平均水平3.6%。

抚养孙辈	保健养生	医疗护理	休闲服务	饮食改善	居住品质
- 手推车/学步车 - 护理工具	- 滋补营养品 - 按摩仪	- OTC药品 - 睡眠、热敷	- 广场舞、书法 - 午时段休闲	- 生鲜食品原料 - 厨房小家电	- 花盆、纸巾盒 - 装饰相框

老年人线上消费特征品类图示

疫情期间，尽管餐饮服务等生活服务业恢复慢于网络购物，但老年人线上服务消费呈现增长态势。数据显示，疫情期间，注册和使用"饿了么"平台的 50 岁以上新老年用户占比显著提升，涨幅达到 3%。主要消费特征表现为高消费，低频度，购买生鲜原料明显高于现制餐饮，与老年人居家做饭的生活习惯吻合。

阿里注册淘宝账号的 50 岁以上银发女性中，多购买能让自己变美的神器，美妆和彩妆产品的购买率达到了 70%。更多的中老年女性开始成为"成分党"，喜欢研究生涩的化学名词，愿意去买大牌产品。很多老年人希望用自己有限的时间去消费一些更好、更适合自己的旅游产品。

京东平台上老年适用商品的数量已经超过了 3 年前的 10 倍。2020 年健康服务增长 10 倍，线上问诊增长了 233 倍。

像电热艾灸的护膝、无线的紧急按钮、家用便捷补氧机等微创新，老年人会愿意买单。他们购买了大量的键盘乐器、健身训练、骑行运动、摄影相关的产品，希望能过更有精神层面的品质生活。

超年轻人 2 倍种完"爱情树"。"社交"成为老年人在支付宝上用得第二多的服务，仅次于理财。这折射出在数字时代，老人的精神世界和生活追求比年轻人想象得要丰富。

中老年人的社交，已逐步从以前的线下场景演变成线上线下相结合：他们甚至会通过线上找到另一半，或者蓝颜、红颜知己；以前中老年人在线下唠嗑，现在他们之中的很多人喜欢在线上看直播、打赏。

老年人理想的数字生活

因新冠肺炎疫情倒逼出来的生活新模式、消费新业态，未来2—5年将会是银发数字经济的蓬勃发展期，线上线下都将释放巨大潜力。

（三）数字用老："银发网红"的数字逆袭。《数字中国发展报告（2020年）》显示，大多数老年人都是在早上5—7点开始手机冲浪，上午9点老年人涌入APP的数量达到高峰，之后回落。老人们从凌晨5点规模化网络上线，到晚上9—11点下线，在这个期间，平均每个老年用户一天登录5次APP，高于其他不同年龄段的用户。60岁以上的老年用户日均使用时长达到65分钟，比40岁以上的用户多16分钟，也高于用户平均水平。银发冲浪族在移动互联网上投入的时间已不输于年轻人，并形成固定网络生活轨迹。

而早在2018年，一项针对全国58个城市956个家庭3051个祖孙三代样本的调查数据显示，已经有50%的老年人使用微信，每天使用微信的时间是1.4小时，平均会用的功能有12项，平均好友数量是104

个，37% 的老年人每天会多次查看朋友圈。

对于老年人而言，互联网和社交网络重构了其闲暇的社会生活。相关调查也显示，在老年用户超过千万的 10 项应用中，前 2 项是社交APP，如微信、QQ，另外是视频 APP，如优酷、腾讯视频、爱奇艺，其余分别是工具类、购物类、新闻类应用。

近年来，老年数字生活达人不断涌现。喜马拉雅的老年主播群体中，尽管有余秋雨、易中天等著名知识分子传播中国文化、禅学、经济学等领域的专业知识，但"三百六十行"的经验、并非来自"状元"的阅历分享同样宝贵。

在喜马拉雅，60 岁以上的主播已超过 5 万名。借助音频，他们用悉心整理的人生阅历与世界保持同频共振，并宣告着：人到暮年，依然活得精彩。把一生的阅历投射于声音的特长和兴趣里，让自己的退休生活依然焕发生机。已经 100 岁的退休医生刘光汉，是平台上最年长的主播，他将自己几十年来通过中西医结合治疗的上百种疑难杂症娓娓道来；67 岁的独立学者、《物演通论》作者王东岳通过节目《王东岳的中西哲学启蒙课》获得了 5400 万播放，他也是喜马拉雅平台上收入最高的 60 岁以上主播……在喜马拉雅上的"60 岁 ＋"主播中，也有人成功转型为"演播艺术家"。播放量超过 4.7 亿的有声书《明朝那些事儿》，就出自 65 岁的主播王更新。

做音频节目或许是一种取悦自己、连结社会的方式。对老人而言，音频节目中"说"的形式具有天然的便利。对于用网不便的老人，喜马拉雅通过文字界面"大字模式"、线下有声图书馆等方式，为弥补数字鸿沟贡献了自己的智慧。

近几年，在 B 站、抖音、快手、全民 K 歌等新媒体平台涌现了"北海爷爷""罗姑婆""金香奶奶""敏慈不老"等一大批老年网红，既分

享人生故事，也输出热辣观点，既引领时尚潮流，也展示传统文化，成为不少年轻人的偶像。

第四节　文化养老

进入新时代，当年婴儿潮出生的"60后"开始退休了，这些每年平均增加2000万的"新老人"，它们一定会成为文化养老的主力军。他们如何传递正能量？如何创造更为有意义、有价值的老年生活和老龄社会？如何下沉到社会深处继续"为人民服务"呢？本节将作以介绍。

一、"学共体＋双创"模式

如何让老年群体老有所学、老有所乐？各地尝试的良方是：通过打造社区学习共同体，推进教育养老，建设学习型社会。"社区学习共同体"为学习型社会的建立和城乡居民美好生活目标的实现提供了现实路径，为城市化城乡居民重拾共同体生活提供了现实载体。山东、河北等多省和杭州市、宁波市等地的社区教育政策文件中明确把社区学习共同体写进了社区教育发展规划中。由于疫情的"倒逼"，"学共体"实现了三级跳。

（一）快速上线。2020年，尽管突遇疫情袭扰，但也迎来了第一批"60后"新老年"学员"。受疫情影响，"学共体"不得不由线下转移到了线上。在线上，新老人们将"学共体"发挥到了极致，让老有所学一步跨越到了互联网信息化时代。近年来，山西省忻州老干部局用互联网思维武装老干部党员的头脑，精心打造了"嗨起来的党支部"活动模式。

1. 微党建

2014 年，该局开通了"老干部之友"微信公众号，局长兼任微信公众号总编辑，市委老干部局为新覆盖群体指定推介员，实行"三个全员"晨读制度：一是每天 10 分钟全员自学，重点是吃透上情；二是每周一例会全员述学，重点是分析外情，对标省内兄弟部门；三是每月一总结全员评学，重点是把握下情。把学用微信公众号指导老干部工作纳入各县老干部工作品牌创新活动中，忻府区打造"指尖上的党支部"；岢岚县以"岢岚老干部之家""老干部 e 缘茶座"微信公众号为"硬核"，建立起室内"特色品牌展览厅"、室外"特色品牌参观点"。

2. 云党建

2020 年，该局利用"学习强国"APP、"钉钉"、微信软件召开"疫情防控不松手，品牌创新不松劲"工作部署视频会。建设老干部有声党建展厅，完善老干部网上作品资源库，建立老干部悦享朗读平台。河曲县利用"学习强国"APP，重点培育"星级宣讲团队"。

3. e 缘党建

围绕"信息化与党建牵手、信息化与生活结缘"，推出"e 缘党建"规范化管理，推动终端应用与中央、省、市老干部工作部门三个微信公众号等优质资源和"学习强国"等实用平台的有效衔接。建立网上创作人才信息库，设立网宣网评团队党组织，推行编、写、审、校党组织负责制。实施"一县一品牌"、"一地一特色"党建信息化"特色品牌"项目创建。建立党组织书记担任网站站长、微信公众号编审、微信群群主制度，推行委派党建指导员"入网进群"协助监督和老干部党员"实时在线"即时监管工作机制。

该局重点培育、选树了具有新潮、时尚、前沿特质的 100 名"时代老人"，在老年大学开辟了"互联网 + 乐龄教育"10 条通道，积极引导

老干部乐享快手等新媒体。逐步实现市、县两级老干部党组织组网联网的矩阵式管理，让"老年当随时代行"成为共同的价值认同，党性教育学共体一直在线。

（二）掏钱买课。2020年，优秀的老年知识群体在线学习中，突破了付费学习障碍。这标志着"付费新老人"学习观念和消费观念的提升，标志着他们的生命理念在提升。

1. 中央国家机关精品课直播共享

2020年，在新冠肺炎疫情最紧张的时期，中央国家机关老年大学也有一批"逆行者"。他们与疫情赛跑，经过30个日夜的紧张筹备，恢复了老年大学的教学。他们以国家机关事务管理局成立的中央国家机关老年教育课题组教学成果展示的方式，依托网络开展"精品课程"集中展示教学活动。2020年3月9日，中央国家机关老年大学"网络直播精品课堂"正式上线，参加共享老年大学已达53所。

疫情期间，中国网通过网络公开数据统计发现他们的直播课用户最为活跃。中国网旗下服务平台"网家家"主动联合教学组，将精品课直播内容向全球传播。调查显示，这些课程中的1/3是付费课程，在中央国家机关老年大学学员中，有1/3的人是付费学习的。

2. "网上老年大学"良性高效运转

2020年，深圳市金龄科技与中国老年大学协会合作，用互联网逻辑上线的"网上老年大学"，以"用户管理用户"的思路，在不到一年时间，服务了500多家老年大学，沉淀了百万中老年粉丝，粉丝活跃度达到了50%—70%。他们建立了几千人的中老年用户体验群，让每一个新板块都能把用户具体需求落到实处，为他们提供更加高效快捷的解决方案。让用户参与整个社群运营过程，参与产品的打造，让用户出产自己喜欢的内容，这样管理效率快速提高，成本极大降低，平台上

80%—90%的内容由用户产出，用户活跃度有了高保障。在开启付费课程之后，用户反馈积极。有了用户和内容基础，再进行数据化处理，根据他们的兴趣爱好去为他们推荐更适合的内容，从而达到了良性且高效运转的循环。

3.老年人正在加速养成"知识付费习惯"

2020年春节前后，教育学习APP行业日均活跃用户规模突破1.27亿。其中，老年用户群体增长了33%。老年在线教育发展迅速，知识付费已成新趋势。许多老年创业者聚焦线下老年文娱教育领域，在疫情期间不断探索线上模式，开设网络直播和付费课程。

某"乐活课堂"的线上课程分为"学员专享"和免费课程，但其最高观看量的教学视频均来自于需要付费的"学员专享"。跟著名女高音歌唱家学唱歌共有28万多人次参加；零基础跟中国音乐家协会的副教授学电子琴共有10万多人学过。老年人不但花钱买课，打赏也毫不吝惜。在直播过程中，愿意打赏的用户占5%—10%，有的用户半个月累计打赏超过2000元。

在当下老年人一系列的变化里，消费心理的变化是今天新老人最大的一个变化。老有所学越来越成为老年人的时尚追求，当他们为追求知识时尚而线上付费学习时，他们实现的是自身数字思维观念的跨越。

（三）"双创"平台。2020年岁末，老年"学共体"群体开启了老有所为的更高平台——创新创业服务平台。精英老年群体开始了"产学研"之旅，开始由"老有所学"向"老有所用"的务实教育挺进。

2020年12月18日，山东省青岛市为老专家搭建的"1＋1＋N＋互联网"创新创业服务平台正式上线。

平台由"1＋1＋N＋互联网"组合而成：建立1个老专家创新创业服务指导团，遴选熟悉高层次人才、创新创业政策，拥有老专家人脉

资源的退休老同志组成服务指导团；搭建1个老专家创新创业服务中心，在青岛市高科技创新园区建立1138平方米的老专家创新创业服务中心，组建以企业专家和孵化器运营专家等为主体的创业导师团队，设立科技成果展厅；建立N个老专家创新创业孵化器及老专家居家创新创业工作室，吸纳有技术专长的老专家就近就便开展创新创业活动，同时帮助和指导老专家居家和就近建立老专家创新创业工作室；打造老专家创新创业网上服务平台，在市关工委网站，设立"创新创业"专栏，包括"创业政策""成果转让""技术需求"三个方面内容，打造线上线下互联互通的服务平台。

"十四五"期间，老年"学共体"或可带动老年人才资源开发，为我国银发经济发展带来红利。

二、"游学＋旅居"享老生活

一边学习、一边旅游、一边养生，这种"游学＋旅居"的享老模式，受到了很多新老人的热爱。

（一）游学养趣

走遍万水千山，源于对这个世界感兴趣，觉得有无数的奥秘渴望探寻，新老人在游学中实现自我价值。

1.学养并举。九华山老年大学占地260亩，建筑面积12万平方米，拥有酒店式住宿楼、书画院等，同时还配备了国医堂、中西医结合康复医院、旅行社，设有气模体育馆、门球场、素食馆、皖南300村民俗体验馆、小戏台等。推出五禽戏等健身气功养生课程，开设了老年健身瑜伽大讲堂。

走出家门，有人向往体验酒庄、农庄、渔庄、茶庄、牧庄、林庄等特色庄园；有人愿意探访历史遗迹、古建文物及非物质文化遗产；有人爱好古乐古诗、观摩古代石刻、艺术创作、戏曲品鉴、音乐赏析；有人注重健身气功、老年瑜伽、门球、徒步；有人钟情中医养生，喜欢针灸、推拿、按摩；有人喜欢药膳、素斋……退休后，喜欢什么，就去哪里深度游学。

2.学游结合。上海的平一雷，退休后的十多年间，都乘坐海外邮轮探索，足迹遍布全球各地。他的脚步是相当有选择性的，在恰当的时节到访适合的目的地，在有限的生命长度里，深度地体会地球的脉络走向。每一处，他都做了大量功课，他的相册，仿佛一场浩瀚的人文、地理、历史、自然大冒险。

近年来，欧美邮轮已经在餐饮、娱乐多方面改良，但要老人能够长期居住，在邮轮上获得真正的归属感，还有很长一段路要走。

3.游养相融。东北地区有慢性支气管炎等呼吸系统疾病的老人，去海南等南方对身体调养已成规模。这些年，大量的东北退休者移居海南。这群春夏两季回到家乡，秋冬则去温暖的南方过冬的老人，被称作"候鸟老人"。

旅居养老将"候鸟式养老"和"度假式养老"相结合。选择旅居养老的老人一般会在一个地方住上数月，租房养老的成本比买房养老成本更低，买了房子，以后每年就只能去这个地方，比较无聊。以租房为落脚点，然后乘坐动车和公交车到各景点游玩，慢游细品。缺憾是人多年适应了居住地的四季节律，身体适应新地方的节律变化，需要时间，这也是对人的健康的一大考验。

（二）跨国养老

跨国养老，中国人多选择东南亚国家养老。比如华人众多的马来西亚槟城，人们用普通话交流，到处都是简体汉字，而且当地生活物美价廉、性价比高。东南亚国家有一系列成熟的养老签证政策，像泰国退休签、菲律宾的 SRRV 退休签证以及马来西亚的第二家园计划等，申请人只需在当地银行冻结符合要求的金额就可以获得该国养老签证。在跨国养老中，泰国成为国人的首选。作为以旅游资源闻名的国度——泰国正致力于吸引全球老人赴泰养老，政府宏观层面上希望将泰国打造成世界养老中心，作为对退休人士游客友好度很高的国家，泰国在 2016 年度全球退休指数排名前列、全球国家幸福指数排名中更是排名首位。再加上国际一流的医疗服务、低廉的物价水平，令泰国成为越来越抢手的退休目的地。

（三）寿乡养老

国际上关于"世界长寿乡"的标准是每 10 万人中至少应有 7 位健康的百岁老人，而仅有 24 万人口的巴马瑶族自治县，2000 年就拥有百岁老人 74 位，相当于每 10 万人口中就拥有 31 位百岁老人，是国际标准的 4.4 倍。被誉为"世界长寿圣殿"的巴马县甲篆乡平安村巴盘屯，全屯 510 多人，百岁老人多达 7 人，是国际上关于"世界长寿乡"标准的近 200 倍。伴随交通的便利以及对健康的重视，这些"长寿之乡"，也是老年人可以退休生活的体验和疗养选择。

三、"党建＋养老"的中国特色

截至 2021 年 6 月 5 日，中国共产党党员总数为 9514.8 万名，新中国成立前入党的有 13.4 万名，61 岁及以上党员为 2693 万名。老年党员是老年群体中的先锋队，也是积极应对人口老龄化的重要政治保证。2007 年，山东省商河县突出党内关怀机制，成立了老党员之家，分批次对符合条件的 50 名新中国成立前入党的农村老党员实行集中供养。2018 年 10 月，该县将老党员之家搬至县社会福利服务中心，并依托老党员之家，增设了共享式离退休干部党员活动室、芳华剧场和老年大学，精心打造了高标准、综合性的党性教育基地。老党员在这里学到了正能量，他们与福利中心入住老人谈心交流，又将"党建＋养老"直接融合到了一起。

在全国各类党建模式中，党建其实已经如大树的根部一样深入农村、社区和居家养老服务细节中，其中老党员的引领作用、带动效应，都会在老龄化社会中得到独到的发挥。

（一）党建＋颐养之家

近年来，江西省新余市在农村全面推行"党建＋颐养之家"建设。

1."党建＋商会"建老年食堂。2012 年 9 月，渝水区水北镇水北商会率先成立，商会党委成立不久便组建了党员志愿服务队，牵头在伍塘村试办老年食堂。不久后，水北商会党委又发动 40 余名民营企业家，捐资 850 余万元设立水北农村居家养老基金，在全镇推广老年食堂。短短 3 年，水北镇建起 27 家老年食堂。

2.建设普惠型"颐养之家"。2016 年底，新余市在全市农村推行"党

建+颐养之家"，在对 2013 年创办的老年食堂改造提升基础上，将颐养之家与基层服务型党组织建设结合起来，形成市县指导、乡镇领导、村级主导、部门支持、社会参与的工作机制。颐养之家坚持普惠型养老定位，建设经费以财政投入为主，为每个行政村一次性投入 10 万元。市、县财政划拨专项资金，按每位老人每月 100 元的标准给予运营补贴。场所、设施、用餐、管理、收费实行标准化运营。人均伙食费为每人每月不低于 350 元，其中 200 元由老人自缴。正式收费后，老人们纷纷报名缴费。

3. 打造住"家"医疗队。2017 年 3 月起，新余市在颐养之家建设基础上，通过改造村卫生室，打造一支住"家"医疗队，为农村老人提供全天候的健康保障。诊所按诊察室、治疗室、药房等"八室一间"标准建设，成了乡亲们家门口的"微医院"。诊所由乡镇卫生院统一管理、聘用乡村医生具体经办。目前，新余市累计筹资 4000 余万元，建成诊所 381 所。其中，68 所与颐养之家一体化配套建设，94 所与颐养之家相距百米之内，219 所建在同一自然村。

4. 丰富老人的精神生活。在颐养之家稳步推进医养结合之时，新余市启动了新时代文明实践中心建设试点工作。中心的活动不时走进颐养之家，志愿者上门送文化，从慰问演出到健康讲座，周周有安排，丰富了留守老人们的精神生活，颐养之家的文化养老有滋有味。

目前，该市已建成农村颐养之家 736 个，为 1 万余名老年人提供服务，覆盖了所有行政村和有需求人群。新余全面破解群众关切的养老难题，提升了基层党组织的创造力、凝聚力、战斗力，实现了党的建设、社会治理和民生工作的同频共振。

（二）"党建＋社区"管理

在社区治理上，离退休老党员的积极作用不容小觑。2019 年初，湖南省邵阳市北塔区田江街道统筹抓好"党建＋矛盾纠纷化解"工作，8 个村社区组建了由有声望、有热心、有影响力、有经验的老党员、老干部、老教师等组成"和事佬"治安调解志愿者服务队，以治安巡逻、纠纷调解等为己任的志愿者队伍，为倾听群众利益诉求畅通了渠道。他们建立了群众接待站、"和事佬"调解室、街道司法所矛盾调处中心联合排查调解机制，做到了"小事不出家庭、大事不出村社区，矛盾不上交、调处不反弹"。

近年来，福建省邵武市丹溪风情小区积极打造"红色业委会"离退休干部工作党建品牌，建立了"社区党委、党支部、业主委员会、楼栋党小组"的工作架构，依托业委会设立兼合式党组织；以每个楼栋为 1 个网格，每个网格同步建立党小组，将在小区内生活工作的党员全部纳入。该市市委老干部局积极指导"红色业委会"创新工作机制，抓共治、抓联动，建立起党员共管、群众共议、事业共创、成果共享的"四共"机制。创建小区内全体党员、党员领导干部两个微信群，充分发挥党员队伍的智囊团作用，协调解决小区重点、难点问题。坚持每个季度召开一次座谈会，邀请物业公司、居民代表、党员共同参与，听民声、集民智、聚民心。对于确因小区资源不足等客观因素导致的滞办难题，业委会提交需求清单到社区党委，通过党建联席会协商解决，促进小区党支部、社区、街道党委、共建单位四级联动。目前，由市直单位派驻的党建指导员已入驻小区，主要协助小区业委会做好管理工作。在"红色业委会"的努力下，居民满意度大幅提升，物业缴费率从过去的 30％ 提升到了现在的 98％，社区和谐的平安网越织越密。

（三）党建＋居家养老

近年来，江西省萍乡市在社区创新"树状工作法"，重点打造"党建＋居家养老"服务阵地，使基层党建这棵"大树"枝繁叶茂。

一是以党建为"根"建家园。深植党建之根，拓展服务功能，将便民服务、政策宣传、养老服务、文艺表演等一系列服务资源下沉，并依托在职党员、志愿者及社会各界热心人士，完善党建室、健康小屋、科普之家、居民影院、居家养老活动室等场所，为老年居民提供宣传教育、医疗保健、爱心帮困等志愿服务，将社区打造成暖心家园。

二是以纪律为"干"严家教。把党的政治纪律和政治规矩放在首位，机关单位党员与社区国企改制党员，按照"1∶N"的比例结成联系对子；对生活困难的党员登记造册，将其列入党内关怀机制，走访慰问，帮助解决实际问题，让他们感受到党和政府的关怀。

三是以活动为"枝"明家规。以"三会一课"、主题党日活动为载体，开展形式多样的志愿服务活动。走访慰问困难居民、空巢老人、孤寡老人，开展义诊等共建活动。

四是以典范为"叶"正家风。注重发挥辖区优秀党员、先进模范的示范引领作用，营造向上向善的良好家风，并先后涌现出一批先进典型人物。

五是以服务为"果"爱家人。积极整合资源，每年不定期开展卫生清理、养生保健、孤老援助等志愿服务活动；坚持以服务群众为中心，为老年居民安装无障碍扶手，解决老旧小区地下管道经常堵塞等问题。用一个个惠民成果，不断增强社区居民的获得感、幸福感，也逐步实现了基层治理由社区唱"独角戏"到党员群众"大合唱"的转变。

四、规划"第三人生"

近年来，退休工作受到重视，不仅具有重要的时代政治意义和老龄文化体现，也是对老年人的价值和人生尊重。浙江省在全国率先规范干部退休工作，推出"六个一"干部退休工作制度：组织专题谈话，举办退休仪式，做好服务衔接，开展研习培训，促进作用发挥，加强纪律教育。文化养老的重要起点，就是退休典礼、退休心理调适、退休规划等退休工作，这些工作怎么做呢？

（一）制定人生规划

人类科技进步促进了长寿时代到来，现在的 50 岁女工，前卫的叫法是"50＋轻熟"族，她们把自己打扮成"小姐姐"模样，而在退休之后，等待她们的是"超高龄社会"，百岁人生将不再被视为稀有，偌大的时空，如何用有意思、有意义、有价值的活动充实它，这需要对自己的"第三人生"作出高标规划。如何多维度规划"第三人生"呢？

1.退休评估。评估退休后自己的身心系统，包括这些测试和自测：幸福、成功商数、自我实现、享受生活、魅力、心理衰老、心理健康水平、心理压力值、心理承受能力、心理适应性、抗挫折能力、灵魂、自尊、情绪、抑郁、包容力、亲合力、气量、睡眠健康、偏执度、强迫症、人格及人格障碍、社交恐惧症、焦虑、紧张度、自卑感、自信心、老年失望、心脏功能级心脏年龄、高血压症、神经衰弱症、大脑缺氧、肠道年龄、血管年龄、褥疮危险因素、痴呆、严重疾病、用药安全、寿命、衰老、社会适应性、社会支持、基本日常生活活动能力、积极倾听、利他、维持朋友品质、人际交往、生活满意度、生存质量……这些

老年评估在网上都能够查找得到，有些要根据自己的身心困境适时自查，有些需要在年龄过"坎"的时期自查，有些需要一定时间就查一次。

2.梳理生存价值系统。进入老年期，需要再次确立自己的人生意义，需要修正我们的人生态度，需要端正自己在"第三人生"中秉持的"社会价值观"。下面两幅图片分别是"积极人生树"和"消极人生树"，人能否过得好？为什么有些人的老年生活一塌糊涂？这需要仔细审视这两张图的每一片叶子，将积极的价值观内存在自己的大脑指令中，遵照

人生树

程序执行，以正能量的光芒，照亮自己的老年生活。

3.整理生命记忆系统。将自己多维度的愿景，按照分类，编制出一棵棵"退休树"：角色树——给自己准备一树的"马甲"，换不同的角色，以志愿者、顾问等多角色参与社会；所为树——绘制出自己需要实现的若干有价值的"大事情"；发财树——将理财的若干"鸡蛋"分摊在不同篮子里，让保命钱赶上CPI；维权树——将损害自己利益、权益的事情一件不落地记到树上，分缓急酌情处理；禁忌树——将自己不该碰的事情刻到树上，这些事情有碍健康长寿，不为；智慧树——拓展自己的多元智能商数。包括：灵商、德商、心商、情商、逆商、健商、志商等；慈孝树——为家族、子女做事，辨证双修；艺术树——让自己的老年生活艺术化；运动树——每年的健身储蓄运动规划；足迹树——买张中国地图和世界地图，将自己走过的地方用彩笔标注时间，贴到正墙炫耀一下，并时时激励自己开启新的旅程……

4.制定百寿幸福方案。如何高效管理践行自己的身心能量，让自己活得顺溜，需要知道从50岁到120岁之间你会遇到多少道"坎"，针对每道"坎"都要有预案，然后给自己制定出一份从50岁到120岁的《人生使用说明书》。

（二）开发意识能量

有人将"第三人生"叫作乐享人生，把退休一族叫作"乐退族"。这一批有钱、有闲、有理想、敢消费能力的新老人，他们走遍天下去游学。他们的能量为什么这么大？这源于他们的意识能量大。对老年人而言，意识能量的积累很重要。

美国著名心理学博士、精神治疗师大卫·R.霍金斯的研究表明，人

的身体会随着精神状况而有强弱的起伏。他把人的意识映射到 1—1000 的范围。任何导致人的振动频率低于 200 的状态会削弱身体健康。200 以上到 1000 的频率则使身体增强。

人生能走多高、走多远？退休能达到怎样的境界？源于人不断提升的"心境力"。可以说，"心境力"有多大？世界就有多大，"第三人生"就有多大。退休的境界，在于心境的不断提升。心境的提升，需要自身的能量和思想积累到一定程度后，在一定压力和机遇下，得到迅速的开悟。

（三）寻梦：重生＋永生

近年来，国内重视"AR（增强现实）、VR（虚拟现实）、MR（混合现实）＋养老"研究。有养老公寓，留出空间作为 VR 体验展馆：老人可以在里面参加虚拟健身课程并协助他们制定个人虚拟健身方案、VR 影院、VR 亲子互动、VR 老年大学，还可以在其中添加关于还原年轻样貌的体验活动。

埃隆·马斯克的脑机接口研究项目"全脑"BCI，使命就是通过神经网络"实现与人工智能的共生"。未来，柔软的格栅覆盖在大脑表面，神经元网络访问大脑，数字图像会直接注入视觉皮层。这项研究可能会让老年失智问题像阳光冲破云雾一样，豁然开朗。

2012 年，日本京都大学的山中伸弥成功地制成了诱导多能干细胞"ips 细胞"。之后，其应用技术不断地取得成果。将来，人类会实现用自己的更年轻的器官、肌肉、皮肤更换掉那些已经衰老了的，"观音菩萨，年年十八"将会成为事实。

谷歌首席未来科学家库兹韦尔判断：到了 2029 年，进入人体的纳米机器人可以利用编程理念来重整人体的"组织编程",把病原体,肿瘤等一系列免疫系统错误进行修正。到了 2045 年,这些非生物智能技术强大的创造力,或许将最终实现全人类的永生。

在我们物质生活极大丰富的当下和未来,满足老年人的物质需求已不是困难事。但精神养老——"生命之旅"该如何实现,需要统筹规划。人生不仅在于长度,我活到了多少岁?人生更在于宽度,实现了自己一生想要看到、得到、了解的夙愿——我做成了这件事,这一辈子值了!这个百年"梦想"需要自己擘画!

延伸阅读

孕育更加璀璨绚丽的养老产业新业态

伴随经济、社会的快速发展,伴随人们对美好生活的无限期盼和向往,一个拥有两亿、三亿,甚至是四亿老年人的大中国,既是巨大的需求市场,又是养老产业、养老业态催生、孕育、发展的巨大实验场、孵化场。"十四五"开局,积极应对人口老龄化国家战略实施,在党和政府的领导下,在所有养老人的辛勤努力下,再加上亿万老年人的积极参与下,定会孕育、催生更加绚丽多彩的养老新业态,展现大国养老的美好图景!扫描进入下方二维码,可分享更多阅读。

新时代创造新的美好养老生活

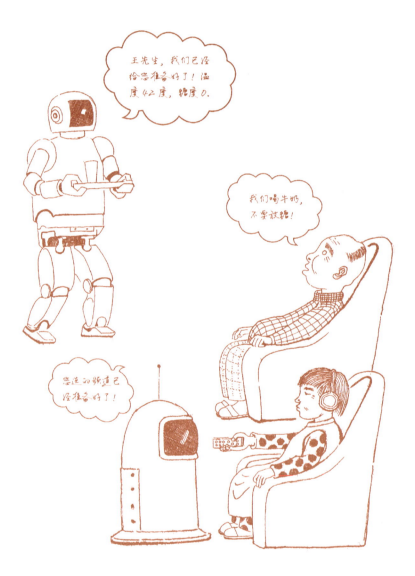

第八章

养老政策法规新趋势

适应未来经济社会发展的养老制度安排，是应对人口老龄化和养老可持续发展的重要保障。

养老法规制度建设是根本

现阶段我国人口老龄化趋势不断加深。第七次人口普查数据显示，2020 年我国 60 岁以上人口占总人口的比重高达 18.7%；同时我国的快速老龄化还与社会转型加速期相叠加。在这样社会转型与人口变迁的宏观背景下，建立健全我国的养老政策法规体系是实施积极应对人口老龄化国家战略的必然选择。迄今，我国养老政策法规体系建设已经取得了显著性的进步，尤其是在顶层制度设计方面，但是依然存在着亟待解决的现实性问题。本章内容将重点带领读者回顾党的十八大以来，我国在养老政策法规体系建设方面所取得的主要成就以及面临的一些突出挑战。同时在介绍国外养老政策相关经验的基础上，结合中国国情提出应对挑战的思路与方法，以及下一步我国完善养老政策法规的主要思路及路径选择。

第一节　我国养老政策法规体系建设的新进展及其挑战

党的十八大以来，为了适应人口老龄化加速发展的新常态，面对艰巨繁重的各项改革发展事业，以习近平同志为核心的党中央立足我国人口老龄化的新国情，适时推出了一系列加快老龄事业与养老服务体系建设的重大举措，各项老龄工作取得了长足发展。

一、养老政策法规体系建设的新进展

实施积极应对人口老龄化是一项系统性工程，需要从顶层设计上进行全局性、系统性、前瞻性的制度安排。习近平总书记明确提出坚持党委领导、政府主导、社会参与、全民行动相结合，坚持应对人口老龄化和促进经济社会发展相结合，坚持满足老年人需求和和解决老龄化问题相结合的老龄工作总方针，将"以人民为中心"和老龄工作"五个着力点"作为贯穿积极应对人口老龄化、老龄工作和老龄事业的主线。

2013 年，党的十八届三中全会发布了《中共中央关于全面深化改革若干重大问题的决定》，明确提出"积极应对人口老龄化，加快建立社会养老服务体系和发展老年服务业"，这表明积极应对人口老龄化已经成为国家的一项基础性、全局性和长期性的发展战略。2013 年 9 月，《国务院关于加快发展养老服务业的若干意见》进一步提出全面建成以居家为基础、社区为依托、机构为支撑的养老服务体系，并对我国养老服务业的发展做出了全面布局。从 2016 年 10 月发布的《"健康中国 2030"规划纲要》到同年"十三五"规划纲要将"积极应对人口老龄化"独立成章，从 2017 年 3 月发布的《"十三五"国家老龄事业发展和养老体系建设规划》确立"四梁八柱"的目标任务，到 2019 年中共中央、国务院印发了《国家积极应对人口老龄化中长期规划》给出了具体的应对措施。党的十九届五中全会更进一步将积极应对人口老龄化上升为国家战略。2021 年 3 月发布的"十四五"规划将积极应对人口老龄化国家战略做出了更具体的目标规划。2021 年 7 月，中共中央、国务院发布《关于优化生育政策促进人口长期均衡发展的决定》，将"一老一小"作为重点，明确提出建立健全人口服务体系、促进人口长期均衡发展。由此可见，我国老龄事业和养老体系的顶层设计框架已经初步构建。

在顶层设计的引导下，我国涉老法律不断完善。我国于 1996 年颁布并施行《中华人民共和国老年权益保障法》，伴随我国老龄化趋势加剧及经济社会的快速发展，该专门法律在 2009 年和 2013 年进行两次修订。地方层面也在社会养老服务体系建设、尊老孝老敬老爱老等方面出台了具有地方特色的政策规定。经过多年来的积淀和发展，我国基本上形成了包括法律、行政法规、地方法规、部门规章在内的老年人权益保障法律法规体系。

与此同时，老龄公共政策也在不断出台。在促进养老服务产业发展方面，2013 年 9 月国务院发布《关于加快发展养老服务业的若干意见》，提出到 2020 年要全面建成功能完善、规模适度、覆盖城乡的养老服务体系。以该文件为指导，各部委先后出台减免养老和医疗机构收费标准、吸收社会资本、拓宽融资渠道、机构设施审批标准等一系列通知或意见。2017 年初，民政部等 13 部门联合印发《关于加快推进养老服务放管服改革的通知》，在社会领域推进养老服务业简政放权、放管结合、优化服务改革。2019 年 4 月发布的《国务院办公厅关于推进养老服务发展的意见》进一步提出目标，确保到 2022 年在保障人人享有基本养老服务的基础上，有效满足老年人多样化、多层次养老服务需求。为了应对"十四五"时期即将到来的我国人口老龄化所引发的挑战，2021 年颁布的《中华人民共和国国民经济和社会发展第十四个五年规划和 2035 年远景目标纲要》进一步提出"制定人口长期发展战略，优化生育政策"，以"一老一小"为重点完善人口服务体系，促进人口长期均衡发展。

二、养老政策法规体系建设的主要效果

毋庸置疑，在养老服务保障体系建设顶层设计初显的当下，我国在应

对人口老龄化的思路理念上已经作出了重大的调整和改变，从借鉴国际社会"积极应对老龄化"的实践经验，到创新我国应对人口老龄化的理念。我国应对人口老龄化的理念已变被动式适应为积极性应对，鼓励全社会成员保持身心健康，为未来老年期作好充足准备，积极面对晚年生活。此外，党和政府积极应对农村人口老龄化，对农村养老服务的扶持力度也在不断加强，相关政策效果初步显现。在养老保险体系领域，养老保险的覆盖范围不断扩大，基本实现了基本社会养老保险的城乡居民统筹，进一步夯实老年人养老的物质基础。在老年人社会保障体系建设方面，党和国家推动建立老年人服务补贴和护理补贴制度，不断提高老年人的生活保障水平。目前，广覆盖、可持续的老年人社会保障体系已经初步形成。

党的十八大以来，各地在医养结合、长期照护保险和智慧养老等方面进行了诸多具有创新性的尝试，我国地方性老龄工作实践探索初显成效。例如，被列为国家级医养结合试点城市之一的深圳市已经基本形成了以"居家养老＋家庭病床""社区日间照料中心＋社区健康服务中心""养老机构＋专科医院（老年病科室）"的医养护一体化养老服务体系，为医养结合养老模式的全国推广提供了可借鉴、可复制与可推广的经验。在长期护理保险方面，人社部长期护理保险制度的 15 个试点地区也取得了预期的成效，为下一步更广范围的推广长期护理保险制度提供了必要的借鉴和参考。此外，在长期护理保险方面，人社部长期护理保险制度的 15 个试点地区也取得了预期成效。2020 年新增 14 个试点城市，为下一步推广长期护理保险制度提供了经验。随着人工智能、物联网、云计算以及大数据的发展，智慧养老已然成为养老行业新的发展方向。工信部、民政部和国家卫健委三部门发布《智慧健康养老产业发展行动计划（2017—2020）》，并在 2017 年 11 月公示智慧健康养老应用试点（示范企业、示范街道（乡镇）和示范基地）的名单。一大批优秀的基层智慧养老典型涌现："汇医通"健康服务平台、上海海阳集团的"96890"一站式为老服务平台、"烛光妈妈"居家养老服务平台等，这些高效便捷的智慧养老服务方式受到老年人的赞许。智慧健康养老已经成为地方实践的一个重要方向，同时也逐渐发展为地方老龄产业的一个新兴增长点。

三、养老政策法规体系建设的主要挑战

尽管近年来我国养老政策法规体系建设取得了明显的成效，但是当下养老政策法规体系建设还面临着一些突出挑战，其中主要包括：

（一）养老法规公平性亟待提升

提升养老法规的公平性一直是涉老政策制定所面临的一个普遍性难题。由于我国不同区域之间的经济差别，养老保障水平差距较大。以各省份基础养老金待遇水平差异为例，根据 2017 年的数据，基础养老金较高的如上海、北京，分别有 850 元 / 月，610 元 / 月，像贵州、安徽、湖北则只有 70 元 / 月。城乡之间存在的养老保障水平差距也比较大。我国在社会福利领域形成的城乡二元格局致使城市养老服务保障水平长期高于农村。新中国成立之初，城市居民享有保障水平较高的"单位制福利"。农村几乎没有享受到任何社会福利保障，农村居民的养老完全需要依靠家庭。无人赡养的老人与被列为"五保户"的极端贫困的老人则由村集体负责保障其基本生活。改革开放之后，相比于城市，农村社会化养老服务起步相对比较晚，当前发展周期相对较短。目前，在对城乡二元格局存在路径依赖的情况下，也出于对经济发展的考虑，政府的公共财政投入大部分会优先偏向城市，对于农村养老服务投入明显不足。这也在客观上拉大了城乡之间养老服务水平的差距。

（二）农村养老政策法规相对滞后

党的十八大以来，党和政府实施了一系列的农村养老政策和措施，但却依旧不足以填补庞大的农村养老服务需求，尤其是我国人口老龄化的一个突出特征是城乡人口老龄化倒置，即农村老龄化速度明显快于城市。依照各国发展农村养老服务体系的实际经验来看，农村养老顶层制度设计欠缺一部独立的法律来对农村养老进行统一的规划。一部独立的设计农村养老的法律可以保证农村养老服务在实际操作中有法可依、有章可循。目前来看，我国在社会保障领域的实践领先于法律规定，各地在没有统一条款规定的情况下对农村养老已经有了不同模式的尝试，这说明农村养老的法制建设还有很大的提升空间。

（三）养老服务标准化和规范化建设亟待加强

在养老服务引入社会资本，市场准入门槛低降低，加强市场监管，推进养老服务标准化和规范化建设是十分必要的。2017年，国家质检总局、国家标准委发布了《养老机构服务质量基本规范》，并着手开始实施。同年，民政部等六部门印发《关于开展养老服务质量建设专项行动的通知》，正式开启了为期4年的养老服务质量建设专项行动。在2017年养老机构服务质量大检查专项行动的大力推动下，极大地促进了养老机构服务质量标准和评价体系的建设。但是，对于自理型、助养型和养护型的这些不同养老机构来说，其服务对象和服务内容有很大的差异，仅仅依照2017年的基本规范和2020年发布的《养老机构服务安全基本规范》是远远不够的，多样化的养老服务机构需要更多具有可操作性的监管政策和监管标准的出台。

（四）顶层设计与基层落实存在着一定偏差

纵观党的十八大以来的养老服务政策体系建设以及具体政策的实施

过程，可以发现在一定程度上存在着重顶层设计轻基层落实的现象，这影响了政策的实施效果，使顶层设计与基层落实之间存在着一定的偏差。现阶段，我们国家的养老政策法规体系已经初具雏形，但是如果在政策执行这个环节上出现问题，则会损害现有政策的权威性，降低现有政策的有效性。为此，必须确保政策在基层的执行过程中不走形、不变样。首先需要做的是梳理现有政策，为基层实践明确指引方向。目前，我国出台的有关于养老的政策法规纷繁复杂，从中央到地方都出台了一系列政策。必须将现有的养老政策法规体系化、明确化，否则在基层实践过程中往往会出现政策太多，无从着手的情况。其次应该明确政策实施的具体负责人，以责任清单的形式将政策内容具体化，内容分工与职责划分应该明确到具体的政府部门，同时进行重点督促，确保每一项政策都有明确负责的单位以及确定的目标完成时间。

第二节　国外养老政策法规体系建设经验对我国的启示

一、国外养老政策法规体系建设经验

（一）美国

美国自从 20 世纪 40 年代开始就进入人口老龄化社会，美国老龄化时间较长，到目前为止已经有 80 年左右的历史，在应对老龄化方面积累了丰富的成功经验。

1.建立非正式组织

美国政府建立了治理人口老龄化的相关机构，并颁布了一些法律如

《美国老年人法》等保障老年人权益。而更为突出的是美国政府注重社会组织的力量，在解决人口老龄化的问题上积极发展非正式组织。这些非正式组织协助政府共同应对人口老龄化，并取得较为显著的效果。美国拥有目前世界最大的非营利性质的老年照顾机构，名为"居家养老院"。该机构在美国全国范围内覆盖5000多个社区，拥有美国为数最多的义工队伍，每天都有80万至120万名义工为居家老人提供膳食和护理等服务。此外，美国非正式养老服务组织探索出丰富的养老服务模式。例如会员模式，该模式要求老年人缴纳一定的会员费。老年人可以享受到由志愿者提供的包括交通、购物、房屋维修等在内的一系列服务。再如合作居住模式，这种模式在保证私人住宅的基础上，让老人共享公共设备，包括公共健身房、图书馆等。这种共享模式既方便了老年人的生活，同时有利于老年人之间增进互动。美国的非正式组织为解决美国人口老龄化问题作出巨大贡献。

2. 重视养老金投入

美国一直以来强调个人的独立性和自主性，个人的权力被视作是神圣的。美国政府制定的《美国老年法》强调老人和其他公民是一样的，享有自由，享有独立生活的权利，子女成年之后，父母一般不依靠子女赡养，独立生活。因此，美国人在年轻时热衷于将自己的经济收入投入到养老金中。美国的养老金体系通常由三大支柱组成：第一支柱是政府强制执行的社会保障计划，覆盖全国96%的就业人口，为其提供基本的退休生活保障。第二支柱是由政府或者雇主出资，带有福利色彩的养老金计划，其中联邦政府为约300万文职人员和约300万军职人员提供各类养老金计划；大约七成的企业和非营利组织雇主给雇员提供各类养老金计划；各州地方政府和联邦政府为自己的政府雇员提供养老金计划。第三支柱是个人自行管理的养老金账户，它是由个人自愿参与、联邦政府提供税收优惠而发起的补充养老金计划。企业雇主养老金计划和以个人退休账户为主要代表的第三支柱，一般被统称为私人养老金体系。经过长期的积累和发展，目前美国已经建立由公共养老金体系和私人养老金体系组成的相对完备的养老保障体系，并且美国积极推动养老金入市。其资产中近60%的比例最终投向金融市场，投资渠道为股票基金、公司股票和平衡基金中的股票资产。其资金大量投入股市，不但成为美国长期牛市的重要推手，其自身的资产规模也大幅增长，也有效减轻了公共养老负担。

3 建设多元化养老模式

目前美国主流的养老模式主要有居家养老、社区养老和机构养老。美国通过政府、市场、社会共同参与的模式，打造多元化的养老模式，并为不同需求的老年人提供多元化的服务。居家养老是将居家和社会服务结合起来，老人住在家中，由社区和社会组织来提供养老服务。相比于家庭养老，居家养老服务的提供主体是依托社区而建立的社会化养老服务体系，而家庭养老服务的提供者主要是家庭成员。美国居家养老主要分为生活自理服务、生活协助服务、特殊护理服务等。这些服务针对不同需求的老年人，一定程度上满足了老年人多样化的养老服务需求。除居家养老外，受基督文化和移民文化的影响，美国老年人也青睐于在大型集中养老社区中"抱团取暖"。在大型养老社区中，老年人可以建立独立于子女的生活圈，更多的和同龄群体之间互动。因此，社区养老服务模式在美国老年人群体中非常受欢迎。根据老年人的健康程度，养老社区可以分为活跃及独立生活社区、协助生活社区、特殊护理社区及持续护理社区。养老社区有面向富裕阶层的高端养老社区，也有面向平民阶层的大众养老社区。老人可根据自身身体状况和经济能力选择不同档次的服务。而在机构养老服务方面，美国养老服务机构包含老年公寓、养老院、护理院等多种类型。养老公寓以公租、廉租为主，面向低

收入的老年人群体，老年公寓为老年人提供餐饮、图书阅览、健身及各项文娱活动等服务。专业养老院、疗养院则面向因重大手术或失能失智等而生活不能自理的老人，院内设有专业护理设施，配备医生和护理人员，为老人提供生活照顾、医疗诊治、康复治疗和健康监管等服务。

（二）日本

早在 20 世纪 70 年代，日本就进入老龄社会，目前日本的人口老龄化程度位于世界前列，并且叠加低生育率等不利因素。日本养老负担巨大，但是日本政府独辟蹊径，在养老政策法规方面有其独特的做法，也在一定程度上缓解了养老压力。

1. 发展机构养老

日本历来非常重视家庭养老的功能，但是日本社会低生育率，少子化趋势不可阻挡。为此，日本政府积极推动机构养老以补充家庭养老的不足。日本机构养老种类繁多，在日本，养老院基本分为公立和私立两大类。公共设施一般由行政部门运营，主要包括特别养护院、护理保健院、护理医疗院、护理院、养护院这五种类型。私人设施的运营主体为社会福祉法人、医疗法人、公益法人、营利法人和其他法人等。私人设施则包括护理疗养院、住宅式养老院、健康养老院、老年人服务性住房、社区介护养老院、老年人公寓。公办机构在国家补贴的基础上建立，与私营机构相比，收费更低，而民办机构提供的服务范围更广泛。日本养老机构类型众多，各类养老机构产品均已发展成熟，能够满足不同老年人的养老服务需求，有效缓解了家庭养老的巨大压力。

2. 建立介护保险制度

如前所述，日本在 1970 年就进入老龄化社会。为减轻老年人的医疗负担，20 世纪 70 年代开始，日本 60 岁以上老年人住院完全免费，但不属于低收入群体的老年人在养老机构的被照护的费用却需要自理，由此造成大量老年人长期住院不出，形成了所谓"社会性住院"。这种状况造成医疗费剧增，使医疗保险濒于崩溃。20 世纪 90 年代中后期，老龄化日趋加剧，失能老人日益增多，一方面财政已不堪重负，另一方面因"社会性住院"造成的医保支付危机也未得到缓解。针对此种情况，日本政府设立了专门机构研究应对措施，借鉴欧洲德国、荷兰等国家的经验，开创介护保险制度。《介护保险法》2000 年 4 月正式实施，2005 年修订。介护保险对象主要为 65 岁老年人，40 岁以上国民必须缴纳介护保险金。按规定，享受介护保险服务必须等到 65 岁以后。对于参加介护保险但不满 65 岁的老年人，如患有早期痴呆、脑血管疾患等 15 种疾病并被鉴定为需要接受介护服务时，即使未满 65 岁也可享受介护服务。介护保险的缴纳额度根据每个人的收入情况来进行确定。需要介护服务的人可向政府部门申请，相关部门和专业医生会根据调查认定制度，为其确定需要介护服务的等级。介护等级从最低的"需要援助"（能够独立如厕、进食）到最高的"需要介护"（卧床不起），一共被分为 7 个等级。并且在介护服务实施半年后，要对被保险者的健康状况与精神状况进行重新审查、认定，然后确定被保险人的介护等级，按等级需要实施介护，以避免不必要的社会资源的浪费。

3. 推动老年人就业

2018 年底，日本高龄就业人数达到 862 万人，老年人就业人数连续 15 年增加，高龄者就业人数占到总就业人数的 12.9%，占到老年人口的 24.3%，日本高龄者就业率居世界第二位。1986 年，日本《中老年人就业促进法》更名为《老年人雇佣安定法》，为老年人就业提供政策支持，规定企业有义务尽量雇佣劳动者至 60 岁。2004 年修改《老年人雇佣安定法》，规定用人单位必须确保对 65 岁以下老年人的雇佣。

2013 年再次修订，要求企业履行雇佣老年人的义务，鼓励和促进企业延长退休年龄，废除其对招聘年龄的限制，特别是对年满 60 岁且有工作意愿的老年人应保障其工作到 65 岁，如果 65 岁及以上老年人继续工作或离开原单位另找工作时，可以继续加入雇佣保险。日本政府大力推动老年人就业，先后出台一系列法规保障老年人就业权益，为老年人就业创造良好环境。此外，日本政府还积极开展老年人就业培训，积极开发老年人力资源，不断增强老年人自我养老能力。

（三）新加坡

新加坡在 1965 年成为一个独立的国家，之后社会经济迅速腾飞跻身亚洲前列。2000 年新加坡进入老年型社会，并且是世界上人口老龄化速度最快的国家之一。

1. 转变老龄观念

新加坡继承了东亚传统家庭文化理念，提倡子女的"孝道"，注重发挥家庭的养老功能，于 1995 年底通过了《赡养父母法》，以法律形式规定子女对父母的赡养责任。而面对快速的人口老龄化，新加坡提出"成功老龄化（Successful Aging）"的理念，把传统的"老龄"概念转换为"乐龄"，意为"到了快乐的年龄"，号召社会全体成员尊老、敬老、爱老，以更加乐观的态度对待老龄化。新加坡鼓励"乐龄人士"老有所为，通过就业与社会保持互动，以保持良好的心态和体魄。新加坡政府于 2012 年颁布《退休与重新雇佣法令》规定，凡年满法定退休年龄，身体健康且工作表现良好的员工，将有权获得雇主的重新雇佣直到 65 岁。2017 年通过的修正法案将重新雇佣的年龄上限推迟至 67 岁。同时，政府会为老年人提供就业培训，鼓励其回归职场与社会，丰富"乐龄人士"的退休生活。

2. 推动社区养老

为了鼓励子女主动照料父母，新加坡对赡养老人的家庭给予一定政策性补贴和支持。社区是家庭养老的重要支撑平台，新加坡的社区以选区为基础，其社区养老主张自给自足、互惠互助，始终坚持以家庭为中心的原则。社区建筑设施充分考虑老年人群体需求和活动特征，如果家庭购房与老人共同居住或者购买靠近老人的住所，经有关部门审核批准后可给予购房政策优惠，甚至减免探望父母的停车费用。社区对老弱病残群体提供社会福利服务，并给予基本的生活帮助。在这样的背景下，新加坡产生了垂直农场老年公寓的概念，垂直农场可以为老人提供工作轻松的就业岗位，社区招聘有能力的老人成为医生、护士或助老员，充分发挥老年人的剩余价值。此外，"三合一家庭中心"也是新加坡"乐龄"思想和社区养老"以家庭为中心"原则的体现，它巧妙地把托老所和托儿所合二为一，鼓励可以自理的日托老人在白天照看幼龄儿童，既帮助年轻一代缓解抚育压力，同时丰富老年人的晚年生活。新加坡面对老龄化的乐观心态和社区养老遵循家庭传统的原则，对我们具有重要借鉴意义。

3. 推出中央公积金制度

新加坡的养老制度主要依靠其中央公积金制度来实现，这是其社会保障模式最富有特色之处，政府建立公积金的主要目的之一是为了强制居民为养老而进行储蓄，这部分养老储蓄只有在退休时方能使用。新加坡中央公积金的强制性储蓄是由雇主和雇员按法定比例共同交纳。政府目前的规定是，55岁以下雇员的公积金上缴率是雇员工资的40%，雇主和雇员各一半。新加坡养老保险制度上缴的公积金按比例分别存入普通账户、医疗账户和特别账户。其中，普通账户可在退休以后动用，特别账户平时不得动用，只有在户主年老或者出现紧急情况时才能使用。新加坡养老保障的公积金实质上是一种完全的积累制模式，工薪阶层的

养老金问题基本上由个人和社会力量解决，从而减少了个人养老对政府财政的依赖。这种模式既可以提升员工工作效率，实现工作积累的正向循环，又增加整个社会的财富积累。

（四）韩国

韩国自 2000 年以来进入老龄化社会，2018 年韩国 65 岁及以上人口为 738.1 万，占总人口的 14.3%，短短 18 年韩国社会已迅速转为深度老龄化社会；此外，总和生育率已经低于 1。

1. 构建多重养老保障

韩国在 20 世纪 60—80 年代一直奉行"增长第一，福利第二"的发展原则，直到 80 年代末期政府才开始重视公共养老保障体系的建设工作。经过多年努力，韩国初步形成了以第一支柱为主体、第二和第三支柱共同发展的多支柱养老金体系。第一支柱是公共养老社会保障制度，包括国民养老金计划和特殊职业养老金。第二支柱则为退休养老金计划。第三支柱是个人养老金。

2. 推动社区养老

韩国仍然奉行以家庭养老为主的理念，同时养老观念正在逐渐转变，养老机构开始被大家所接受，持续照料养老社区陆续出现。21 世纪起，韩国逐步设立日间护理中心、短期护理中心、家庭护理人员派遣中心等机构，提供各种服务以满足居家养老需求，基层社区服务中心也会为老年人提供简单的服务，这些机构的设立共同推进养老服务事业的发展。

二、国外经验对中国的借鉴与启示

一是推动多元养老服务体系建设。借鉴国外养老政策法规体系相关经验和教训，除了传统家庭养老之外，许多国家都在积极推动多样化养老服务以缓解家庭养老的压力。日本大力发展机构养老，经过多年的发展，机构养老模式日趋完善，尤其是社区嵌入型养老机构受到了民众的青睐，不仅有效缓解了家庭养老的压力，而且满足了老年人多样化的现实需求。美国、新加坡、韩国同样积极推动社区养老发展，不仅加强了老年人之间的交流互动，而且为老年人提供了更加专业的照护和医疗服务，显著提升了老年人养老幸福感。这些养老服务模式都为家庭养老做了很好的补充，既减少了子女的养老负担，又满足了老年人养老服务的多样化需求。我国目前社区养老、机构养老还有很大发展空间。面对加速的人口老龄化新态势，党和政府应未雨绸缪，积极推动多样化养老服务体系建设，切实增强老年人的幸福感、获得感和安全感。

二是转变对老年人观念探索老年就业。美国政府制定的《美国老年法》强调老人和其他公民是一样的，享有自由和享有独立生活的权利。老年人是充满价值，充满活力智慧的。新加坡则鼓励"乐龄人士"老有所为，通过就业与社会保持互动，以保持良好的心态和体魄，并颁布相关发法律，开展老年人职业培训，积极推动老年人就业。日本老年人就业则一直位居世界前列。日本政府出台一系列法律法规为老年人就业创造良好环境，不断增强老年人自我养老能力。对比这些国家相关经验，我国应破除对老年人年龄歧视和就业歧视，充分认识到老年人的价值。积极探索老年就业渠道，开展老年人就业培训，扩宽老年人的经济收入，从而提升老年人的经济能力。

三是正确处理政策和法律的关系。当前，我国只有一部专门的涉老法律——《中华人民共和国老年人权益保障法》，其他均以国务院及相关部委颁布的大量行政法规、部门规章等为主，诸如《养老机构设立许可办法》《养老机构管理办法》。另外，各级政府根据国家层面的相关文

件指示精神，出台了相关地方性法规、规章等，如《北京市居家养老服务条例》。然而，在各地实践中，许多政策文件并不具备法律的权威性，容易出现落实不到位的情况。对比日本为优化老年人就业环境而出台一系列法律法规，在养老压力日益加大的中国，应该正确处理好政策和法律的关系，保持法律和政策的一致性。此外，要结合实际情况逐步推出一些与养老相关的法律切实保障老年人的合法权益。

四是明确国家和地方政府的责任。在国外养老政策法规中，法律中一般会明确国家和地方政府的义务。以日本为例。1963 年，日本颁布了《老年人福利法》，该法律是世界上第一部专门针对保障老年人权益而制定的法律。该法律明确地规定了国家和地方政府的责任，这不仅调动了地方政府的积极性，而且对其他起到了监督作用，同时政策执行效果也显著加强。下一步，我国相关养老政策法规出台也应明确各方责任，切实保障养老政策落实到位。

五是加强养老法治宣传力度。当下老年人合法权益受到侵害的事情时有发生。一方面需要加强社会道德教育，大力宣传中华民族尊老爱幼的传统美德；另一方面要增强老年人的自我保护意识。我国养老政策出台时间相对较短，需要在全社会进一步加强养老法治宣传力度，进一步提升老年人自我保护意识，增强其对相关法律和规章制度的了解。

六是合理制定政策并加强监督。养老政策法规对养老服务事业的发展具有重大引领作用。政府应该合理制定养老政策和法规。每个国家的政策法规都是根据本国实际情况进行制定。我国幅员辽阔，不同地区经济发展水平，老龄化程度有很大差异。因此，我国在制定养老政策的时候需要充分调研，把握不同地区的不同发展特点和老龄情况，因地制宜制定养老政策法规。同时加强对于政策法规执行的监督力度，建立养老服务质量评估体系，使养老政策真正落到实处，确保养老服务质量，使群众得到真正的实惠。

第三节　未来养老政策法规体系建设
的思路、原则与重点

一、主要思路

一是变应急补缺为超前规划。我国的人口老龄化与工业化、城市化以及市场化进程相伴相随，与城乡差距、区域差距拉大相互叠加，与社会结构转型彼此交织。因而，人口老龄化对社会经济发展的影响势必将是复杂的、全面的和长期的。同时，我国人口老龄化具有规模大、发展速度快、区域不平衡、城乡倒置以及未富先老等鲜明特征，这使得人口老龄化带来的诸多问题将在短期内集中爆发，留给我国的应对时间十分紧迫，也要求我国在积极应对人口老龄化的思路上必须做出调整和改变，变应急性突击为整体性规划，在应对人口老龄化顶层设计上作超前应对。

二是变被动式适应为积极性应对。近年来，我国经济增长速度放缓、劳动力短缺、老龄化压力骤增，严峻的人口形势和经济发展状况表明我国亟需改变应对人口老龄化的思维定式，借鉴国际社会"积极应对老龄化"的实践经验，创新我国应对人口老龄化的理念，变被动式适应为积极性应对，充分利用人口老龄化带来的机遇，积极发展老龄产业，鼓励社会成员保持身心健康，为老年期做好充足准备，积极面对晚年生活。此外，党中央和国务院高度重视积极应对人口老龄化，未雨绸缪为可能出现的风险与挑战作准备，将人口老龄化视为促进经济社会发展的契机。

三是变一体化推进为分类指导、因地制宜。我国区域之间与城乡之间

的老龄化水平、养老观念、老年服务质量和服务体系建设等方面都表现出明显差异和不平衡。这是我国人口老龄化进程中长期存在的问题。因而，我国的顶层设计不应搞一刀切政策，不应模糊先后顺序，必须因地制宜，结合实际，突出重点，关注地区不平衡和城乡差异，综合考量社会经济发展水平、人口老龄化发展趋势以及养老资源配置现状，结合具体的实践经验，分类别、多层次、有针对性地制定人口老龄化的应对策略。

二、主要原则

一要做好顶层设计。随着我国生育率水平不断下降和平均寿命不断延长，人口老龄化已成为我国现代社会的一种新常态，也应是作为党和政府想问题、作决策、办事情必须始终把握的新国情，理应上升到基本国策层面，采取纲领性战略予以应对。而且我国正处于经济体制转轨、社会结构转型、文化观念变革、利益格局调整的关键时期，人口老龄化的加深加快，对我国深化改革提出了更为严峻且持续的挑战，也对顶层设计提出了更高的要求，这要求党中央、国务院高度重视人口老龄化问题，适时对老龄政策进行调整与完善，进一步推进中国老龄工作和老龄事业的高质量发展。

二要推进全局统筹。人口老龄化是一个横跨多领域，涉及多层面、多主体的公共性问题，对老龄社会保障体系、老龄服务体系和老龄社会管理体系提出了更高的要求。未来应该用综合性和全局性的理念发展完善人口老龄化政策体系和社会支持体系，构建应对人口老龄化的顶层设计和战略规划，站在中国特色社会主义事业的全局性高度进行总体设计，建立统筹性的养老政策体系。

三要坚持积极应对。人口老龄化是人类社会发展的大趋势，它源于历史并导向未来，应当清醒地认识到，未来我国将经历规模更大、速度更快的人口老龄化。当前，我国在医疗卫生、社会保障、长期照护等方面体制机制尚不完善，现有采取的强化社保筹资、大幅提升退休金、调整生育政策以及延迟退休年龄等做法对于延缓老龄化进程来说杯水车薪。这要求我们在应对老龄化问题时，要摒弃短期性和应急性思路，秉持长效原则，坚持积极应对，做好打持久战的心理准备。

四要注重科学规划。人口老龄化是一个综合性问题，老年人口的持续增多，比例逐渐增大势必会在一定程度上不仅冲击我国的社会养老保障体系，同时更重要的是可能引发经济、社会、文化等方面的社会问题。如果不能科学应对，很有可能会对我国经济社会发展和社会主义现代化建设构成潜在威胁。这就要求我们在应对人口老龄化问题时，不仅要立足当下，做好短期规划，满足老年群体的养老需要，更要根据人口老龄化的变化规律和不同发展阶段的鲜明特点，提早筹划未来，制定中长期的、前瞻性的战略，为即将到来的更为严峻的老龄化社会做好充足准备。

三、重点领域

一要完善农村养老政策法规建设。当前，农村养老相关的政策法规呈现出碎片化的特征，与城市相比，农村养老政策法规相对滞后。针对养老服务水平存在的区域差距和城乡差距，下一步养老政策法规体系应从公平视角着眼，注重农村养老服务体系的创新和完善，缩小城乡二元养老体制之间的差距。未来应站在战略层面统筹农村养老政策法规建设，尽早出台独立的农村养老相关法律法规，在加强农村老龄社会制度建设、完善农村养老服务体系、开发农村老年人力资源、重视农村养老机构建设等方面进行统一规划，重点提高农村养老服务供给能力和质

量，进一步完善农村养老相关的政策法规建设。

二要注重养老法规的公平性建设。我国幅员辽阔，人口众多，其内部具有高度的复杂性，不同区域、不同省份之间存在着地理条件、民俗文化、经济发展水平等诸多差异。在这样一个复杂而庞大的系统内部来对养老服务制度来进行顶层设计，不仅要考虑到适用性，也要考虑到泛用性。未来应注重养老法规的公平性建设，缩小地区之间的养老保障水平差距，特别加大对于农村养老服务的公共财政投入，重视养老制度的公平性建设，防止结构性矛盾和社会不公。

三要加强养老服务标准化和规范化建设。行业标准和市场规范是提升养老服务水平的重要基石，是更好地提供为老服务、加强行业管理的准则和依据。未来应加快完善养老服务供给、管理等方面的标准建设，促进养老服务业标准化、规范化发展。一是要进一步完善包括养老服务基础通用标准、服务技能标准、服务机构管理标准、居家养老服务标准、社区养老服务标准、老年产品用品标准等在内的养老服务标准体系。二是要推进养老服务管理的标准化，通过制定和实施养老机构等级划分与评定、养老服务质量评估和等级评定等标准，统筹推进等级评定、合格评定和标准示范建设工作。三是要加强养老服务标准化研究，建立养老服务标准化研究团队，为养老服务业标准化工作提供人才保障。

四要缩小顶层设计与政策落实之间的偏差。为保证现有政策的权威性和有效性，要确保顶层设计和政策体系在基层的执行过程中不走形、不变样。目前，我国出台的有关于养老的政策法规纷繁复杂，从中央到地方都出台了一系列政策，必须将现有的养老政策法规体系化、明确化，避免在基层实践过程中出现政策太多，无从着手的情况。首先需要梳理现有政策，为基层实践明确指引方向。其次应该明确政策实施的具体负责人，以责任清单的形式将政策内容具体化，努力做到顶层设计与落地生根的统一。

第四节　未来养老法律法规体系建设的重点展望

一、尽早制定积极应对人口老龄化的中长期战略规划

人口老龄化牵动全局，关系国计民生，影响着民族兴衰和国家长治久安，必须从中长期的国家战略角度布局老龄化的顶层设计。考虑到未来中国人口老龄化问题的特殊性和严峻性，必须高度重视这一重大问题，坚持居今思远原则，将积极应对人口老龄化纳入人口发展战略的主体框架中，纳入国家社会的综合治理体系中，纳入国家安全制度体系中，与国家的其他发展战略协同推进。

一要完善养老保障体系。要针对贫困、疾病和失能等风险源，尽快补齐养老保障体系中的短板，强化养老、医疗等关键制度设置，为老年人提供日常生活照料和长期护理服务，同时关注各地区养老服务发展不均衡的现状，制定差异化的社会保障政策；要建立城乡居民养老金待遇动态调整机制，协调各类基本养老保险待遇水平，逐步缩小不同人群之间养老金待遇差距。

二要着力发展老龄服务体系。新时代国家必须致力于老龄服务事业和老龄服务产业的发展。为所有老年人提供健康干预、疾病治疗、长期照护和临终关怀等多类型、多层次的老龄服务，兼顾低龄健康老人、中龄能力衰退老人以及高龄和失能老人等不同老年群体多层次的需要，不断满足老年人不同的健康保健需求以及养老服务需求；要从增加公共投入、激发社会活力、提升社区功能等方面着手，建设好适应社会经济发展的社会养老服务体系，培养丰富的人力资源和建立更成熟的养老机制，缓解政府与日俱增的养老压力。

三要建设老年健康支持体系。在理念倡导上，大力提倡积极健康的老龄观念，开展老年健康教育，协助老年人实现健康有益的生活方式。在制度保障上，加快老年医疗保障制度立法步伐，以《老年人权益保障法》为主要依据，加快推进配套性、实施性政策法规的制定进程；在资源供给上，政府要在医疗卫生项目上加大对老年人口的资源投入，提升老年医疗设施，为健康老龄化目标的实现提供必要的人力、物力、财力支持；在制度准备上，进一步完善基本医疗保险制度，建构多类型的医疗保障制度和医养结合政策体系，多举共谋健康老龄化。

二、全面构建基于全生命周期的政策体系和社会环境

近年来，我国人口老龄化形势日趋严峻，城镇化进程不断加快，现有的公共基础设施已无法满足老龄社会的需要。全面构建应对人口老龄化的政策体系，打造适老社会环境，应牢固树立全生命周期概念，把为老年期做好充足准备作为贯穿全生命周期的长期性议题，将积极应对人口老龄化作为横跨各个领域、关涉各类人群利益的普遍性议题，列入国家顶层制度设计。

一要基于全生命周期着力打造老年宜居环境。在老龄宜居环境硬件体系改造和建设过程中，充分考虑到老年人的实际需求，将老年宜居作为城市总体规划设计的重要组成部分，进一步推进"老年友好城市"和"老年宜居社区"的试点工作。从细节上来说，在增设无障碍设施、适老功能家具和适老辅具等方面打造适老环境，摒弃"老年宜居"的狭隘思维，站位高远，做好预留，最大限度地减少适老化改造成本；要以"年龄友好"为基本原则，从所有人的生活生产需求角度出发，增进全民福祉，增进社会和谐；要解决好适老社会环境改造费用的筹资问题，

推动老龄事业全面协调可持续发展。

二要要基于全生命周期繁荣养老服务产业。要充分开展老龄宜居环境建设和老龄宜居产业专题调查研究，举办产业论坛，听取专家意见，为国家以及相关部门应对老龄问题、制定科学决策奠定坚实基础；要加大力度宣传适老环境改善对于老龄群体的重要意义，提升适老产业相关产品和服务的社会认知度和认可度，带动整个产业、繁荣发展；要注重引进并学习国外先进的照护技术，提高工作效率，大力培养高水平、专业化的服务人才，从根本上改变当前适老环境改造行业人才匮乏的现状。

三、进一步普及加强全民老龄化的基本国情教育

当前，中国已进入人口老龄化的快速发展期，人口数量问题和结构问题并存的严峻现状，凸显了加强老龄化国情宣传教育的重要意义。这项任务不仅是积极应对人口老龄化战略全面实施的关键一环，还是老龄事业健康快速发展的有力依托，更是经济社会长期繁荣稳定的重要基础。有鉴于普及和加强全民老龄化新国情教育的重要性，我国应从以下三方面落实好这项工作。

一要广泛开展人口老龄化形势教育，激发老年人社会参与意识。要组织开展以"积极应对人口老龄化"为主题，以人口老龄化新形势为主要内容的国情教育活动，宣传现阶段我国人口老龄化的严峻性和积极应对人口老龄化的重要意义，强化积极应对人口老龄化的思想观念，激发老年人乃至全体社会成员的参与意识，鼓励他们为应对人口老龄化建言献策；要启发各级党政机关干部科学把握人口老龄化客观规律，提高理论素养和决策水平，重塑老龄社会的政府行为。

二要积极开展老龄政策法规教育，保障老年人合法权益。要重点宣

传习近平总书记关于加强老龄工作的重要指示和重要讲话精神，营造良好的社会法制环境和政策环境；要加强老年群体法制宣传教育，维护老年人合法权益，帮助老年人进行法律维权；要开展老年法律法规和惠老政策贯彻落实情况专项检查督导工作，及时解决老年人政策落实过程中的实际问题，对侵害老年人口合法权益的行为予以严厉打击。

三要大力开展孝亲敬老文化教育，丰富老年人精神文化生活。中华民族尊老敬老的传统美德是社会主义核心价值观的应有之义，以尊老敬老引领社会风尚，改善为老服务环境，提升为老服务水平；要组织开展丰富多样、具有民族特色和时代特征的老年文化体育活动，满足老年群体的精神文化需求；开展志愿者与特殊老年群体的结对帮扶活动，让更多老年人享受到便利和实惠。

延伸阅读

当前我国养老政策法规也为养老产业的发展指明了发展方向，推动养老服务业不断发展壮大。不过，当前养老政策法规仍然存在诸如公平性不足、农村养老政策法规相对滞后、服务标准化规范化不足等诸多问题。借鉴国外养老政策法规体系建设经验，我国需要转变思路，在构建老龄友好的政策环境与社会环境方面积极开展工作。读者可扫描二维码获取更多延伸阅读内容。

养老法规制度更加适应美好养老需求

参考文献

刘松林：《浅谈我国古代的养老制度》，《文史杂志》1999 年第 6 期。

王文素、周剑南：《论古代政府对百姓提供的养老保障》，《财政史研究》2013 年第 6 期。

陈忠海：《古代养老保障杂说》，《中国发展观察》2018 年第 2 期。

王源源：《中国古代如何应对"养老课题"》，《人民周刊》2020 年第 23 期。

陈茉：《新中国 70 年养老制度的成就与发展》，《学习与探索》2019 年第 10 期。

舒奋：《从家庭养老到社会养老：新中国 70 年农村养老方式变迁》，《浙江社会科学》2019 年第 6 期。

李捷枚：《20 世纪 50 年代中国农村养老保障模式变革》，《华中师范大学学报（人文社会科学版）》2016 年第 2 期。

封进、赵发强：《新中国养老保险 70 年：经验、问题与展望》，《社会保障研究》2019 年第 6 期。

向运华、王晓慧：《新中国 70 年养老服务体系建设、评估与展望》，《广西财经学院学报》2019 年第 6 期。

马岚：《新中国 70 年来我国社会养老服务的本土化实践》，《兰州学刊》2019 年第 8 期。

刘鹏程：《让所有老年人都有幸福美满的晚年——新中国成立 70 年来养老事业改革发展巡礼》，《中国社会工作》2019 年 9 月。

朱海龙、欧阳盼：《中国人养老观念的转变与思考》，《湖南师范大学社会科学学报》2015 年第 1 期。

王深远、张福顺、罗晓辉、何亚楠、何力军：《让"60 后"新老年群体成为老龄社会建设的积极力量》，内部研究报告，2020 年 8 月。

刘磊：《"十四五"时期完善农村养老服务体系的挑战与任务》，《行政管理改革》2021 年第 5 期。

陈景亮：《中国机构养老服务发展历程》，《中国老年学杂志》2014 年第 13 期。

程佳颖：《公办、公建民营、民办养老机构的比较研究——以芜湖市为例》，安徽师范大学，硕士学位论文，2016 年。

桂世勋：《应对老龄化的养老服务政策需要理性思考》，《华东师范大学学报（哲学社会科学版）》2017 年第 4 期。

黄越崎：《民办机构养老模式治理绩效研究》，江西财经大学，中国优秀硕士学位论文全文数据库，2017 年。

韩钟昱：《养老院公建民营模式研究》，东北大学，中国优秀硕士学位论文全文数据库，2013 年。

刘厉兵：《如何更好地发挥养老机构"补充"作用——以广西南宁"太和自在城"为例》，《中国经贸导刊》2016 年 2 月。

李健丰：《论养老机构在社区居家养老中的支撑作用——以南京市 A 养老机构为例》，江西财经大学，中国优秀硕士学位论文全文数据库，2018 年。

马红：《农村机构养老研究》，湖南师范大学，硕士学位论文，2020 年。

乔晶：《黑龙江省城市"3＋N"社会养老服务体系建设研究》，哈尔滨工业大学，硕士学位论文，2017 年。

乔晓春：《养老产业为何兴旺不起来？》，《社会政策研究》2019 年第 2 期。

陶文莹：《北京市养老机构发展数量与功能研究》，首都经济贸易大学，中国优秀硕士学位论文全文数据库，2010 年。

王皓田：《"十四五"时期完善养老服务体系需厘清的几个问题》，《中国经贸导刊》2019 年第 10 期。

王莉莉：《公办养老机构转制研究》，社会科学文献出版社 2019 年版。

王磊：《杭州养老商业化运作研究》，吉林大学，中国优秀硕士学位论文全

文数据库，2013 年。

王媛：《我国大型国企养老服务体系构建问题研究》，北京化工大学，中国优秀硕士学位论文全文数据库，2014 年。

吴玉韶、王莉莉：《中国养老机构发展研究报告》，华龄出版社 2015 年版。

杨良敏等：《中国康养高擎普惠养老的旗帜》，《中国发展观察》2021 年第 19—20 期合刊。

杨宜勇、邢伟等：《养老服务提质增效的政策建议》，《科学与现代化》2017 年第 3 期。

张凯：《内蒙古民办养老机构营销策略研究》，内蒙古大学，中国优秀硕士学位论文全文数据库，2013 年。

赵婷婷：《我国城镇养老服务机构的问题研究——福利混合经济的三维分析框架》，南开大学，硕士学位论文，2013 年。

黄少宽：《我国城市社区养老服务模式创新研究综述》，《城市观察》2018 年第 4 期。

魏彦彦：《我国老龄制造业发展现状、问题与趋势分析》，《老龄科学研究》2020 年第 10 期。

郑新钰：《如何为失能者撑起一片天》，《中国城市报》2020 年 6 月 1 日。

温晓君、赵燕等：《智慧健康养老产业发展白皮书（2020 年）》，《中国计算机报》2020 年 7 月 6 日。

胡湛、彭希哲：《发展型福利模式下的中国养老制度安排》，《公共管理学报》2012 年第 3 期。

穆光宗：《普惠养老如何才能做到普惠》，《人民论坛》2019 年第 36 期。

宋金泽：《因地制宜探索农村养老新路径》，《社会福利》2019 年第 4 期。

廉超、刘慧、林春逸：《以人民为中心的中国城乡居民养老服务均等化研究》，《改革与战略》2018 年第 8 期。

刘宇、唐亚阳：《农村养老服务供给困境与出路——基于供给侧结构性改革视角》，《当代经济研究》2018 年第 6 期。

廖敏：《"三社联动"养老服务模式探析》，《长沙民政职业技术学院学报》2017 年第 3 期。

刘可英：《加大财政扶持力度：增加农村养老投入与促进农村经济发展》，《知识经济》2014 年第 1 期。

何慧敏、王贤斌：《多元主体参与农村养老服务的困境与出路》，《行政科学论坛》2020 年第 9 期。

陆杰华、阮韵晨、张莉：《健康老龄化的中国方案探讨：内涵、主要障碍及其方略》，《国家行政学院学报》2017 年第 5 期。

陆杰华、王晓明：《制约医养结合深度融合的瓶颈性问题及改革路径探讨》，《人口与计划生育》2017 年第 5 期。

吴家俊：《各省份城乡居民基本养老保险基础养老金保障水平比较》，《天水行政学院学报》2018 年第 2 期。

陆杰华、沙迪：《新时代农村养老服务体系面临的突出问题、主要矛盾与战略路径》，《新疆师范大学学报》（哲学社会科学版），2019 年第 2 期。

黄玉君、鲁伟：《国外农村社会养老保险发展及对我国的启示》，《求实》2016 年第 6 期。

林宝：《党的十八大以来我国养老服务政策新进展》，《中共中央党校（国家行政学院）学报》2021 年第 1 期。

陆辰娇：《我国养老政策创新的困境分析与路径选择》，南京师范大学，硕士学位论文，2014 年。

木易：《从美国经验看养老金入市》，《国际融资》2015 年第 9 期。

李雯、聂亮：《日本养老政策的借鉴与启示》，《呼伦贝尔学院学报》2020 年第 5 期。

朱凤梅：《新加坡养老保障体系：制度安排、政府角色及启示》，《社会政策研究》2018 年第 1 期。

詹军、乔钰涵：《韩国的人口老龄化与社会养老政策》，《世界地理研究》2017 年第 4 期。

原新、高瑗：《中国快速人口老龄化的战略机遇》，《河北学刊》2017年第4期。

王录仓、武荣伟：《中国人口老龄化时空变化及成因探析——基于县域尺度的考察》，《中国人口科学》2016年第4期。

张再生：《中国人口老龄化的特征及其社会和经济后果》，《南开学报（哲学社会科学版)》2000年第1期。

陆杰华、郭冉：《从新国情到新国策：积极应对人口老龄化的战略思考》，《国家行政学院学报》2016年第5期。

翟振武、郑睿臻：《人口老龄化与宏观经济关系的探讨》，《人口研究》2016年第2期。

党俊武：《应对人口老龄化顶层设计刍议》，《老龄科学研究》2017年第5期。

邬沧萍、姚远：《老龄社会的一项重大战略选择》，《求是》2002年第2期。

杜鹏、王雪辉：《"医养结合"与健康养老服务体系建设》，《兰州学刊》2016年第11期。

后　记

前言已述，本书最初的策划是基于养老面面观性质的科普读物，全面展现十八大以来我国养老发展的基本情况，甚至还设计了养老政策汇编、养老人物和养老人、大事记等。但由于中途进行了一次大裁减，目前呈现给读者的是一个微缩本，内容结构都显得不够完整紧密，书名也都作了调整。因此，有的作者惋惜，觉得忍痛割爱，甚至形象地比喻是将"礼服"裁成了"马甲"。好在，按照年刊的思路和设想，这将是以后各年的任务。今年作为首卷，是在实施积极应对人口老龄化国家战略背景下，重点反映政府、社会、家庭及个人在应对人口老龄化方面应持有怎样的认知和态度，以后每年都将全面围绕"新养老"展开。编者认为，作为"新养老"的生命力所在，只有不断挖掘新的素材和内容，让读者及时捕捉到新的讯息，张开新的嗅觉，提起新的兴趣，这本年刊才有新的立足点。

本书从策划到完稿，前后历时一年，多个机构和人员付出了努力。中央保健委员会办公室原主任兼国家卫生部保健局局长王敏清给予了亲切指导。作为发起人和主要组织者，中国小康建设研究会养老发展分会、中国康养集团健康养老研究院以养老人特有的大爱和情怀，以推动中国养老事业发展为己任，在组织实施、后勤保障等方面付出了极大努力，保证了编写工作的顺利实施。民政部培训中心和中国老年医学会领导给予了亲切指导，对全书结构和重点内容的把握提出了很多中肯的意见建议。顾问委员会、学术委员会、编辑委员会及

全体参编人员认真负责，对编写内容三审三改、几易其稿，力求保证质量。本书主编，同各章编写组长一道在方案策划、框架确立、体例确定和统稿修改方面付出了艰辛努力。本书各章具体参编者为，第一章编写组组长兼主要撰稿人：张福顺，指导老师：王深远、陆杰华，编写组成员：王深远、刘鹏程、于泽浩、张斐；第二章编写组组长兼主要撰稿人：刘鹏程，指导老师：顾严、张航空，编写组成员：王深远、王旭；第三章编写组组长兼主要撰稿人：贾雪华，指导老师：张晋、吕学静，编写组成员：王深远、张坤昱、武雨晴、马丹妮；第四章编写组组长兼主要撰稿人：李立新，指导老师：范利，编写组成员：王深远、黄开斌、刘洋、屠其雷；第五章编写组组长兼主要撰稿人：姜筠，指导老师：窦勇、元利兴，编写组成员：张晋、王天军、黄旭、谭文静；第六章编写组组长兼主要撰稿人：屈振辉，指导老师：王旭、谷中原，编写组成员：张晋、王深远、李浩平；第七章编写组组长兼主要撰稿人：李立新，指导老师：左美云，编写组成员：王旭、王深远、贾兴峰、李剑修；第八章编写组组长兼主要撰稿人：陆杰华，指导老师：陆杰华，编写组成员：陈迎港、陈继华、郭芳慈。审稿、修改和其他参与人员：陶春静、毛勇、侯惠如、弥雪、周蕾、张大诺、崔凯、周芳、谢晓东、姚雪、郑文阳、刁凤菊、马跃、李州利、刘晓辉、常华、卓永岳、栾晓军、丁立为、张华正、张雷、张红芳。插图：赵昆。除专家、编者外，在历时一年多的研究和编写过程中，还有很多学者、媒体界的朋友、各地的观察员，甚至是养老一线的实务工作者都以不同方式参与了讨论和相关工作，提出了宝贵的意见，给予了大力支持。在这里，我们向所有对本书编写提供支持和帮助的朋友表示衷心的感谢！向各位编写者表示真诚的谢意！

最后，特别感谢人民出版社对本书出版给予了真诚的帮助和大力支持，特别是编辑宰艳红女士，为本书从体例的选取、内容的编排、重点的提炼等，付出了努力和辛劳，深表谢意。

编　者

2021 年 11 月 11 日